# Ausfallhaftung des Nur-Kommanditisten einer GmbH & Co. KG für verbotene Einlagenrückgewähr?

# Studien zum Steuer-, Bilanz- und Gesellschaftsrecht

Herausgegeben von André Meyer

Band 6

PETER LANG

Max Wenzel

# Ausfallhaftung des Nur-Kommanditisten einer GmbH & Co. KG für verbotene Einlagenrückgewähr?

Zugleich eine Querschnittsbetrachtung der zivilrechtlichen Ausfallhaftungstatbestände

PETER LANG

**Bibliografische Information der Deutschen Nationalbibliothek**
Die Deutsche Nationalbibliothek verzeichnet diese Publikation in der Deutschen Nationalbibliografie; detaillierte bibliografische Daten sind im Internet über http://dnb.d-nb.de abrufbar.

Zugl.: Bayreuth, Univ., Diss., 2021

Gedruckt auf alterungsbeständigem, säurefreiem Papier.

D 703
ISSN 2566-7122
ISBN 978-3-631-85975-9 (Print)
E-ISBN 978-3-631-86646-7 (E-PDF)
E-ISBN 978-3-631-86647-4 (EPUB)
DOI 10.3726/b19015



Peter Lang – Berlin · Bern · Bruxelles · New York ·
Oxford · Warszawa · Wien



Diese Publikation wurde begutachtet.

www.peterlang.com

# Vorwort

Diese Arbeit wurde im Sommersemester 2021 von der Rechts- und Wirtschaftswissenschaftlichen Fakultät der Universität Bayreuth als Dissertation angenommen.

Besonders möchte ich meinem Doktorvater, Herrn Prof. Dr. André Meyer, LL.M. Taxation, für die freundliche, gewinnbringende und unkomplizierte Betreuung danken. Auch für die Aufnahme in diese Schriftenreihe bin ich ihm sehr dankbar. Frau Prof. Dr. Jessica Schmidt, LL.M. (Nottingham) danke ich für die zügige Erstellung des Zweitgutachtens.

Ferner bedanke ich mich bei Herrn Sven Leber und Herrn Leonhard Kappenhagen für ihre Gesprächsbereitschaft während der Anfertigung der Arbeit sowie für das Korrekturlesen des Manuskripts. Zu besonderem Dank bin ich Frau Theresa Gärtner verpflichtet, die mich auch in schwierigen Phasen ermutigt und mir Rückhalt gegeben hat. Größter Dank gebührt meiner Familie und insbesondere meinen Eltern, die mich in allen Ausbildungsabschnitten stets vorbehaltlos unterstützt haben. Ihnen ist diese Arbeit gewidmet.

Max Wenzel
Frankfurt am Main, August 2021

# Inhaltsverzeichnis

# A. Einleitung

## I. Problemstellung

Die Ausfallhaftung gemäß § 31 Abs. 3 GmbHG, seit Einführung der Rechtsform der Gesellschaft mit beschränkter Haftung im Jahr 1892 integraler Bestandteil des Kapitalsicherungsrechts, fristet in der rechtswissenschaftlichen Auseinandersetzung wie in der gesellschaftlichen Rezeption[1] ein Schattendasein. Das rechtswissenschaftliche Schrifttum widmet sich der Vorschrift im Wesentlichen hinsichtlich weniger Streitfragen.[2] Dieser Umstand darf jedoch nicht darüber hinwegtäuschen, dass einige Probleme zur Ausfallhaftung nicht nur ungeklärt sind, sondern für die Beteiligten im Einzelfall ruinöse Haftungsfolgen nach sich ziehen können.

So wird vielfach vorgeschlagen, die Ausfallhaftung analog § 31 Abs. 3 GmbHG auf den Nur-Kommanditisten einer GmbH & Co. KG anzuwenden.[3] Da die Ausfallhaftung, auch Solidarhaftung genannt, sich jedoch bereits nach ihrer Grundkonzeption als vergleichsweise strenges[4] Haftungsinstitut zeigt, stellt die analoge Anwendung auf den nicht der GmbH angehörenden Nur-Kommanditisten den wohl kritischsten Fall der Ausfallhaftung dar. Im Jahr 1990 bejahte der BGH die entsprechende Anwendbarkeit des kapitalerhaltungsrechtlichen Rückgewähranspruchs der GmbH (§ 31 Abs. 1 GmbHG) auf den Nur-Kommanditisten der

---

1 Die Ausfallhaftung und die hiermit verbundenen Risiken sind den meisten GmbH-Gründern unbekannt, vgl. Scholz/*Emmerich*, GmbHG, § 24 Rn. 2a; zur kapitalaufbringungsrechtlichen Parallelvorschrift des § 24 GmbHG siehe *Schütz*, DStR 2015, 2556.

2 Vgl. die unter B.IV. und B.V. angesprochenen Streitstände.

3 *Altmeppen*, GmbHG, § 30 Rn. 175; MHLS/*Heidinger*, GmbHG, § 30 Rn. 170; Lutter/Hommelhoff/*Hommelhoff*, GmbHG, § 31 Rn. 25; Rowedder/Schmidt-Leithoff/*Pentz*, GmbHG, § 31 Rn. 74; BeckOK GmbHG/*Schmolke*, § 31 Rn. 85; *Zacher*, Kapitalsicherung und Haftung, S. 215 ff.

4 So explizit der Kommissionsbericht zur Vorberatung des Entwurfs eines Gesetzes betreffend die Gesellschaften mit beschränkter Haftung, Stenographische Berichte über die Verhandlungen des Reichstags, 8. Legislaturperiode, 1. Session 1890/1892, Reichstagsaktenstück Nr. 744, S. 4009 sowie die Begründung zum Gesetzentwurf betreffend die Gesellschaften mit beschränkter Haftung, Stenographische Berichte über die Verhandlungen des Reichstags, 8. Legislaturperiode, 1. Session 1890/1892, Reichstagsaktenstück Nr. 660, S. 3745.

GmbH & Co. KG.[5] Die Frage der analogen Anwendung der Ausfallhaftung auf den Nur-Kommanditisten wurde bislang noch nicht gerichtlich entschieden.

Während der Thematik in manchen Monographien einige Seiten gewidmet wird,[6] schweigt sich die übrige Literatur zu den Hintergründen der Problematik weitgehend aus und beschränkt sich in ihrer Argumentation im Wesentlichen auf formelhafte Ausführungen.[7] Insbesondere sei die analoge Anwendung der Ausfallhaftung auf den Nur-Kommanditisten nur „konsequent".[8] Die Stellungnahmen in der Literatur lassen häufig eine vertiefte Auseinandersetzung mit der Problematik und insbesondere mit der Wirkweise der Ausfallhaftung vermissen.

Diese Arbeit soll durch eine zivilrechtsübergreifende, vergleichende Betrachtung eine Basis für die Beantwortung der Frage bieten, ob die Ausfallhaftung auf den Nur-Kommanditisten analog angewendet werden kann. Hierdurch wird zugleich ein Beitrag zum Verständnis der Ausfallhaftung insgesamt geleistet.

Eine vertiefte Untersuchung ist auch unter weiteren Gesichtspunkten reizvoll: Anhand dieser Problematik stellen sich grundsätzliche Fragen in Bezug auf die Haftungsvoraussetzungen innerhalb von Mehrpersonenverhältnissen. Die Ergebnisse der hier vorgenommenen Untersuchung der Voraussetzungen der Ausfallhaftung lassen sich nicht nur für die Ausfallhaftung des § 31 Abs. 3 GmbHG und ihre in der Literatur zum Teil vorgeschlagene analoge Anwendung, sondern auch für ähnliche Haftungstatbestände im Zivilrecht fruchtbar machen.

## II. Gang der Untersuchung

Zunächst soll der Grundstein zur Beantwortung der Frage, welche Stellung die Ausfallhaftung im Recht der GmbH & Co. KG einnimmt, gelegt werden. Hierfür wird zunächst der *status quo* der Ausfallhaftung im GmbH-Recht dargestellt und dann eine vergleichende Betrachtung verschiedener Kapitalsicherungssysteme durchgeführt. Sodann werden Hintergrund, Zweck und Funktion der Ausfallhaftung näher beleuchtet,[9] um auf dieser Basis zu verschiedenen streitigen Fragen in Bezug auf die Ausfallhaftung Stellung nehmen zu können.[10]

---

5 BGHZ 110, 342.

6 Siehe etwa *Schläfke,* Vermögensbindung, S. 220 ff.; *Schramm,* Haftung des Kommanditisten, S. 177 ff.; *Zacher,* Kapitalsicherung und Haftung, S. 215 ff.

7 Vgl. unter B.V.2.b)cc)(i).

8 So MHLS/*Heidinger*, GmbHG, § 30 Rn. 170; ähnlich auch *Altmeppen*, GmbHG, § 30 Rn. 175; ohne Begründung Lutter/Hommelhoff/*Hommelhoff*, GmbHG, § 31 Rn. 25.

9 Siehe unter B.III.

10 Siehe unter B.IV und B.V.

Der hier im Kern zu behandelnden Frage der analogen Anwendung der Ausfallhaftung auf den Nur-Kommanditisten wird sich darauf im Wege einer vergleichenden Betrachtung der Ausfallhaftung mit ähnlichen Haftungsinstituten genähert.[11] Hierbei stellt sich die Bürgschaft als taugliches Vergleichsobjekt dar. Ausgehend von diesem Befund wird die Schutzwürdigkeit des Bürgen und die des Ausfallhaftenden näher untersucht und die Beachtung einer Formvorschrift als Voraussetzung für die Ausfallhaftung herausgearbeitet.[12] Vor diesem Hintergrund werden weitere Fälle der Ausfallhaftung im Zivilrecht analysiert[13] und sodann die analoge Anwendung der Ausfallhaftung gemäß § 31 Abs. 3 GmbHG eingeordnet.[14] In einem weiteren Kapitel werden gesellschaftsinterne Partizipationsmöglichkeiten identifiziert, die das Gesellschaftsrecht grundsätzlich als Voraussetzung für die (Ausfall-)Haftung der Gesellschafter vorsieht. Sodann werden mit Blick auf diese Partizipationsmöglichkeiten Folgerungen hinsichtlich der analogen Anwendbarkeit der Ausfallhaftung auf den Nur-Kommanditisten abgeleitet.[15]

11 Siehe unter C.
12 Siehe unter D.
13 Siehe unter D.V.
14 Siehe unter D.VII.
15 Siehe unter E.

# B. Bestandsaufnahme: Die Ausfallhaftung des § 31 Abs. 3 GmbHG im System der Kapitalerhaltung

Die Ausfallhaftung ist eines von mehreren Instrumenten zur Kapitalerhaltung in der GmbH. Um die in den nächsten Kapiteln folgende vertiefte Untersuchung der Ausfallhaftung in einen Kontext zu setzen, werden im Folgenden die Grundzüge des Kapitalschutzsystems der GmbH erläutert.

## I. Die Kapitalerhaltung in der GmbH

Die Vorschriften der Kapitalerhaltung gemäß §§ 30 ff. GmbHG sind das Pendant der Kapitalaufbringungsregeln gemäß §§ 19 ff. GmbHG. Sie dienen dem ureigenen Zweck der GmbH, ein Rechtssubjekt mit beschränkter Haftung am Rechtsverkehr teilhaben zu lassen: Im Gegenzug für die persönliche Haftungsfreiheit der Gesellschafter haben diese die Gesellschaft mit dem Stammkapital auszustatten und dieses zu erhalten.[16]

### 1. Der Tatbestand der verbotenen Einlagenrückgewähr

Die Grundlage für die in dieser Arbeit zu untersuchende Rechtsfolge der Ausfallhaftung ist der Tatbestand des § 30 Abs. 1 GmbHG.

#### *a) Überblick*

§ 30 Abs. 1 GmbHG verbietet als zentrale Gläubigerschutznorm[17] die Auszahlung des „zur Erhaltung des Stammkapitals erforderliche[n]" Gesellschaftsvermögens. Aus dem Wortlaut ergibt sich bereits, dass das Ausschüttungsverbot – im Gegensatz zum restriktiveren Aktienrecht[18] – lediglich das Stammkapital, nicht aber das übrige Eigenkapital der Gesellschaft umfasst.[19] Der Grundsatz der (Stamm)Kapitalerhaltung ist der Preis für die Freiheit der Gesellschafter von

---

16 Bork/Schäfer/*Thiessen*, GmbHG, § 30 Rn. 1.

17 BGHZ 28, 77, 78 „Kernstück des GmbH-Rechts"; siehe auch Baumbach/Hueck/*Fastrich*, GmbHG, § 30 Rn. 1.

18 Siehe hierzu unter B.II.2.

19 MüKo GmbHG/*Ekkenga*, § 30 Rn. 1.

persönlicher Haftung.[20] Gerade das Stammkapital, mit dem die Gesellschafter ihre persönliche Haftungsbefreiung „erkaufen", darf nicht durch Ausschüttungen an die Gesellschafter verlustig gehen.

### *b) Sachlicher Anwendungsbereich*

Höhenmäßig verbietet § 30 Abs. 1 GmbHG von der Gesellschaft veranlasste Auszahlungen, mit denen eine Unterbilanz herbeigeführt oder weiter vertieft wird, sowie Auszahlungen zu einem Zeitpunkt, in dem die Gesellschaft sich bereits im Stadium der Überschuldung befindet und die Leistung zulasten von Fremdkapital erfolgt.[21] Unter Auszahlung ist die Rückgewähr von Stammkapital ohne Gegenleistung des empfangenden Gesellschafters zu verstehen.[22] Nach zwischenzeitlich abweichender Rechtsprechung[23] ist mittlerweile – durch das MoMiG[24] in § 30 Abs. 1 S. 2 GmbHG abgesichert – der Begriff der verbotswidrigen Auszahlung bilanziell und nicht gegenständlich zu verstehen.[25] Hat dementsprechend die Gesellschaft einen vollwertigen Rückzahlungsanspruch gegen den Gesellschafter, liegt kein Verstoß gegen § 30 Abs. 1 GmbHG vor. Weitere Ausnahmen bestehen gemäß § 30 Abs. 1 S. 2 Alt. 1 GmbHG im Falle eines Beherrschungs- oder Gewinnabführungsvertrags und gemäß § 30 Abs. 1 S. 3 GmbHG für die Rückgewähr eines Gesellschafterdarlehens.

### *c) Persönlicher Anwendungsbereich*

In dem bereits beschriebenen Normzweck, einen Ausgleich für die persönliche Haftungsfreiheit zu schaffen, liegt gleichzeitig auch die personale Grenze der Kapitalerhaltung: Verboten sind lediglich stammkapitaltangierende

---

20 Bork/Schäfer/*Thiessen*, GmbHG, § 30 Rn. 1; Scholz/*Verse*, GmbHG, § 30 Rn. 2.

21 BGHZ 60, 324, 332; *Altmeppen*, GmbHG, § 30 Rn. 9, 18; Baumbach/Hueck/*Fastrich*, GmbHG, § 30 Rn. 20; Lutter/Hommelhoff/*Hommelhoff*, GmbHG, § 30 Rn. 10; *Wicke*, GmbHG, § 30 Rn. 4.

22 Vgl. *Altmeppen*, GmbHG, § 30 Rn. 71.

23 BGHZ, 157, 72, 75 ff.; aufgegeben in BGHZ 179, 71, 77 ff.: „Rückkehr zur bilanziellen Sichtweise".

24 BGBl. I 2008, S. 2026.

25 Dies ergibt sich aus dem Wortlaut des § 30 Abs. 1 S. 2 Alt. 2 GmbHG, welcher Auszahlungen, die durch einen vollwertigen Gegenleistungs- und Rückgewähranspruch gedeckt sind (sog. Aktivtausch), von der Regelung ausnimmt; siehe hierzu *Wicke*, GmbHG, § 30 Rn. 2; vgl. auch die Begründung des MoMiG, BT-Drucks. 16/6140, S. 41 r. Sp.

Ausschüttungen an Gesellschafter. Diese tragen aufgrund ihrer haftungsbefreiten Tätigkeit in der GmbH eine sog. Finanzierungsverantwortung.[26] Aus dieser Verantwortung erwächst zunächst die Pflicht zur Kapitalaufbringung, welche sich dann in der kontinuierlichen Pflicht zur Kapitalerhaltung fortsetzt.[27]

Von den Kapitalsicherungsregeln nicht geschützt sind Auszahlungen an gesellschaftsfremde Dritte.[28] Von diesem, dem Gesetzeswortlaut zu entnehmenden Grundsatz werden allerdings vereinzelt Ausnahmen zugelassen:[29] Stellt sich die Leistung an einen Dritten bei näherer Betrachtung als mittelbare Leistung an einen Gesellschafter dar, etwa aufgrund persönlicher, familiärer oder geschäftlicher Verbindung des empfangenden Dritten zum Gesellschafter, so wird zur Vermeidung von Umgehungsgeschäften § 30 Abs. 1 GmbHG analog auf solche Auszahlungen angewandt.[30]

## 2. Die Rechtsfolgen der verbotenen Einlagenrückgewähr

### *a) Die Rückerstattungspflicht, § 31 Abs. 1 GmbHG*

§ 31 Abs. 1 GmbHG sieht eine verschuldensunabhängige Erstattungspflicht des Empfängers vor. Die Norm setzt nach ihrem Wortlaut einen Verstoß gegen § 30 Abs. 1 GmbHG voraus. Die Pflicht zur Rückerstattung ist höhenmäßig nicht auf das Stammkapital begrenzt. Übersteigt die Auszahlung das Stammkapital und führt dies zu einer Überschuldung bzw. wird hierdurch eine bestehende Überschuldung vertieft, ist die Auszahlung in der vollen Höhe zu erstatten.[31] Erstattungsgläubiger ist grundsätzlich die Gesellschaft selbst, es handelt sich um eine Verpflichtung im Innenverhältnis.[32] Allerdings können sich Gesellschaftsgläubiger den Anspruch der Gesellschaft auf Erstattung abtreten lassen[33] oder

---

26 MüKo GmbHG/*Ekkenga*, § 30 Rn. 15.

27 Vgl. Baumbach/Hueck/*Fastrich*, GmbHG, § 30 Rn. 1; BeckOK GmbHG/*Schmolke*, § 30 Rn. 2; *Wicke*, GmbHG, § 30 Rn. 1.

28 Vgl. MüKo GmbHG/*Ekkenga*, § 30 Rn. 2: „mitgliedschaftlich statt marktlich veranlasste [Geschäfte]".

29 Siehe unter B.V.1.

30 Im Einzelnen sehr strittig, vgl. hierzu ausführlich *Altmeppen*, GmbHG, § 30 Rn. 32-70; Baumbach/Hueck/*Fastrich*, GmbHG, § 30 Rn. 24 ff.

31 MüKo GmbHG/*Ekkenga*, § 31 Rn. 8 f.; HCL/*Habersack*, GmbHG, § 31 Rn. 22; Lutter/Hommelhoff/*Hommelhoff*, GmbHG, § 31 Rn. 9; BeckOK GmbHG/*Schmolke*, § 31 Rn. 33.

32 Baumbach/Hueck/*Fastrich*, GmbHG, § 31 Rn. 6.

33 BGHZ 69, 274, 282 ff.

Verhältnis ihrer Geschäftsanteile. Gemäß § 31 Abs. 3 S. 2 GmbHG erweitert sich die individuelle *pro rata*-Haftung eines Mitgesellschafters in demselben Verhältnis um die Beträge, die von anderen ausfallhaftenden Mitgesellschaftern nicht zu erlangen sind. Im Extremfall der massenhaft ausfallenden Ausfallschuldner kann sich damit der einzig verbleibende solvente ausfallhaftende Mitgesellschafter einem Anspruch aus Abs. 3 in Höhe der gesamten verbotswidrigen Auszahlung ausgesetzt sehen.[46] Inhaltlich ist die Ausfallhaftung stets auf Geld gerichtet, auch wenn der Empfänger die Rückgabe eines ausgekehrten Gegenstandes gemäß § 31 Abs. 1 GmbHG, also *in natura*, schuldet.[47]

#### *bb) Regress*

Der gemäß § 31 Abs. 3 GmbHG in Anspruch genommene Gesellschafter kann den nach § 31 Abs. 1 GmbHG primär haftenden Mitgesellschafter in Regress nehmen. Ein entsprechender Anspruch ergibt sich nicht unmittelbar aus dem Gesetz. Der historische Gesetzgeber führte zur Parallelnorm zu § 31 Abs. 3 GmbHG, nämlich § 24 GmbHG, aus: „Daß den Gesellschaftern, welche Beiträge für einen Mitgesellschafter entrichten müssen, der Rückgriff gegen den letzteren zusteht, ergiebt sich aus allgemeinen Rechtsgrundsätzen und bedarf keiner besonderen Anerkennung im Gesetz.“[48] Im Schrifttum werden Regressansprüche zum Teil aus dem Gesellschaftsverhältnis selbst hergeleitet.[49] Vertreter dieser Ansicht sehen die unmittelbare Verbundenheit der Gesellschafter, den gemeinsamen Willen und Entschluss zur Errichtung der Gesellschaft und zur Aufbringung des Stammkapitals als Grundlage für entsprechende Regressansprüche.[50] Die herrschende Ansicht zieht zur Begründung eines Regressanspruchs die §§ 670, 683 S. 1 BGB und § 31 Abs. 1 GmbHG i.V.m. § 774 Abs. 1 S. 1 BGB analog heran.[51]

---

46 Siehe zur Beschränkung der Ausfallhaftung auf die Höhe des Stammkapitals unter B.IV.2.

47 MHLS/*Heidinger*, GmbHG, § 31 Rn. 70; Scholz/*Verse*, GmbHG, § 31 Rn. 61.

48 Begründung zum Gesetzentwurf betreffend die Gesellschaften mit beschränkter Haftung, Stenographische Berichte über die Verhandlungen des Reichstags, 8. Legislaturperiode, 1. Session 1890/1892, Reichstagsaktenstück Nr. 660, S. 3742.

49 *Ballerstedt,* Kapital, S. 182 ff.; *Görner/Kling*, GmbHR 2004, 714, 720; Scholz/*Verse*, GmbHG, § 31 Rn. 67.

50 Siehe ausführlich bei *Ballerstedt,* Kapital, S. 182 f.

51 Saenger/Inhester/*Diers*, GmbHG, § 31 Rn. 60; MüKo GmbHG/*Ekkenga*, § 31 Rn. 66; Hachenburg/*Goerdeler*, GmbHG, 7. Auflage 1979, § 24 Rn. 33; HCL/*Habersack*,

Vorzugswürdig ist die Herleitung eines Regressanspruchs unmittelbar aus dem Gesellschaftsverhältnis zwischen den Gesellschaftern. Bereits aus dem expliziten Hinweis des Gesetzgebers[52] ergibt sich, dass der Innenausgleich zwischen den Gesellschaftern Bestandteil und Folge der Übernahme der Verpflichtung zu gemeinsamer Aufbringung und Erhaltung des Stammkapitals *pro rata* der übernommenen Geschäftsanteile ist.[53] Eines Rückgriffs auf die §§ 670, 683 S. 1 BGB bedarf es daher nicht. Hinsichtlich einer analogen Anwendung des § 774 Abs. 1 S. 1 BGB fehlt es an einer planwidrigen Regelungslücke. Im Ergebnis dürften Regressansprüche allerdings in der Praxis häufig wertlos sein, da die Uneinbringlichkeit beim Primärschuldner Voraussetzung für die Ausfallhaftung ist.[54]

### *cc) Konkurrenzen*

In seiner früheren Rechtsprechung nahm der BGH neben der Haftung aus § 31 Abs. 3 GmbHG eine verschuldensabhängige, höhenmäßig unbeschränkte Haftung der Mitgesellschafter wegen schuldhafter Verletzung eigener Gesellschafterpflichten an.[55] Diese Haftung war anwendbar, wenn ein Gesellschafter die verbotene Einlagenrückgewähr selbst erbrachte oder diese veranlasste. Als Verschuldensmaßstab sollte § 276 BGB und bei Gesellschaften mit kaufmännisch organisiertem Geschäftsbetrieb § 43 Abs. 1 GmbHG dienen. Nach deutlicher Kritik von Seiten der Literatur[56] ist der BGH von dieser Rechtsprechung abgerückt.[57] Die heutige Haftungskonzeption trägt dem Umstand Rechnung, dass der Ausfallhaftung tendenziell begrenzter Charakter zugewiesen wird[58] und sie daher nicht durch eine verschuldensabhängige, höhenmäßig unbeschränkte Haftung unterlaufen werden soll.[59] Zudem stünde die Annahme einer verschuldensabhängigen, höhenmäßig unbeschränkten Haftung, deren Verschuldensmaßstab sich an § 276 BGB orientieren würde, in Konflikt mit der Rechtsprechung

---

GmbHG, § 31 Rn. 58; Lutter/Hommelhoff/*Hommelhoff*, GmbHG, § 31 Rn. 23; hinsichtlich der Grundlage unklar MHLS/*Heidinger*, GmbHG, § 31 Rn. 74.

52 Siehe Fn. 48.

53 So auch *Ballerstedt*, Kapital, S. 183 f.

54 So auch Scholz/*Verse*, GmbHG, § 31 Rn. 67.

55 BGHZ 93, 146, 150.

56 Mit ausführlichen Nachweisen zum Streitstand; MHLS/*Heidinger*, GmbHG, § 31 Rn. 77 Fn. 217; siehe auch HCL/*Habersack*, GmbHG, § 31 Rn. 59 f.

57 BGHZ 142, 92, 96; BGHZ 150, 61, 67.

58 Siehe hierzu unter B.IV.2.

59 BGHZ 142, 92, 96; BGHZ 150, 61, 67; vgl. hierzu auch Saenger/Inhester/*Diers*, GmbHG, § 31 Rn. 59; HCL/*Habersack*, GmbHG, § 31 Rn. 59.

des BGH zur Existenzvernichtungshaftung[60] des Gesellschafters. Diese ist bei § 826 BGB verortet, weshalb diesbezüglich vorsätzliches Handeln des Gesellschafters notwendig ist. Damit kommt neben § 31 Abs. 3 GmbHG lediglich eine an § 826 BGB angelehnte Existenzvernichtungshaftung für vorsätzliche, aktive Beteiligung an einer fremden Pflichtverletzung in Betracht.[61]

### *c) Erlassverbot, § 31 Abs. 4 GmbHG*

§ 31 Abs. 4 GmbHG ist zwingend[62] und statuiert ein gesetzliches Verbot i.S.d. § 134 BGB, welches vor dem Hintergrund der Kapitalsicherungsfunktion weit auszulegen ist und auch erlassgleiche Geschäfte mit einbezieht.[63] So fallen auch Stundung,[64] Aufrechnung[65] und Leistung an Erfüllungs Statt[66] unter das Verbot, i.d.R. aber nicht der Vergleich.[67]

### *d) Längere Verjährungsfrist, § 31 Abs. 5 GmbHG*

Abweichend von den §§ 195, 199 BGB verjähren die Ansprüche aus § 31 Abs. 1 und Abs. 3 GmbHG in zehn Jahren bzw. fünf Jahren. Die längere Verjährungsfrist orientiert sich an den durch das Verjährungsanpassungsgesetz von 2004[68]

---

60 BGHZ 173, 246.

61 MHLS/*Heidinger*, GmbHG, § 31 Rn. 77; Lutter/Hommelhoff/*Hommelhoff*, GmbHG, § 31 Rn. 24; kritisch HCL/*Habersack*, GmbHG, § 31 Rn. 60.

62 Saenger/Inhester/*Diers*, GmbHG, § 31 Rn. 61 f.; Rowedder/Schmidt-Leithoff/*Pentz*, GmbHG, § 31 Rn. 43; Bork/Schäfer/*Thiessen*, GmbHG, § 31 Rn. 75.

63 HCL/*Habersack*, GmbHG, § 31 Rn. 61.

64 HCL/*Habersack*, GmbHG, § 31 Rn. 63.

65 HCL/*Habersack*, GmbHG, § 31 Rn. 64; Saenger/Inhester/*Diers*, GmbHG, § 31 Rn. 63 f. Die Aufrechnung durch den Gesellschafter soll mit Blick auf den analog anzuwendenden § 19 Abs. 2 S. 2 GmbHG stets unzulässig sein, während die Aufrechnung durch die Gesellschaft und die einvernehmliche Aufrechnung zulässig sein sollen, sofern dem Gesellschafter ein vollwertiger, fälliger und liquider Gegenanspruch zusteht.

66 Saenger/Inhester/*Diers*, GmbHG, § 31 Rn. 66; Bork/Schäfer/*Thiessen*, GmbHG, § 31 Rn. 75, 77: Das gilt nicht für von der Gesellschaft akzeptierte werthaltige Ersatzgegenstände oder vollwertig gedeckte Rückgewähransprüche, da diese bilanzneutral sind.

67 Saenger/Inhester/*Diers*, GmbHG, § 31 Rn. 67; Bork/Schäfer/*Thiessen*, GmbHG, § 31 Rn. 79; kritisch und nur für den Fall bejahend, dass ausfallhaftende Mitgesellschafter nicht vorhanden oder ihrerseits nicht solvent sind HCL/*Habersack*, GmbHG, § 31 Rn. 65.

68 Gesetz zur Anpassung von Verjährungsvorschriften an das Gesetz zur Modernisierung des Schuldrechts vom 9. Dezember 2004, BGBl. I 2004, S. 3214.

ebenfalls verlängerten Verjährungsfristen hinsichtlich der Einlageforderung gemäß § 19 Abs. 6 S. 1 GmbHG.[69] Hiermit wollte der Gesetzgeber der typischen Unkenntnis der Gesellschaftsgläubiger von der Fälligkeit der Einlageforderung und der besonderen Insolvenzanfälligkeit von Gesellschaften in den ersten fünf Jahren nach Gründung Rechnung tragen.[70]

#### e) *Haftung des Geschäftsführers, § 31 Abs. 6 GmbHG*

§ 31 Abs. 6 GmbHG eröffnet den gemäß Abs. 3 in Anspruch genommenen Gesellschaftern den Rückgriff auf den Geschäftsführer, wenn diesem ein Verschulden zur Last fällt. Hierdurch soll die Ausfallhaftung, welche stets nichtbegünstigte Mitgesellschafter trifft, etwas abgemildert werden.[71] Mehrere Geschäftsführer haften den Gesellschaftern gemäß § 31 Abs. 6 GmbHG als Gesamtschuldner.[72]

## II. Funktion und Vergleich der Kapitalerhaltungssysteme

Wie bereits dargestellt, dient die Ausfallhaftung der Mitgesellschafter des empfangenden Gesellschafters gemeinsam mit der Rückerstattungspflicht des Empfängers der Auszahlung der Kapitalerhaltung der GmbH. Für ein näheres Verständnis und um Rückschlüsse für die analoge Anwendbarkeit der §§ 30 ff. GmbHG auf die GmbH & Co. KG ziehen zu können, sind im Folgenden der Schutzzweck und die Funktion der Kapitalerhaltung in der GmbH herauszuarbeiten und sodann mit dem Kapitalerhaltungs- bzw. Haftungssystem anderer Gesellschaftsformen – insbesondere der KG – zu vergleichen.

### 1. Die Kapitalerhaltung in der GmbH

#### a) *Gläubigerschutz*

Die Motive des historischen Gesetzgebers des GmbHG lassen Rückschlüsse auf den Zweck der Einführung des Kapitalerhaltungssystems der §§ 30 ff. GmbHG zu. Die Einleitung der Begründung des Entwurfs des GmbHG macht deutlich, dass „die Rücksicht auf die Sicherheit der Gesellschaftsgläubiger in erster

---

69 Ausführlich hierzu *Thiessen*, ZHR 168 (2004), 503, 529 f.

70 HCL/*Habersack*, GmbHG, § 31 Rn. 66.

71 MüKo GmbHG/*Ekkenga*, § 31 Rn. 84.

72 MüKo GmbHG/*Ekkenga*, § 31 Rn. 90; MHLS/*Heidinger*, GmbHG, § 31 Rn. 111.

Linie“[73] die Vorschriften zur Kapitalaufbringung und -erhaltung prägt. Somit macht der historische Gesetzgeber den Gläubigerschutz zum primären Zweck der Kapitalerhaltungsvorschriften.

Der im Wege der Kapitalerhaltungsvorschriften bezweckte Gläubigerschutz durch Aufbringung und Erhaltung des Stammkapitals ist jedoch in verschiedener Hinsicht lückenhaft. Als Ausgleich für fehlende persönlich haftende Gesellschafter sieht das Gesetz mit dem Stammkapital einen in der Satzung festgeschriebenen Kapitalstock vor, welcher nicht durch § 30 Abs. 1 GmbHG zuwiderlaufende Rückzahlungen der Gesellschafter ausgehöhlt werden darf. Der historische Gesetzgeber beschreibt das Stammkapital als „bestimmte[s], jedermann kenntliche[s] Gesellschaftskapital […], welches den dauernden Grundstock des Unternehmens und zugleich ein bestimmtes Befriedigungsobjekt für die Gesellschaftsgläubiger bildet.“[74]

Ungeachtet des Umstandes, dass die Höhe des Stammkapitals einer jeden GmbH für (potenzielle) Vertragspartner aus dem Handelsregister ersichtlich ist, ist diese Information nur von begrenztem Wert: Der Schutz des Stammkapitals als „Befriedigungsobjekt“ der Gesellschaftsgläubiger erstreckt sich nur auf Stammkapitalschmälerungen infolge von Einlagenrückgewähr durch Gesellschafter oder ihnen gleichgestellte Personen, nicht jedoch auf Verluste aus der Geschäftstätigkeit der Gesellschaft, welche zu einer Verwirtschaftung des Stammkapitals führen kann.[75] Damit vermag die aus dem Handelsregister ersichtliche Stammkapitalziffer lediglich auszudrücken, dass die Gesellschaft das Stammkapital zu irgendeinem Zeitpunkt ihrer Existenz ungeachtet einer etwaigen Verwirtschaftung einmal vorweisen konnte[76] sowie dass das Stammkapital in dieser Höhe nicht dem beliebigen Gesellschafterzugriff unterliegt. Außerdem ist zu beachten, dass die Gesellschafter grundsätzlich frei sind, in welcher Höhe sie dieses Mindestkapital satzungsmäßig festlegen.[77] Eine Pflicht, die Stammkapitalhöhe an

---

73 Begründung zum Gesetzentwurf betreffend die Gesellschaften mit beschränkter Haftung, Stenographische Berichte über die Verhandlungen des Reichstags, 8. Legislaturperiode, 1. Session 1890/1892, Reichstagsaktenstück Nr. 660, S. 3729.

74 Begründung zum Gesetzentwurf betreffend die Gesellschaften mit beschränkter Haftung, Stenographische Berichte über die Verhandlungen des Reichstags, 8. Legislaturperiode, 1. Session 1890/1892, Reichstagsaktenstück Nr. 660, S. 3729.

75 *Altmeppen*, GmbHG, § 30 Rn. 7; MHLS/*Heidinger*, GmbHG, § 30 Rn. 1; BeckOK GmbHG/*Schmolke*, § 30 Rn. 8.

76 *Drygala*, ZGR 2006, 587, 593.

77 Mindestens EUR 25.000 (§ 5 Abs. 1 GmbHG). Im Falle der UG (haftungsbeschränkt) kann dieser Mindestbetrag unterschritten werden (§ 5a Abs. 1 GmbHG).

den Umfang der Geschäftstätigkeit, quasi an das „Risiko“, anzupassen, besteht nicht.[78] Hieraus ergibt sich mittelbar, dass dem Stammkapital nicht die Funktion zukommen kann, eine Garantie für alle Schulden der Gesellschaft bereitzuhalten. Vielmehr handelt es sich um ein Ausstattungsminimum der Gesellschaft und dient den Gesellschaftsgläubigern als ein die Geschäftsverluste teilweise auffangender Verlustpuffer.[79]

In Ergänzung zu der genannten Verlustpufferfunktion kommt dem Stammkapital eine verhaltenssteuernde und seriositätssteigernde Wirkung zu.[80] Ähnlich der Selbstbeteiligung bei der Schadensversicherung, welche übermäßig riskantes Verhalten des Versicherungsnehmers, welches in dem Vertrauen auf die Versicherungssumme geschieht, verhindert bzw. abschwächt,[81] soll durch das Erfordernis eines aufzubringenden und zu erhaltenden Mindestkapitals geschäftlicher Misserfolg für die Gesellschafter spürbar und übermäßig riskantes Geschäftsgebaren verhindert werden. Eigener finanzieller Einsatz der Gesellschafter signalisiert dem Rechtsverkehr eine gewisse Seriosität des Geschäftsmodells und der Gründer, welche mit zunehmender Stammkapitalausstattung ansteigt.[82] Weist dagegen etwa eine UG (haftungsbeschränkt) ein eher geringes Stammkapital auf, welches keine verhaltenssteuernde Wirkung nach sich ziehen kann, so müssen die Gesellschafter damit rechnen, dass die Seriosität dieser Gesellschaft in der öffentlichen Wahrnehmung entsprechend gering eingeschätzt wird. Das Verhältnis zwischen der Kapitalintensität und dem Risiko des Geschäftsmodells sowie der konkreten Stammkapitalausstattung wird im Regelfall eine Einschätzung der Seriosität der Unternehmung zulassen. Diese Einschätzung kann für (potenzielle) Vertragspartner – unter Berücksichtigung der soeben aufgezeigten begrenzten Aussagekraft des Stammkapitals – zumindest eine gewisse Orientierung bei der Einschätzung der wirtschaftlichen Risiken der Geschäftstätigkeit mit der GmbH bieten.[83]

---

78 BGHZ 176, 204, 212 ff.; Baumbach/Hueck/*Fastrich*, GmbHG, § 30 Rn. 10; BeckOK GmbHG/*Schmolke*, § 30 Rn. 6.

79 So MüKo GmbHG/*Ekkenga*, § 30 Rn. 15; *Hennrichs*, NZG 2009, 921, 922; *Joost*, GmbHR 1983, 285; Scholz/*Verse*, GmbHG, § 30 Rn. 2.

80 *W. Goette*, DStR 2005, 197, 198; *Hennrichs*, NZG 2009, 921, 922; *Hommelhoff/C. Teichmann*, GmbHR 2008, 897, 904; a.A. *Haas*, DStR 2006, 993, 994 f.

81 Mit diesem Vergleich *Drygala*, ZGR 2006, 587, 596 f.

82 Zur Seriositätswirkung des Stammkapitals siehe etwa die Begründung des MoMiG, BT-Drucks. 16/6140 S. 31 r.Sp.; *Drygala*, ZGR 2006, 587, 599 ff.

83 So im Ergebnis auch BeckOK GmbHG/*Schmolke*, § 31 Rn. 62; MüKo GmbHG/*Ekkenga*, § 31 Rn. 52.

Festzuhalten ist, dass der wesentliche Zweck der Kapitalerhaltungsvorschriften des GmbHG in der Gewährleistung eines gewissen Gläubigerschutzes liegt, auch wenn die Kapitalerhaltungsvorschriften aufgrund ihrer Konzeption nur in begrenztem Umfang einen solchen bieten können.

### *b) Gesellschafterschutz?*

Auch wenn diese Frage im Schrifttum kaum erörtert wird,[84] soll nach teilweise vertretener Ansicht das Kapitalschutzregime der §§ 30 ff. GmbHG neben dem Gläubigerschutz auch den Schutz der Gesellschafter bezwecken.[85] Die Begründung zum Entwurf des GmbHG erwähnt als Schutzzweck lediglich den Schutz der Gesellschaftsgläubiger und schweigt damit hinsichtlich weiterer Schutzzwecke.[86] Solche dürften jedenfalls nicht von vornherein ausgeschlossen sein, da die Begründung den Zweck des Gläubigerschutzes als einen Zweck „in erster Linie"[87] beschreibt.

Richtigerweise ist der Gesellschafterschutz lediglich als Rechtsreflex anzuerkennen.[88] Die Gesellschafter sind nicht davor geschützt, dass einem Mitgesellschafter verbotswidrig Einlagen zurückgewährt werden. Vielmehr sind die Gesellschafter vor stammkapitalschädigender Einlagenrückgewähr durch gegenseitige Treuepflichten und den Gleichbehandlungsgrundsatz geschützt. Die Aufgabe des Gesellschafterschutzes ist funktional der inneren Organisationsverfassung zuzuordnen und nicht dem Kapitalerhaltungsrecht.[89] In Anbetracht der Ausfallhaftung gemäß § 31 Abs. 3 GmbHG – hierauf wird noch gesondert eingegangen[90] – wird aus den Gesetzesmaterialien und dem zugrundeliegenden Regelungszweck besonders deutlich, dass diese nicht den Schutz der Gesellschafter bezweckt.

---

84 Mit diesem Befund auch *Thole,* Gläubigerschutz, S. 553.

85 MüKo GmbHG/*Ekkenga*, § 30 Rn. 16; Lutter/Hommelhoff/*Hommelhoff*, GmbHG, § 30 Rn. 1.

86 Vgl. die Nachweise in Fn. 73.

87 Vgl. die Nachweise in Fn. 73.

88 So auch die herrschende Meinung, siehe etwa *Bayer*, ZGR 2007, 220, 228; HCL/*Habersack*, GmbHG, § 30 Rn. 3; *Thole,* Gläubigerschutz, S. 554; *Ulmer,* FS 100 Jahre GmbHG, 1992, 363, 384; Scholz/*Verse*, GmbHG, § 30 Rn. 3.

89 *Thole,* Gläubigerschutz, S. 554.

90 Siehe sogleich unter B.III.1.c).

## 2. Die Kapitalerhaltung in der AG

Blickt man auf das Kapitalerhaltungssystem der Aktiengesellschaft, so zeigen sich einige Parallelen zu der soeben betrachteten Systematik der §§ 30 ff. GmbHG. Auch für die Aktiengesellschaft gilt der Grundsatz der Erhaltung des Grundkapitals, §§ 57 ff. AktG. Diese Vorschriften dienen im Wesentlichen dem Gläubigerschutz. Im Gläubigerinteresse soll sichergestellt werden, dass das im Handelsregister eingetragene Kapital aufgebracht wurde und dieses nicht willkürlich an die Aktionäre ausgeschüttet wird, sondern der Gesellschaft zur Verfügung steht.[91] Teilweise werden, ähnlich wie im GmbH-Recht, neben dem Gläubigerschutz der Schutz von Mitgesellschaftern[92] und die Wahrung der gesetzlichen Kompetenzordnung[93] als Schutzzwecke genannt. Richtigerweise liegt auch im Rahmen des Aktienrechts der tragende Grund der Vermögensbindung ausschließlich in der Gewährleistung von Gläubigerschutz. Die damit automatisch verbundene Gleichbehandlung der Aktionäre und die Wahrung der Kompetenzordnung stellen lediglich einen Rechtsreflex dar.[94]

Hinsichtlich der inhaltlichen Reichweite des Auszahlungsverbots besteht Einigkeit, dass dieses entgegen dem gesetzlichen Wortlaut nicht auf die Einlage des Auszahlungsempfängers beschränkt ist. Vielmehr unterfällt jede Zuwendung außerhalb der Verteilung des Bilanzgewinns, die nicht durch eine besondere gesetzliche Regelung gestattet ist, dem Auszahlungsverbot.[95] Es kommt im Gegensatz zur Regelung des § 30 Abs. 1 GmbHG nicht darauf an, ob die Auszahlung die Grundkapitalziffer beeinträchtigt. In Bezug auf die Aktiengesellschaft wird von einem Prinzip der umfassenden Vermögensbindung gesprochen.[96] Die Vermögensbindung in der Aktiengesellschaft ist damit inhaltlich deutlich weiter gefasst als ihr Pendant in der GmbH.[97] Der geringere Schutzumfang des

---

91 MüKo AktG/*Bayer*, § 57 Rn. 1.

92 MüKo AktG/*Bayer*, § 57 Rn. 2; Hüffer/Koch/*Koch*, AktG, § 57 Rn. 1; Scholz/*Verse*, GmbHG, § 30 Rn. 7.

93 BeckOGK AktG/*Cahn/v. Spannenberg*, § 57 Rn. 5 ff. m.w.N.; *Henze*, NZG 2005, 115, 120 f.

94 So auch BeckOGK AktG/*Cahn/v. Spannenberg*, § 57 Rn. 7 ff.; Grigoleit/*Grigoleit/Rachlitz*, AktG, § 57 Rn. 2; *Gross-Langenhoff*, Vermögensbindung, S. 52 ff.

95 BGHZ 213, 224, 230; MüKo AktG/*Bayer*, § 57 Rn. 8 ff.; BeckOGK AktG/*Cahn/v. Spannenberg*, § 57 Rn. 16; HCL/*Habersack*, GmbHG, § 30 Rn. 18 ff.; Hüffer/Koch/*Koch*, AktG, § 57 Rn. 2.

96 So bspw. MüKo AktG/*Bayer*, § 57 Rn. 11.

97 Lutter/Hommelhoff/*Hommelhoff*, GmbHG, § 30 Rn. 4.

§ 30 Abs. 1 GmbHG, welcher im Gegensatz zu § 57 AktG lediglich die Sicherung des „bilanztechnischen Sparstrumpfes“[98] verfolgt, ist auf die personalistische Prägung der GmbH zurückzuführen.[99] Während die AG regelmäßig eine schwer überschaubare Anzahl an Aktionären und damit keine besonders enge Gesellschafterbindung aufweist, handelt es sich im Rahmen der GmbH nach dem gesetzlichen Leitbild um einen eher geschlossenen Gesellschafterkreis.[100] Mit der persönlicheren Struktur der GmbH sollte auch nach der Konzeption des historischen Gesetzgebers die Freiheit von bereits aus dem Aktienrecht bekannten „beschränkenden Kautelen“[101] einhergehen – hierzu zählt auch die Freiheit von umfassender Kapitalbindung.

Das AktG sieht als Rechtsfolge einer verbotswidrigen Auszahlung in § 62 Abs. 1 AktG die Rückgewährpflicht des Empfängers hinsichtlich des Erlangten vor. Eine Ausfallhaftung der Mitgesellschafter für verbotene Einlagenrückgewähr existiert hingegen nicht. Damit bleibt das AktG auf Rechtsfolgenseite hinter dem Regelungssystem des GmbHG zurück. Die Ausfallhaftung ist Ausfluss des Umstandes, dass der Umfang der Vermögensbindung im GmbHG hinter der des AktG zurückbleibt[102] und setzt überdies – wie noch ausführlich dargelegt wird[103] – nach der Konzeption des Gesetzgebers eine besondere Nähe der Gesellschafter untereinander voraus. Da die Verbindung der Aktionäre nach dem gesetzlichen Leitbild hingegen eine eher unpersönliche ist, wurde eine Ausfallhaftung nie in das Kapitalerhaltungssystem der AG aufgenommen. Auch später ist darüber, soweit ersichtlich, nie diskutiert worden.

Neben die bereits genannten Kapitalerhaltungsvorschriften treten weitere Kapitalerhaltungsmechanismen, wie etwa die Pflicht zur Bildung einer gesetzlichen Rücklage gemäß § 150 AktG. Hierdurch soll ein gesetzlicher Reservefonds geschaffen werden, welcher als „Pufferzone“[104] für das Grundkapital fungiert. Die Vorschrift dient ebenfalls der Kapitalerhaltung und damit dem

---

98 *Wiedemann,* Die Haftung des Gesellschafters in der GmbH, 1968, 5, 44.

99 HCL/*Habersack*, GmbHG, § 30 Rn. 21; Scholz/*Verse*, GmbHG, § 30 Rn. 9.

100 HCL/*Habersack*, GmbHG, § 31 Rn. 21.

101 Begründung zum Gesetzentwurf betreffend die Gesellschaften mit beschränkter Haftung, Stenographische Berichte über die Verhandlungen des Reichstags, 8. Legislaturperiode, 1. Session 1890/1892, Reichstagsaktenstück Nr. 660, S. 3745; siehe ausführlich unter B.III.1.a).

102 Siehe hierzu sogleich unter B.III.

103 Siehe unter E.

104 Hüffer/Koch/*Koch*, AktG, § 150 Rn. 1.

Gläubigerschutz.[105] Ferner sind die Kapitalerhaltungsvorschriften in den Abschnitten über die Kapitalherabsetzung (§ 225 AktG) und über die Abwicklung der Aktiengesellschaft (§ 272 AktG) zu erwähnen.

Abschließend ist zu betonen, dass weder das Kapitalerhaltungskonzept der AG noch das der GmbH unumstößlich zu begründen ist.[106] Selbst das Grundprinzip des Garantiekapitals in GmbH und AG selbst kann sich der Kritik nicht entziehen. In jüngerer Zeit wurden vermehrt Zweifel an dem Konzept des festen Kapitals und den flankierenden Haftungssystemen laut.[107] Zu beachten ist aber, dass hinsichtlich der Aktiengesellschaft das System des festen Kapitals unionsrechtlich seit der Richtlinie RL/77/91/EWG[108] fixiert ist,[109] sodass dem deutschen Umsetzungsgesetzgeber hinsichtlich einer Änderung lediglich ein äußerst beschränkter Spielraum verbliebe. Nach der intensiven Reformdebatte auf europäischer Ebene in den letzten Jahren[110] sind jedenfalls in absehbarer Zeit keine wesentlichen Änderungen zu erwarten.[111]

## 3. Die Kommanditgesellschaft

Das Recht der Personengesellschaften (GbR, OHG und KG) unterscheidet sich deutlich von dem Kapitalerhaltungsrecht des GmbHG. Im Personengesellschaftsrecht ist kein Kapitalstock vorgesehen, welcher den Gesellschaftsgläubigern als Zugriffsfonds dienen soll. Mithin sind hier keine Kapitalerhaltungsvorschriften hinsichtlich eines stammkapitalähnlichen Kapitalstocks denkbar. Anstelle eines solchen steht den Gläubigern sowohl das Gesellschaftsvermögen als auch das (Privat-)Vermögen der Gesellschafter als Befriedigungsobjekt zur Verfügung. Die Gesellschafter der Außen-GbR und der OHG sowie die Komplementäre

---

105 BeckOGK AktG/*Euler/Sabel*, § 150 Rn. 1 f.; Hüffer/Koch/*Koch*, AktG, § 150 Rn. 1.

106 *Grimm*, Finanzverfassung, S. 106 ff.; Scholz/*Verse*, GmbHG, § 30 Rn. 9.

107 Siehe hierzu ausführlich *Lutter*, ZGR Sonderheft 17 (2006), 1, 1 ff. sowie die Monographien von *Giering*, Risikobezogener Gläubigerschutz und *Grimm*, Finanzverfassung, S. 102 ff.; dagegen MüKo AktG/*Bayer*, § 57 Rn. 1.

108 Zweite RL 77/91/EWG des Rates vom 13.12.1976. Heute sind die Bestimmungen dieser Richtlinie in der RL (EU) 2017/1132 des Europäischen Parlaments und des Rates vom 14.06.2017 kodifiziert.

109 Vgl. MüKo AktG/*Bayer*, § 57 Rn. 1; siehe umfassend *Lutter/Bayer/J. Schmidt*, Europäisches Unternehmens- und Kapitalmarktrecht, Rn. 19.1 ff., 19.37 ff.

110 Vgl. den Überblick bei *Lutter/Bayer/J. Schmidt*, Europäisches Unternehmens- und Kapitalmarktrecht, Rn. 19.38 ff.

111 *Lutter/Bayer/J. Schmidt*, Europäisches Unternehmens- und Kapitalmarktrecht, Rn. 19.41.

von Kommanditgesellschaften unterliegen grundsätzlich einer akzessorischen Haftung für Gesellschaftsschulden, welche persönlich, unmittelbar und unbeschränkt ausgestaltet ist, vgl. § 128 HGB (analog).[112]

Einen Sonderfall stellt die Kommanditgesellschaft und insbesondere die Haftung des Kommanditisten dar. Diesbezüglich ist streng zwischen Innen- und Außenverhältnis zu unterscheiden. Im Außenverhältnis haftet der Kommanditist den Gläubigern der Gesellschaft grundsätzlich neben der Gesellschaft und dem Komplementär persönlich, unmittelbar und akzessorisch.[113] Die Haftung des Kommanditisten ist jedoch der Höhe nach summenmäßig beschränkt bis zu der im Handelsregister gemäß § 162 Abs. 1 HGB einzutragenden Einlage, vgl. § 171 Abs. 1 HGB. Diese im Außenverhältnis maßgebliche Einlage wird auch als Hafteinlage bezeichnet.[114] Die direkte Außenhaftung des Kommanditisten ist gemäß § 171 Abs. 1 Hs. 2 HGB ausgeschlossen, soweit der Kommanditist eine Einlage in Höhe der Hafteinlage in das Gesellschaftsvermögen geleistet hat.[115] Bevor die Gesellschaft jedoch in das Handelsregister eingetragen ist und damit die Beschränkung der Haftung des Kommanditisten publik gemacht wurde, haftet dieser gemäß § 176 Abs. 1 HGB gleich einem Komplementär, wenn der Kommanditist dem Geschäftsbeginn vor Eintragung zugestimmt hat. Für den Kommanditisten tritt kraft Gesetzes eine Haftungsbeschränkung ein, sobald der Rechtsverkehr über Beteiligung als (bloßer) Kommanditist durch die entsprechende Eintragung ins Handelsregister informiert ist.[116]

Da das KG-Recht die Haftungsbefreiung im Außenverhältnis entscheidend an die Erbringung der Hafteinlage knüpft, existiert ein Mechanismus zur Sicherung der (erbrachten) Hafteinlage. § 172 Abs. 4 S. 1 HGB legt fest, dass die Hafteinlage den Gläubigern gegenüber als nicht geleistet gilt, soweit sie an den Kommanditisten zurückfließt – die Außenhaftung des Kommanditisten lebt damit in Höhe der Rückzahlung wieder auf. Eine solche Rückzahlung der Hafteinlage liegt bei sämtlichen Rechtsgeschäften vor, durch die dem Gesellschaftsvermögen Vermögenswerte ohne angemessene Gegenleistung entzogen werden.[117] Die Außenhaftung des Kommanditisten kann in solchen Fällen der Rückzahlung an den

---

112 So die herrschende Meinung, vgl. Oetker/*Boesche*, HGB, § 128 Rn. 4 ff., 12; Baumbach/Hopt/*Roth*, HGB, § 128 Rn. 1; MüKo BGB/*C. Schäfer*, § 714 Rn. 35 f.; MüKo HGB/*K. Schmidt*, HGB, § 128 Rn. 4.

113 Oetker/*Oetker*, HGB, § 171 Rn. 4 ff.; *Bartlitz,* Haftung des Kommanditisten, S. 22.

114 MüKo HGB/*K. Schmidt*, HGB, §§ 171, 172 Rn. 21.

115 EBJS/*Strohn*, HGB, § 171 Rn. 17.

116 *Bartlitz,* Haftung des Kommanditisten, S. 24.

117 BGHZ 39, 319; MAH PersGesR/*Gummert*, § 6 Rn. 17.

Kommanditisten jedoch nur maximal in Höhe der Hafteinlage wiederaufleben. Dies gilt auch, wenn dem Kommanditisten ein Vielfaches seiner Hafteinlage aus dem Gesellschaftsvermögen zugeflossen ist.[118]

Im Innenverhältnis hingegen herrscht grundsätzlich Gestaltungsfreiheit der Gesellschafter.[119] Die Höhe und Erbringungsmodalitäten einer Beitragsleistung i.S.v. § 705 BGB – auch Pflichteinlage genannt[120] – können die Gesellschafter frei vereinbaren. Die Pflichteinlage ist unabhängig von der für die Kommanditistenhaftung im Außenverhältnis maßgeblichen Hafteinlage (vgl. § 172 Abs. 3 HGB) und kann von dieser abweichen.[121] Die Pflichteinlage kann gar gestundet oder vollständig erlassen werden.[122]

Hinsichtlich der Schutzrichtung der genannten, den Kommanditisten betreffenden Außenhaftungsvorschriften ist ein Blick auf den Inhalt der Außenhaftung des Kommanditisten nach § 171 Abs. 1 Hs. 1 HGB zu werfen. Diese umfasst lediglich Außenverbindlichkeiten der Gesellschaft, nicht hingegen (Sozial)Verbindlichkeiten der Gesellschaft gegenüber Mitgesellschaftern.[123] Mithin kann die Außenhaftung nur Gesellschaftsgläubigern zugutekommen, welche ihre Forderungen nicht aus dem Gesellschaftsverhältnis herleiten.[124] Zweck der genannten Außenhaftungsvorschriften ist es, das Vertrauen des Rechtsverkehrs in die finanzielle Ausstattung der Gesellschaft zu erhalten bzw. zu erhöhen.[125]

Mit Blick auf die Ausfallhaftung im GmbH-Recht kann festgestellt werden, dass eine solche im KG-Recht nicht existiert. Vergleicht man die Leistung der Hafteinlage durch den Kommanditisten und das Wiederaufleben im Falle der Rückzahlung mit dem System der Kapitalaufbringung und Kapitalerhaltung im GmbH-Recht, so lassen sich durchaus gewisse Parallelen ausmachen. Während (im ersten Schritt) die Erhaltung des Stammkapitals im GmbH-Recht im Fall der verbotenen Einlagenrückgewähr durch den Erstattungsanspruch des

---

118 So der deutliche Wortlaut des Gesetzes („die *Einlage* […] zurückbezahlt“) und die ganz herrschende Meinung, vgl. statt vieler MüKo HGB/*K. Schmidt*, HGB, §§ 171, 172 Rn. 21, 67, 82; EBJS/*Strohn*, HGB, § 172 Rn. 22. Zu Versuchen, § 172 Abs. 4 HGB über den Wortlaut hinaus auf die Hafteinlage übersteigende Rückzahlungen anzuwenden, siehe unter B.V.2.a)cc)(i).

119 BeckOK HGB/*Häublein*, § 171 Rn. 12.

120 MAH PersGesR/*Gummert*, § 5 Rn. 4 ff.

121 MAH PersGesR/*Gummert*, § 5 Rn. 5.

122 *Bartlitz*, Haftung des Kommanditisten, S. 20 f.

123 MüKo HGB/*K. Schmidt*, HGB, §§ 171, 172 Rn. 14.

124 *Bartlitz*, Haftung des Kommanditisten, S. 23.

125 *Bartlitz*, Haftung des Kommanditisten, S. 23.

§ 31 Abs. 1 GmbHG gesichert wird, soll im Fall des Kommanditisten die Aufbringung und Erhaltung der Hafteinlage durch die Androhung der persönlichen und unmittelbaren (aber begrenzten) Außenhaftung gefördert werden. Kommt (im zweiten Schritt) im GmbH-Recht der gemäß § 31 Abs. 1 GmbHG Erstattungspflichtige seiner Erstattungspflicht nicht nach, wird dieser Anspruch der Gesellschaft durch die Ausfallhaftung der Mitgesellschafter gemäß § 31 Abs. 3 GmbHG gesichert. Kommt hingegen im KG-Recht der Kommanditist der Leistung seiner Hafteinlage in das Gesellschaftsvermögen nicht nach oder lässt er sich ggf. ein Vielfaches seiner Hafteinlage zurückzahlen, so existiert kein der Ausfallhaftung gemäß § 31 Abs. 3 GmbHG vergleichbares „Sekundärinstrument“ zugunsten der Gläubiger. Vielmehr greift in diesen Fällen die persönliche, unmittelbare und unbegrenzte Haftung des Komplementärs.

## 4. Die Typenvermischung: GmbH & Co. KG

Hier steht den Gläubigern weder der Kommanditist[126] noch der Komplementär als primär, unbeschränkt und persönlich haftende natürliche Person zur Verfügung, sondern lediglich eine mit begrenztem Kapitalfonds ausgestattete Körperschaft als – gemäß §§ 161 Abs. 2, 128 S. 1 HGB unbeschränkt haftender – Komplementär. Die Zulässigkeit einer Körperschaft in der Komplementärstellung ist heute unstreitig[127] und wird auch vom Gesetzgeber anerkannt, vgl. etwa § 172 Abs. 6 S. 1 HGB. Sich hieraus ergebende haftungsrechtliche Probleme werden von der herrschenden Meinung durch Modifikationen des personengesellschaftsrechtlichen Regelungssystems,[128] insbesondere der Unterwerfung der GmbH & Co. KG unter das Kapitalerhaltungssystem der GmbH, behandelt.[129] Die Kapitalerhaltung in der GmbH & Co. KG, welche noch immer Personengesellschaft ist, richtet sich aufgrund der Besonderheit des beschränkt haftenden Komplementärs sowohl nach den Haftungsregeln der KG als auch nach den Kapitalerhaltungsregeln der GmbH. Hierauf wird im Folgenden noch vertieft eingegangen.[130]

---

126 Bei vollständiger Leistung der Hafteinlage, vgl. §§ 171 Abs. 1, 172 HGB.

127 Siehe bereits RGZ 105, 101; BGH WM 1956, 61; statt vieler MüKo HGB/*Grunewald*, § 161 Rn. 49; Röhricht/Graf von Westphalen/Haas/*Mock*, HGB, § 161 Rn. 4 ff.

128 MüKo HGB/*Grunewald*, § 161 Rn. 49.

129 Siehe grundlegend BGHZ 60, 324; siehe ausführlich unten B.V.2.a)aa)(iii).

130 Siehe hierzu unten B.V.2.

### 5. Zwischenergebnis

Mit Blick auf die Haftungssysteme weiterer Gesellschaftsformen zeigt sich, dass die Ausfallhaftung für verbotene Einlagenrückgewähr (an einen Mitgesellschafter) eine Eigenart des GmbH-Rechts darstellt. Betrachtet man die Ausfallhaftung vor dem Hintergrund der aktienrechtlichen und personengesellschaftsrechtlichen Regelungen, so fällt auf, dass der insoweit einzigartige Mechanismus der Ausfallhaftung die Lücke zwischen diesen beiden entgegengesetzten Vermögensbindungs- bzw. Haftungssystemen ausfüllt: Während im Aktienrecht grundsätzlich eine vergleichsweise umfassende Vermögensbindung, aber keine persönliche Haftung der Aktionäre gilt, herrscht im Personengesellschaftsrecht im Grundsatz keine Vermögensbindung,[131] aber die unbeschränkte persönliche Außenhaftung mindestens eines Gesellschafters. Das GmbH-Recht wählt einen Mittelweg, welcher weder eine umfassende Vermögensbindung noch die persönliche, unbeschränkte Außenhaftung der Gesellschafter vorsieht. Als Ausgleich hierfür wird mit der Ausfallhaftung eine Ausnahme von der die GmbH kennzeichnenden, auf die Einlage beschränkten Gesellschafterverpflichtung festgelegt.

## III. Teleologische Grundlegung der Ausfallhaftung

Oben wurde die Ausfallhaftung gemäß § 31 Abs. 3 GmbHG in ihrer Wirkungsweise beschrieben und in Kontext zu anderen Kapitalerhaltungs- und Haftungssystemen gesetzt. Bevor sogleich auf teilweise diskutierte Einschränkungen[132] und Erweiterungen[133] der Anwendung der Ausfallhaftung eingegangen wird, ist zunächst der Zweck speziell der Ausfallhaftung als Untersuchungsgrundlage zu erarbeiten.

### 1. Hintergrund und Zweck der Ausfallhaftung

#### *a) Erwägungen des historischen Gesetzgebers*

Hierbei sind die Erwägungen des historischen Gesetzgebers hinsichtlich der Ausfallhaftung gemäß § 31 Abs. 3 GmbHG in Verbindung mit den Erwägungen zur Erstattungspflicht gemäß § 31 Abs. 1 GmbHG zu betrachten. Beide

131 Lediglich das Wiederaufleben der Außenhaftung des Kommanditisten gemäß § 172 Abs. 4 S. 1 HGB kann als eine Art Vermögensbindung aufgefasst werden.

132 Siehe unter B.IV.

133 Siehe unter B.V.

Rechtsfolgen innerhalb des Kapitalerhaltungsregimes sind untrennbar miteinander verknüpft.

Die Ausfallhaftungsvorschrift des § 31 Abs. 3 GmbHG war bis auf eine Unterteilung in S. 1 und S. 2 im Zuge des MoMiG[134] seit dem Inkrafttreten des GmbHG im Jahr 1892 nie Gegenstand einer Reform. Auch § 31 Abs. 1 GmbHG ist noch immer in der ursprünglichen Fassung in Kraft. Sofern also die der Gesetzesbegründung zugrundeliegenden Annahmen noch immer Geltung beanspruchen, sind die Erwägungen des historischen Gesetzgebers von Gewicht.

Der historische Gesetzgeber stellte fest, dass die in § 31 Abs. 1 GmbHG statuierte Pflicht zur Rückerstattungen von Zahlungen, die § 30 GmbHG zuwider geleistet wurden, „erheblich über die Grundsätze hinaus" gehen, „welche das geltende Recht für andere Gesellschaftsformen anerkennt".[135] Diesbezüglich wird insbesondere auf den Umstand verwiesen, dass im Rahmen der Aktiengesellschaft, der Aktienkommanditgesellschaft und der Kommanditgesellschaft keine Pflicht bestehe, Zinsen und Gewinne zurückzuzahlen, welche die Gesellschafter in gutem Glauben erhalten haben. In Bezug auf § 31 Abs. 1 GmbHG hingegen solle trotz etwaiger Gutgläubigkeit des Empfängers eine Erstattungspflicht eintreten, welche jedoch in ihrem Umfang auf das für die Befriedigung der Gesellschaftsgläubiger erforderliche Maß beschränkt sei.[136] Dies sei nötig, da die Vorschrift des § 31 GmbHG in Verbindung mit der Ausfallhaftung des § 31 Abs. 3 GmbHG „eine der hauptsächlichsten Garantien" enthalte, „welche der Entwurf zum Schutz der Gesellschaftsgläubiger vorsieht".[137] Die XXV. Kommission schloss sich dem Entwurf an, indem sie bemerkte, dass die Ausfallhaftung „trotz ihrer Strenge und der unter Umständen für die Gesellschafter daraus entstehenden Härten nicht zu entbehren sei, wenn im Uebrigen den neuen Gesellschaften die Freiheit von beschränkenden Kautelen gewährt werden solle".[138] Es

---

134 BGBl. I 2008, S. 2026.

135 Begründung zum Gesetzentwurf betreffend die Gesellschaften mit beschränkter Haftung, Stenographische Berichte über die Verhandlungen des Reichstags, 8. Legislaturperiode, 1. Session 1890/1892, Reichstagsaktenstück Nr. 660, S. 3745.

136 Begründung zum Gesetzentwurf betreffend die Gesellschaften mit beschränkter Haftung, Stenographische Berichte über die Verhandlungen des Reichstags, 8. Legislaturperiode, 1. Session 1890/1892, Reichstagsaktenstück Nr. 660, S. 3745.

137 Begründung zum Gesetzentwurf betreffend die Gesellschaften mit beschränkter Haftung, Stenographische Berichte über die Verhandlungen des Reichstags, 8. Legislaturperiode, 1. Session 1890/1892, Reichstagsaktenstück Nr. 660, S. 3745.

138 Kommissionsbericht zur Vorberatung des Entwurfs eines Gesetzes betreffend die Gesellschaften mit beschränkter Haftung, Stenographische Berichte über die

bestehe nur die Alternative, „dass der Ausfall entweder von den Gläubigern oder von den Gesellschaftern zu tragen ist".[139] Es entspreche „aber der Billigkeit mehr, hier die Gesellschafter heranzuziehen, da diese immerhin eine Einwirkung auf die Angelegenheiten der Gesellschaft auszuüben vermögen".[140] Den letzteren Aspekt bekräftigt auch die Begründung zum Gesetzesentwurf, indem festgestellt wird, dass die Ausfallhaftungsvorschrift „mit der allgemeinen Tendenz des Entwurfs im Einklang" stehe, „insofern sie dazu beitragen muss, die Verbindung der Gesellschafter mit der Gesellschaft fester zu gestalten, denn jeder einzelne Theilnehmer erhält dadurch ein besonderes Interesse, persönlich auf solide Geschäftsführung und vorsichtige Aufstellung der Bilanzen hinzuwirken."[141]

Mit Blick auf das Aktienrecht konstatierte der Gesetzgeber, dass dort die Sicherung des Grundkapitals „durch die Vorschriften über den Gründungshergang sowie durch die konkurrierende Verantwortlichkeit einer Reihe verschiedener Gesellschaftsorgane und durch die umfassende Oeffentlichkeit sowohl der Einzelheiten der Gründung, als der späteren Ergebnisse des Geschäftsbetriebes unterstützt"[142] werde. Diese Vorschriften fungierten primär zum „Schutze der Aktienerwerber", aber auch als „Garantien für die Interessen der Gesellschaftsgläubiger".[143] Da es im Falle der GmbH jedoch an einem vergleichbaren

Verhandlungen des Reichstags, 8. Legislaturperiode, 1. Session 1890/1892, Reichstagsaktenstück Nr. 744, S. 4009.

139 Kommissionsbericht zur Vorberatung des Entwurfs eines Gesetzes betreffend die Gesellschaften mit beschränkter Haftung, Stenographische Berichte über die Verhandlungen des Reichstags, 8. Legislaturperiode, 1. Session 1890/1892, Reichstagsaktenstück Nr. 744, S. 4009.

140 Kommissionsbericht zur Vorberatung des Entwurfs eines Gesetzes betreffend die Gesellschaften mit beschränkter Haftung, Stenographische Berichte über die Verhandlungen des Reichstags, 8. Legislaturperiode, 1. Session 1890/1892, Reichstagsaktenstück Nr. 744, S. 4009.

141 Begründung zum Gesetzentwurf betreffend die Gesellschaften mit beschränkter Haftung, Stenographische Berichte über die Verhandlungen des Reichstags, 8. Legislaturperiode, 1. Session 1890/1892, Reichstagsaktenstück Nr. 660, S. 3745.

142 Begründung zum Gesetzentwurf betreffend die Gesellschaften mit beschränkter Haftung, Stenographische Berichte über die Verhandlungen des Reichstags, 8. Legislaturperiode, 1. Session 1890/1892, Reichstagsaktenstück Nr. 660, S. 3730.

143 Begründung zum Gesetzentwurf betreffend die Gesellschaften mit beschränkter Haftung, Stenographische Berichte über die Verhandlungen des Reichstags, 8. Legislaturperiode, 1. Session 1890/1892, Reichstagsaktenstück Nr. 660, S. 3730.

„Verwaltungsapparat“[144] und einer „weitgehende[n] Publizität“[145] fehle, bedürfe es „im Interesse der Gläubiger eines Ersatzes“.[146] Dieser Ersatz bestehe in einer subsidiären, solidarischen „Gesammthaftung“[147] der Gesellschafter für die Aufbringung und Erhaltung des Stammkapitals.

Auch im Rahmen der parlamentarischen Debatte über den Entwurf wurde die Ausfallhaftung gemäß §§ 24 und 31 Abs. 3 GmbHG durch den Verfasser des Entwurfs und Kommissar des Bundesrates *Eduard Hoffmann* explizit thematisiert.[148] Er betonte, dass die solidarische Ausfallhaftung eine Bestimmung darstelle, „wie sie in dieser Strenge keine andere Gesellschaftsform, bei welcher die beschränkte Haftung ganz oder theilweise stattfindet“,[149] kenne. Es seien von verschiedenen Seiten gar „Bedenken erhoben worden, ob das nicht zu riskant für die Gesellschafter sein wird, und ob nicht vielleicht das Interesse der Gläubiger hier zu sehr in den Vordergrund gestellt ist“.[150]

### *b) Prüfung der Erwägungen des historischen Gesetzgebers aus heutiger Perspektive und Bewertung*

Nach der gesetzgeberischen Konzeption basiert mithin sowohl die Unabhängigkeit der Erstattungspflicht gemäß § 31 Abs. 1 GmbHG vom guten Glauben des Empfängers als auch die Entscheidung, die Ausfallhaftung an sich einzuführen,

---

144 Begründung zum Gesetzentwurf betreffend die Gesellschaften mit beschränkter Haftung, Stenographische Berichte über die Verhandlungen des Reichstags, 8. Legislaturperiode, 1. Session 1890/1892, Reichstagsaktenstück Nr. 660, S. 3730.

145 Begründung zum Gesetzentwurf betreffend die Gesellschaften mit beschränkter Haftung, Stenographische Berichte über die Verhandlungen des Reichstags, 8. Legislaturperiode, 1. Session 1890/1892, Reichstagsaktenstück Nr. 660, S. 3730.

146 Begründung zum Gesetzentwurf betreffend die Gesellschaften mit beschränkter Haftung, Stenographische Berichte über die Verhandlungen des Reichstags, 8. Legislaturperiode, 1. Session 1890/1892, Reichstagsaktenstück Nr. 660, S. 3730.

147 Begründung zum Gesetzentwurf betreffend die Gesellschaften mit beschränkter Haftung, Stenographische Berichte über die Verhandlungen des Reichstags, 8. Legislaturperiode, 1. Session 1890/1892, Reichstagsaktenstück Nr. 660, S. 3730.

148 Stenographische Berichte über die Verhandlungen des Reichstags, 8. Legislaturperiode, 1. Session 1890/1892, S. 4885; vgl. hierzu MüKo GmbHG/*Fleischer*, Einleitung Rn. 65.

149 Stenographische Berichte über die Verhandlungen des Reichstags, 8. Legislaturperiode, 1. Session 1890/1892, S. 4885.

150 Stenographische Berichte über die Verhandlungen des Reichstags, 8. Legislaturperiode, 1. Session 1890/1892, S. 4885.

auf dem Umstand, dass, abgesehen von der Rückerstattungspflicht und der Ausfallhaftung, keine nennenswerten Mechanismen („Garantien“[151]) zum Schutz der Gesellschaftsgläubiger vorgesehen sind. Gerade die Ausfallhaftungsvorschriften der §§ 24, 31 Abs. 3 GmbHG sollen Ausgleich bieten für den im Vergleich zum AktG fehlenden Verwaltungsapparat, die geringere Publizität[152] sowie die Freiheit von „beschränkenden Kautelen“.[153]

Die Annahmen des historischen Gesetzgebers sind im Wesentlichen noch immer zutreffend. Da die GmbH in aller Regel keinen sog. obligatorischen Aufsichtsrat bestellen muss,[154] bleibt es häufig bei den beiden Organen der GmbH, nämlich der Gesellschafterversammlung und dem Geschäftsführer, und damit bei einem schlankeren Verwaltungsapparat im Vergleich zur AG. Auch die gesetzgeberische Erwägung, dass in der GmbH eine größere Gestaltungsfreiheit der Gesellschafter als in der AG herrsche, ist noch immer zutreffend. Im Aktienrecht gilt das sog. Prinzip der Satzungsstrenge:[155] § 23 Abs. 5 AktG legt fest, dass die Satzung von den Vorschriften des AktG nur abweichen kann, wenn dies ausdrücklich zugelassen ist. Die Satzungsstrenge im AktG soll vornehmlich die (potenziellen) Aktionäre schützen, indem die Aktie zu einem weitgehend standardisierten Produkt gemacht wird.[156] Doch auch Gesellschaftsgläubiger sollen sich darauf verlassen können, dass die Satzung keine ungewöhnlichen Bestimmungen enthält.[157] Außerdem weist das Aktienrecht (noch immer) eine deutlich höhere Regelungsdichte und eine umfangreichere Gründungsprüfung in den §§ 33 ff. AktG als das GmbH-Recht auf.[158] Der Grundsatz der

151 Begründung zum Gesetzentwurf betreffend die Gesellschaften mit beschränkter Haftung, Stenographische Berichte über die Verhandlungen des Reichstags, 8. Legislaturperiode, 1. Session 1890/1892, Reichstagsaktenstück Nr. 660, S. 3745.

152 Begründung zum Gesetzentwurf betreffend die Gesellschaften mit beschränkter Haftung, Stenographische Berichte über die Verhandlungen des Reichstags, 8. Legislaturperiode, 1. Session 1890/1892, Reichstagsaktenstück Nr. 660, S. 3730.

153 Kommissionsbericht zur Vorberatung des Entwurfs eines Gesetzes betreffend die Gesellschaften mit beschränkter Haftung, Stenographische Berichte über die Verhandlungen des Reichstags, 8. Legislaturperiode, 1. Session 1890/1892, Reichstagsaktenstück Nr. 744, S. 4009.

154 Ein obligatorischer Aufsichtsrat ist in Fällen der Arbeitnehmermitbestimmung zu bilden, vgl. *Altmeppen*, GmbHG, § 52 Rn. 64.

155 BeckOGK AktG/*Limmer*, § 23 Rn. 46 ff.; MAH Aktienrecht/*Schüppen*, § 2 Rn. 12 ff.

156 Hüffer/Koch/*Koch*, AktG, § 23 Rn. 34.

157 BeckOGK AktG/*Limmer*, § 23 Rn. 46; MüKo AktG/*Pentz*, § 23 Rn. 158.

158 MAH Aktienrecht/*Schüppen*, § 2 Rn. 26 ff.

Satzungsautonomie im GmbH-Recht[159] und die weniger aufwendige Gründungsprüfung hingegen erlauben den GmbH-Gesellschaftern im Vergleich zu Aktionären deutlich größeren Gestaltungsspielraum.

Der historische Gesetzgeber brachte auch die geringeren Publizitätsanforderungen an die GmbH hinsichtlich der späteren Geschäftsergebnisse als Begründung für die Einführung der Ausfallhaftung in Anschlag.[160] Diese Annahme entspricht jedoch heute nicht mehr der geltenden Rechtslage. Im Wege des Bilanzrichtliniengesetzes[161] von 1985, welches Bestimmungen der 4.[162] und 7.[163] EG-Richtlinie umsetzte,[164] wurden insbesondere die Publizitätspflichten aller Kapitalgesellschaften vereinheitlicht, vgl. §§ 325 ff. HGB.[165] Während das Aktienrecht vergleichbare Publizitätsvorschriften schon zuvor kannte, brachte das Bilanzrichtliniengesetz erhebliche Änderungen für das GmbH-Recht mit sich:[166] Auch Gesellschaften in der Rechtsform der GmbH müssen seitdem eine Reihe an Unterlagen, wie etwa einen festgestellten oder gebilligten Jahresabschluss und einen Lagebericht, offenlegen.[167] Die Angleichung an die Publizitätspflichten der Aktiengesellschaft trifft heute alle Gesellschaften in der Rechtsform der GmbH.[168] Zuvor trafen Publizitätspflichten nach dem Publizitätsgesetz lediglich solche GmbH, deren Bilanzsumme, Umsatzerlöse oder Arbeitnehmeranzahl gewisse Schwellenwerte überstieg.[169]

Damit lässt sich zunächst festhalten, dass die zum heutigen Zeitpunkt ausgeweiteten Publizitätspflichten der GmbH zu einem – im Vergleich zur Rechtslage

---

159 Siehe ausführlich MüKo GmbHG/*Wicke*, § 3 Rn. 148 ff.

160 Vgl. den Nachweis in Fn. 145.

161 BGBl. I 1985, S. 2355.

162 Vierte RL 78/660/EWG des Rates vom 25.07.1978, aufgegangen in der RL 2013/34/EU des Europäischen Parlaments und des Rates vom 26.06.2013.

163 Siebente RL 83/349/EWG des Rates vom 13.06.1983, aufgegangen in der RL 2013/34/EU des Europäischen Parlaments und des Rates vom 26.06.2013.

164 Siehe hierzu MüKo HGB/*Fehrenbacher*, § 325 Rn. 4.

165 MüKo HGB/*Fehrenbacher*, § 325 Rn. 1 ff.

166 MüKo HGB/*Fehrenbacher*, § 325 Rn. 4.

167 Vgl. auch die Begründung zum Bilanzrichtliniengesetz, BT-Drucks. 10/317 S. 70.

168 Über den im Jahr 2000 eingefügten § 264a Abs. 1 HGB (BGBl. I 2000, 154) gelten diese Vorschriften auch für Gesellschaften der Rechsform der GmbH & Co. KG. Die Einführung von § 264a HGB geht auf die RL 90/605/EWG des Rates vom 08.11.1990 zurück, welche heute in der RL 2013/34/EU des Europäischen Parlaments und des Rates vom 26.06.2013 aufgegangen ist.

169 Siehe das Gesetz über die Rechnungslegung von bestimmten Unternehmen und Konzernen vom 15. August 1969, BGBl. I 1969, S. 1189.

von 1892 – erweiterten Gläubigerschutz geführt haben. Soweit der historische Gesetzgeber die Einführung der Ausfallhaftung gerade auf die fehlende „umfassende Oeffentlichkeit [...] der [...] Ergebnisse des Geschäftsbetriebs“[170] stützte, ist dieses Argument nicht mehr tragfähig. In der Gesamtschau ist jedoch, wie gezeigt, der Großteil der Grundannahmen, die den historischen Gesetzgeber zur Einführung der Ausfallhaftung bewegt haben, noch immer zutreffend: Die Ausfallhaftung bildet zum Zweck des Gläubigerschutzes eine zusätzliche Sicherheit vor dem Hintergrund des schlanken Verwaltungsapparates sowie des Grundsatzes der Satzungsautonomie im GmbH-Recht.

### c) *Schutz der Gesellschafter?*

In Ergänzung zu den oben unter B.II.1. vorgenommenen Überlegungen hinsichtlich des Zwecks der Kapitalerhaltungsvorschriften ist hier hervorzuheben, weshalb speziell die Ausfallhaftung nicht dem Schutz der Mitgesellschafter dient. Eine nähere Betrachtung der Erläuterungen des Gesetzgebers spricht nämlich gegen den Schutz der Mitgesellschafter: Nachdem die Regelungsunterschiede zwischen AktG und GmbHG deutlich gemacht werden und festgestellt wird, dass die umfangreicheren Regelungen im Aktiengesetz sowohl zum „Anlegerschutz“ als auch zum „Gläubigerschutz“ bestünden, wird in Ansehung der GmbH dargelegt, dass (nur) der *Gläubigerschutz* die Ausfallhaftung erfordere.[171] Dem *Gesellschafter- bzw. Anlegerschutz* hingegen soll die Ausfallhaftung nach der Konzeption des historischen Gesetzgebers daher offenbar nicht dienen.

Hinzu kommt der Umstand, dass die Ausfallhaftung gemäß § 31 Abs. 3 GmbHG höhenmäßig „nur“ hinsichtlich des Auszahlungsbetrags greift, „soweit er zur Befriedigung der Gesellschaftsgläubiger erforderlich ist“. Da die Ausfallhaftung somit die Erforderlichkeit zur Befriedigung der Gesellschaftsgläubiger zur Voraussetzung macht, ließe sich schwer erklären, dass etwa Mitgesellschafter von der Ausfallhaftung originär und nicht nur durch einen Rechtsreflex geschützt sind. Vielmehr sind diese stets gleichzeitig mit den Gesellschaftsgläubigern geschützt, jedoch nie allein. Damit dient die Ausfallhaftung nicht originär dem Schutz der

170 Begründung zum Gesetzentwurf betreffend die Gesellschaften mit beschränkter Haftung, Stenographische Berichte über die Verhandlungen des Reichstags, 8. Legislaturperiode, 1. Session 1890/1892, Reichstagsaktenstück Nr. 660, S. 3730.

171 Begründung zum Gesetzentwurf betreffend die Gesellschaften mit beschränkter Haftung, Stenographische Berichte über die Verhandlungen des Reichstags, 8. Legislaturperiode, 1. Session 1890/1892, Reichstagsaktenstück Nr. 660, S. 3730.

Mitgesellschafter, sondern ausschließlich dem Schutz der Gesellschaftsgläubiger. Ein Schutz der Gesellschafter ergibt sich allenfalls im Wege eines Rechtsreflexes.

## 2. Funktion

Im Folgenden ist herauszuarbeiten, auf welche Weise die Ausfallhaftung den von ihr verfolgten Gläubigerschutzzweck erreicht.

### *a) Objektive Kapitalerhaltung*

Zur Kategorisierung verschiedener Haftungsarten kann mit *Wiedemann* grundsätzlich zwischen *Erfüllungshaftung* und *Schadensersatzhaftung* unterschieden werden.[172] Die Erfüllungshaftung ist auf die objektive Erfüllung einer konkreten Schuld gerichtet. Hingegen ist im Rahmen der Schadensersatzhaftung der Geschädigte so zu stellen, als wäre es niemals zum Vermögensentzug gekommen.[173] Damit umfasst die Schadensersatzhaftung auch etwa entgangene Gewinne, vgl. §§ 249 Abs. 1, 252 BGB.[174] Eine Schadensersatzhaftung ist häufig von einem Verschulden des Schädigers abhängig und unterliegt grundsätzlich[175] einer potenziellen Anspruchskürzung wegen Mitverschuldens des Geschädigten (§ 254 Abs. 1 BGB). Ferner ist im Rahmen der Schadensersatzhaftung die Schadensgeringhaltungsobliegenheit des Geschädigten sowie die Vorteilsanrechnung zu beachten (§ 254 Abs. 2 S. 1 BGB).

Ordnet man die Ausfallhaftung gemäß § 31 Abs. 3 GmbHG in dieser Weise ein, so zeigt sich, dass es sich bei dieser um eine (objektive) Erfüllungshaftung handelt.[176] Der Gesamtumfang des Gesamtbetrages, welcher von den ausfallhaftenden Mitgesellschaftern aufgebracht werden muss, geht niemals über das vom Empfänger der verbotenen Einlagenrückgewähr Erhaltene hinaus: § 31 Abs. 1 GmbHG und der hierauf verweisende § 31 Abs. 3 GmbHG knüpfen streng an den Auszahlungsbegriff des § 30 Abs. 1 GmbHG an.[177] Eine Rückerstattungspflicht über den Umfang der Einlagenrückgewähr hinaus, etwa hinsichtlich Nutzungsausfallschäden der GmbH, kann sich daher aus den §§ 30 ff. GmbHG selbst nicht ergeben.[178] Außerdem ist eine – für Schadensersatzhaftung typische – Kürzung

---

172 *Wiedemann,* Die Haftung des Gesellschafters in der GmbH, 1968, 5, 12 f.

173 *Wiedemann,* Die Haftung des Gesellschafters in der GmbH, 1968, 5, 13.

174 BeckOK BGB/*Flume*, § 252 Rn. 1.

175 BeckOGK BGB/*Looschelders*, § 254 Rn. 57 ff.; BeckOK BGB/*Lorenz*, § 254 Rn. 2.

176 So *Wiedemann,* Die Haftung des Gesellschafters in der GmbH, 1968, 5, 13; ähnlich auch MüKo GmbHG/*Ekkenga*, § 31 Rn. 52; MHLS/*Heidinger*, GmbHG, § 31 Rn. 60.

177 MüKo GmbHG/*Ekkenga*, § 31 Rn. 16.

178 *Lutter/Banerjea*, ZGR 2003, 402, 420 ff.

des Erstattungsanspruchs der Gesellschaft gemäß § 31 Abs. 1 GmbHG bzw. der Ausfallhaftung gemäß § 31 Abs. 3 GmbHG wegen „Mitverschuldens" aus der Sphäre der Einlagen rückgewährenden Gesellschaft nicht denkbar. Sowohl der Gesetzeswortlaut als auch der Gläubigerschutzzweck der §§ 31 Abs. 1 und 3 GmbHG verbieten es, deren Bestand von in der Sphäre der Gesellschaft liegenden Umständen abhängig zu machen. In dieses Bild passt auch, dass der Erstattungsanspruch gemäß § 31 Abs. 1 GmbHG nicht vom guten Glauben des Empfängers der verbotenen Einlagenrückgewähr abhängt, sondern diesen im Falle des gutgläubigen Empfängers lediglich von der Erforderlichkeit der Gläubigerbefriedigung abhängig macht (§ 31 Abs. 2 GmbHG). Auch die an den Erstattungsanspruch anknüpfende Ausfallhaftung ist unabhängig vom guten Glauben des Ausfallhaftenden. Mithin handelt es sich bei der Ausfallhaftung nicht um eine Sanktionsnorm,[179] sondern um eine objektive Erfüllungshaftung.

### *b) Anreizfunktion*

Obwohl der Ausfallhaftung kein sanktionierender Charakter im Sinne einer Schadensersatzhaftung beigemessen werden kann, ist dennoch ein gewisses Anreizelement der Ausfallhaftung festzustellen. Die Ausfallhaftung soll die Gesellschafter dazu animieren, verbotener Einlagenrückgewähr nach Möglichkeit entgegenzutreten und von vornherein zu verhindern.[180] Diese auf Prävention abzielende Funktion wird anhand der Erläuterungen des historischen Gesetzgebers besonders deutlich: Die Ausfallhaftung stehe „mit der allgemeinen Tendenz des Entwurfs im Einklang, [...] die Verbindung der Gesellschafter mit der Gesellschaft fester zu gestalten, denn jeder einzelne Theilnehmer erhält dadurch ein besonderes Interesse, persönlich auf solide Geschäftsführung und vorsichtige Aufstellung der Bilanzen hinzuwirken."[181] Auch die XXV. Kommission bemerkte, es entspreche „der Billigkeit mehr, [für die Ausfallhaftung] die Gesellschafter heranzuziehen, da diese immerhin eine Einwirkung auf die Angelegenheiten der Gesellschaft auszuüben vermögen".[182] Mit den

---

179 So auch MüKo GmbHG/*Ekkenga*, § 31 Rn. 52.

180 MüKo GmbHG/*Ekkenga*, § 31 Rn. 52; MHLS/*Heidinger*, GmbHG, § 31 Rn. 60.

181 Begründung zum Gesetzentwurf betreffend die Gesellschaften mit beschränkter Haftung, Stenographische Berichte über die Verhandlungen des Reichstags, 8. Legislaturperiode, 1. Session 1890/1892, Reichstagsaktenstück Nr. 660, S. 3745.

182 Kommissionsbericht zur Vorberatung des Entwurfs eines Gesetzes betreffend die Gesellschaften mit beschränkter Haftung, Stenographische Berichte über die Verhandlungen des Reichstags, 8. Legislaturperiode, 1. Session 1890/1892, Reichstagsaktenstück Nr. 744, S. 4009.

Einwirkungsmöglichkeiten der Gesellschafter, auf die unten noch vertieft eingegangen wird,[183] beschreibt der Gesetzgeber einen Anreiz der Gesellschafter, einer verbotenen Einlagenrückgewähr bereits im eigenen Interesse – zur Vermeidung der eigenen Ausfallhaftung – soweit im Einzelfall möglich entgegenzutreten und eine solche zu verhindern.

Bei Betrachtung der Anreizfunktion wird damit deutlich, dass die Ausfallhaftung Doppeltes bezweckt: Nicht nur wird das Gläubigerschutzziel auf Sekundärebene dadurch abgesichert, dass die Gesellschaft für die verbotene Einlagenrückgewähr über die Ausfallhaftung eine Vielzahl von Schuldnern für die Rückerstattungsschuld gemäß § 31 Abs. 1 GmbHG erhält. Hinzu kommt, dass bereits auf Primärebene die verbotene Einlagenrückgewähr durch allseitige Vorsicht der Gesellschafter verhindert werden soll, um die Gefahr der späteren Vollstreckbarkeit der (Ausfall-)Haftungsanteile gemäß § 31 GmbHG von vornherein zu minimieren.

Diese Anreizfunktion stellt ein regulatorisches Ziel[184] dar, bietet jedoch keine Basis für ein teilweise diskutiertes Verschuldenserfordernis.[185]

### 3. Ergebnis

Die in den wesentlichen Punkten noch immer zutreffenden Erwägungen des historischen Gesetzgebers zeigen, dass der einzige Zweck der Ausfallhaftung der Gläubigerschutz ist: Durch die Einführung der als durchaus streng empfundenen Ausfallhaftung sollte ein Gläubigerschutzniveau erreicht werden, welches mit den Gesellschaftsformen wie etwa der Aktiengesellschaft oder der Kommanditgesellschaft vergleichbar ist. Mit der subsidiären, solidarischen Ausfallhaftung soll die „Verbindung der Gesellschafter mit der Gesellschaft fester [gestaltet werden]".[186] Sie ist damit Ausdruck der personalistischen Prägung der GmbH[187] und soll die fehlende Regelungsdichte im GmbHG und die damit einhergehende Gläubigerunsicherheit kompensieren. Der Schutz der Mitgesellschafter

183 Siehe unter E., insbesondere unter E.III.2.b).

184 MüKo GmbHG/*Ekkenga*, § 31 Rn. 52.

185 Siehe hierzu eingehend unter B.IV.1. und E.III.2.c).

186 Begründung zum Gesetzentwurf betreffend die Gesellschaften mit beschränkter Haftung, Stenographische Berichte über die Verhandlungen des Reichstags, 8. Legislaturperiode, 1. Session 1890/1892, Reichstagsaktenstück Nr. 660, S. 3745.

187 So HCL/*Habersack*, GmbHG, § 30 Rn. 18.

ist dagegen nicht als originärer Zweck der Ausfallhaftung anzusehen, sondern allenfalls als Rechtsreflex.

Den Gläubigerschutzzweck erreicht die Ausfallhaftung durch ihre Ausgestaltung als objektive Erfüllungshaftung, welche keine Einschränkungen etwa durch den guten Glauben des Haftenden oder durch Mitverschulden seitens der Gesellschaft zulässt.[188] Zusätzlich hat die Ausfallhaftung die Funktion, die Mitgesellschafter zur Verhinderung verbotener Einlagenrückgewähr zu animieren.

## IV. Einschränkungen des Anwendungsbereichs der Ausfallhaftung

Die Rechtsfolge der Ausfallhaftung gemäß § 31 Abs. 3 GmbHG wird aus den oben dargelegten Gründen als besonders strenges Rechtsinstitut angesehen,[189] weshalb in verschiedener Hinsicht Einschränkungen diskutiert werden.

### 1. Verschulden als ungeschriebenes Tatbestandsmerkmal?

Eine Einschränkung der Ausfallhaftung vertritt *Reemann.*[190] Dieser plädiert dafür, dem Tatbestand des § 31 Abs. 3 GmbHG eine ungeschriebene widerlegbare Verschuldensvermutung zu entnehmen. Im Schrifttum stößt dieser Vorschlag auf breite Ablehnung.[191] *Reemann* geht davon aus, dass den Gesellschaftern ein gewisser Einfluss auf das Innenverhältnis der Gesellschaft zustehen muss. Würde hingegen die Befreiung von persönlicher Haftung im GmbH-Recht durch eine nicht zu beeinflussende Ausfallhaftung erkauft, wäre dies ein „Danaer-Geschenk".[192] Sodann unterstellt *Reemann* allerdings dem historischen Gesetzgeber, dass dieser in seiner Konzeption des GmbHG voraussetzte, dass *jeder* Gesellschafter *jede* verbotene Auszahlung verhindern könnte. Aus dieser angenommenen Einschätzung des Gesetzgebers wird vor dem Hintergrund der veränderten tatsächlichen Erscheinungsbilder der GmbH in Gesellschaftsverbänden für eine Haftung für vermutetes Verschulden eingetreten.[193]

188 Zur Diskussion, ob auf der Seite des Ausfallhaftenden ein (vermutetes) Verschulden zu fordern ist, siehe sogleich unter B.IV.1.

189 Siehe die Nachweise in Fn. 4.

190 *Reemann*, ZIP 1990, 1309, 1311 f.; zustimmend *Schramm*, Haftung des Kommanditisten, S. 159 ff.

191 Vgl. die Nachweise in Fn. 44.

192 *Reemann*, ZIP 1990, 1309, 1311 f.

193 *Reemann*, ZIP 1990, 1309, 1311 f., 1314 f.

Richtigerweise kann § 31 Abs. 3 GmbHG nicht als Sanktionsnorm verstanden werden.[194] Die Ausfallhaftung ist, wie gezeigt,[195] als objektive Erfüllungshaftung ausgestaltet und lässt zur effektiven Verfolgung ihres einzigen Zwecks – des Gläubigerschutzes – keinen Raum für ein Verschuldenserfordernis.[196] Der Blick auf andere objektive Erfüllungshaftungsmechanismen im Zivilrecht zeigt, dass diesen ein Verschuldenserfordernis ganz überwiegend fremd ist.[197] Das wird etwa anhand des Bereicherungsrechts[198] deutlich, wo der Ausgleich ungerechtfertigter Bereicherungen nicht durch ein Verschuldenserfordernis erschwert wird. Ebenso muss es sich im Hinblick auf die Kapitalerhaltungsvorschriften verhalten: Der Empfang der verbotenen Einlagenrückgewähr stellt im Grunde nichts anderes als eine ungerechtfertigte Bereicherung dar, welche im Wege objektiver, verschuldensunabhängiger Vorschriften rückgängig zu machen ist.[199]

Ein Verschuldenserfordernis bzw. die Möglichkeit der Verhinderung der Einlagenrückgewähr eines jeden Gesellschafters ist weder in der Norm angelegt noch den Materialien entnehmbar. Der Gesetzgeber traf mit der Ausfallhaftung die Entscheidung, eher die Gesellschafter als die Gläubiger heranzuziehen.[200] Die von *Reemann* befürwortete Exkulpationsmöglichkeit würde den tatsächlichen Anwendungsbereich der Ausfallhaftung übermäßig eingrenzen und damit die der Norm zugrundeliegende Risikoverteilung in vielen Fällen umkehren.

Der dem abzulehnenden Vorschlag *Reemanns* zugrundliegende Gedanke – dass die Ausfallhaftung an gewisse Einflussmöglichkeiten der Gesellschafter geknüpft sein muss – ist allerdings nicht von der Hand zu weisen. Dieser Aspekt wird weiter unten vertieft untersucht.[201] Im Zuge dieser Untersuchung werden

---

194 So auch MüKo GmbHG/*Ekkenga*, § 31 Rn. 52.

195 Siehe oben unter B.III.2.a).

196 So auch im Ergebnis die ganz herrschende Meinung, vgl. MüKo GmbHG/*Ekkenga*, § 31 Rn. 52; Baumbach/Hueck/*Fastrich*, GmbHG, § 31 Rn. 22; MHLS/*Heidinger*, GmbHG, § 31 Rn. 60; Bork/Schäfer/*Thiessen*, GmbHG, § 30 Rn. 59; Scholz/*Verse*, GmbHG, § 31 Rn. 48.

197 Siehe etwa die unter D.V. untersuchten Ausfallhaftungstatbestände.

198 Zum Verhältnis der §§ 30 ff. GmbHG zum Bereicherungsrecht siehe Fn. 321.

199 Zur Einschlägigkeit der Kondiktionsvorschriften in einem ähnlichen Kontext siehe *Altmeppen*, FS Kropff, 1997, 641, 646.

200 Kommissionsbericht zur Vorberatung des Entwurfs eines Gesetzes betreffend die Gesellschaften mit beschränkter Haftung, Stenographische Berichte über die Verhandlungen des Reichstags, 8. Legislaturperiode, 1. Session 1890/1892, Reichstagsaktenstück Nr. 744, S. 4009.

201 Siehe unten E., zu *Reemanns* Vorschlag in diesem Kontext E.III.2.c).

sich die Einflussmöglichkeiten des Gesellschafters innerhalb der Gesellschaft als Voraussetzung der Ausfallhaftung erweisen.

## 2. Haftungshöchstgrenze

Das Ausschüttungsverbot des § 30 Abs. 1 GmbHG umfasst auch solche Ausschüttungen, die über das Stammkapital hinaus eine Überschuldung herbeiführen oder vertiefen und ist damit nicht höhenmäßig begrenzt.[202] Etwas anderes soll für die Ausfallhaftung gemäß § 31 Abs. 3 GmbHG gelten. Während sich teilweise gegen eine höhenmäßige Beschränkung der Ausfallhaftung ausgesprochen wird,[203] geht der BGH[204] unter Zustimmung der herrschenden Lehre[205] grundsätzlich von einer Haftungsbeschränkung auf den Betrag des Stammkapitals aus. Hierdurch soll eine ausufernde Ausfallhaftung der Mitgesellschafter vermieden werden. Der Gesetzgeber habe das Stammkapital gegenständlich verstanden und die Möglichkeit der stammkapitalüberschießenden Ausschüttung mit der Konsequenz der entsprechend höheren Haftung nicht bedacht.[206] Außerdem stünde eine unbeschränkte Ausfallhaftung außer jedem Verhältnis zu dem von den Mitgesellschaftern mit ihrer Beteiligung an der GmbH übernommenen Risiko.[207]

Zur näheren Ausgestaltung der Haftungsbegrenzung werden neben der genannten Beschränkung auf die Höhe des Stammkapitals weitere Möglichkeiten vorgeschlagen: *Hommelhoff* plädiert für den Abzug des eigenen Stammkapitalanteils des ausfallhaftenden Mitgesellschafters.[208] Dagegen spricht sich *K. Schmidt* dafür aus, die Höhe des Erstattungsanspruchs aller Mithaftenden auf den Stammkapitalanteil des Empfängers gemäß § 30 Abs. 1 GmbHG zu

202 Siehe oben unter B.I.1.b).

203 *Fabritius*, ZHR 144 (1980), 628, 635; *Jungmann*, DStR 2004, 688, 694; *Wilhelm*, FS Flume, 1978, 337, 361.

204 BGHZ 150, 61, 64 ff.

205 *Altmeppen*, GmbHG, § 31 Rn. 19; *Cahn*, ZGR 2003, 298, 300 ff.; MüKo GmbHG/*Ekkenga*, § 31 Rn. 62; Baumbach/Hueck/*Fastrich*, GmbHG, § 31 Rn. 24; HCL/*Habersack*, GmbHG, § 31 Rn. 55; MHLS/*Heidinger*, GmbHG, § 31 Rn. 71; *Joost*, GmbHR 1983, 285, 289; Gehrlein/Born/Simon/*Kuntz*, GmbHG, § 31 Rn. 28; Rowedder/Schmidt-Leithoff/*Pentz*, GmbHG, § 31 Rn. 38; *K. Schmidt*, FS Raiser, 2005, 312, 318 ff.; Bork/Schäfer/*Thiessen*, GmbHG, § 31 Rn. 73.

206 BGHZ 150, 61, 64 ff.; *K. Schmidt*, FS Raiser, 2005, 312, 323 ff.; kritisch zu diesem Argument *Cahn*, ZGR 2003, 298, 302.

207 *Bayer*, FS Röhricht, 2005, 25, 37.

208 Lutter/Hommelhoff/*Hommelhoff*, GmbHG, § 31 Rn. 22.

begrenzen.[209] Diese Versuche, die an der Parallelität zwischen § 24 GmbHG und § 31 Abs. 3 GmbHG anknüpfen, konnten jedoch nicht die Billigung des BGH finden.[210]

Das Anliegen der herrschenden Meinung, die Ausfallhaftung auf das Stammkapital zu begrenzen, ist nachvollziehbar und im Ergebnis zu befürworten. Dem Grundgedanken der Rechtsform der GmbH, dass die Gesellschafter mit Einzahlung ihrer Einlage von persönlicher Haftung freikommen, widerspräche eine potenziell höhenmäßig unbegrenzte Ausfallhaftung.[211] Eine Unkalkulierbarkeit des Haftungsrisikos der Gesellschafter würde außerdem der Attraktivität der Rechtsform der GmbH erheblich schaden.[212]

Die Anknüpfung an die Stammkapitalziffer ist die vorzugswürdige Begrenzungsmöglichkeit der Ausfallhaftung. Dagegen kann der Vorschlag von *Hommelhoff*,[213] nämlich den eigenen Stammkapitalanteil des Ausfallhaftenden in Abzug zu bringen, nicht überzeugen. Dieses Modell nimmt Minderheitsgesellschafter einer GmbH gegenüber Mehrheitsgesellschaftern ungleich streng in die Pflicht.[214] Damit würden die der Ausfallhaftung als Maßstab dienenden Beteiligungsverhältnisse („so haften […] die übrigen Gesellschafter nach Verhältnis ihrer Geschäftsanteile") quasi umgekehrt.

Für den Ansatz von *K. Schmidt* spricht, dass er das Problem der höhenmäßigen Beschränkung im Falle von mehrfacher Einlagenrückgewähr bedenkt.[215] Die Ausfallhaftung soll insgesamt auf die Höhe der Stammeinlage des Empfängers der Einlagenrückgewähr beschränkt sein.[216] Dieses Modell, nach dem „für jede Stammeinlage […] nur einmal gehaftet" wird,[217] findet allerdings weder eine Stütze im Gesetz, noch ist ersichtlich, warum die Erhaltung des Stammkapitals zum Zwecke des Gläubigerschutzes in einer Beziehung zur Stammeinlage des

209 *K. Schmidt*, BB 1985, 154, 157.

210 BGH GmbHR 2003, 1420, 1424; siehe auch *Bayer*, FS Röhricht, 2005, 25, 35 ff.

211 In diese Richtung auch *K. Schmidt*, FS Raiser, 2005, 312, 321 f.

212 Mit diesem Argument auch *Cahn*, ZGR 2003, 298, 303.

213 Lutter/Hommelhoff/*Hommelhoff*, GmbHG, § 31 Rn. 22.

214 Vgl. auch das Beispiel bei *Bayer*, FS Röhricht, 2005, 25, 38.

215 Siehe zu der Problematik *Bayer*, FS Röhricht, 2005, 25, 38; *Cahn*, ZGR 2003, 298, 306 f.; *Joost*, GmbHR 1983, 285, 290; *Jungmann*, DStR 2004, 688, 693 f.; Scholz/*Verse*, GmbHG, § 31 Rn. 62. *K. Schmidt*, FS Raiser, 2005, 312, 330 f.; MüKo GmbHG/*Ekkenga*, § 31 Rn. 63.

216 *K. Schmidt*, FS Raiser, 2005, 312, 332 f.

217 *K. Schmidt*, FS Raiser, 2005, 312, 333.

jeweiligen entnehmenden Gesellschafters stehen sollte.[218] Eine solche Anknüpfung wirkt – gerade aus Gläubigersicht – willkürlich.

Im Ergebnis kann allein eine höhenmäßige Beschränkung auf die Stammkapitalziffer überzeugen. Allerdings bietet dieses Modell keine Lösung für das Problem der mehrfachen Einlagenrückgewähr sowie von Sukzessiv- oder Simultanausschüttungen. Diese Problematik ist jedoch nicht zufriedenstellend in den Griff zu bekommen, da sich kein Anknüpfungspunkt finden lässt, welcher sich als Höchstgrenze für mehrfache, ggf. zeitlich gestreckte Einlagenrückgewähr eignet, ohne aus Gläubigersicht willkürlich zu erscheinen. Im Ergebnis muss jede einzelne verbotene Einlagenrückgewähr den Anwendungsbereich der Haftung gemäß § 31 Abs. 1 und 3 GmbHG eröffnen.[219] Vor diesem Hintergrund ist die höhenmäßige Beschränkung der Ausfallhaftung auf die Stammkapitalziffer zwar richtig, aber im Einzelfall nur begrenzt effektiv. Die Ausfallhaftung ist und bleibt für die Gesellschafter eine strenge, kaum zu kalkulierende Haftungsgefahr.

### 3. Einschränkung der Ausfallhaftung des Anteilsveräußerers?

Zu klären ist ferner, welcher Zeitpunkt für die Beurteilung der Gesellschaftereigenschaft des Ausfallhaftenden maßgeblich ist.[220] Diese Frage stellt sich im Fall des Gesellschafters, welcher im Zeitraum zwischen verbotswidriger Auszahlung gemäß § 30 Abs. 1 GmbHG und Ausfall des Primärschuldners aus der Gesellschaft austritt. Eine Ansicht befürwortet hier eine Einschränkung der Ausfallhaftung des austretenden Gesellschafters, indem die Ausfallhaftung nur eintreten soll, wenn der Gesellschafter zum Zeitpunkt des Eintretens der Voraussetzungen des § 31 Abs. 3 GmbHG noch Gesellschafter ist.[221] Der Gesellschafter kann sich hiernach durch Veräußerung des Geschäftsanteils noch vor Ausfall des Primärschuldners seiner Ausfallhaftung entziehen. Zur Begründung wird insbesondere der Umstand angeführt, dass der Zeitpunkt des Ausfalls des Primärschuldners maßgeblich sei und sich die Haftung erst zu diesem Zeitpunkt in der Person des jeweiligen Geschäftsanteilsinhabers konkretisiere.[222]

---

218 So auch *Bayer*, FS Röhricht, 2005, 25, 38; *Ulmer*, FS 100 Jahre GmbHG, 1992, 363, 372.

219 Siehe hierzu auch unten E.III.2.

220 Offenlassend BGH GmbHR 2005, 1351; zum Streitstand siehe MHLS/*Heidinger*, GmbHG, § 31 Rn. 68.

221 Hachenburg/*Goerdeler/Müller*, GmbH, § 31 Rn. 42 ff.

222 Hachenburg/*Goerdeler/Müller*, GmbH, § 31 Rn. 43.

Nach richtiger Ansicht ist jedoch auf den Zeitpunkt der verbotswidrigen Auszahlung gemäß § 30 Abs. 1 GmbHG abzustellen.[223] Bereits mit der Entstehung des Rückgewähranspruchs aus § 31 Abs. 1 GmbHG wird die Ausfallhaftung gemäß § 31 Abs. 3 GmbHG begründet, welche auf das Eintreten der Voraussetzungen gemäß § 31 Abs. 3 GmbHG aufschiebend bedingt ist.[224]

Aus der Warte der Gläubiger dürfte eine Befreiung von der Ausfallhaftung durch Anteilsveräußerung zwar auf den ersten Blick keine unhaltbaren Ergebnisse mit sich bringen. Denn in jedem Fall unterliegt der Anteilserwerber gemäß § 16 Abs. 2 GmbHG auch für vor seinem Eintreten erfolgte Auszahlungen der Ausfallhaftung.[225] Doch es ist auch die Anreizfunktion[226] der Ausfallhaftung zu beachten: Könnte ein (nichts empfangender) Mitgesellschafter nach erfolgter „Plünderung" des Stammkapitals sich vorsichtshalber durch Veräußerung seines Geschäftsanteils der solidarischen Ausfallhaftung entziehen, so liefe die Anreizfunktion der Ausfallhaftung weitgehend leer.[227] Es gäbe kaum ein Eigeninteresse der Gesellschafter, von vornherein „auf solide Geschäftsführung und vorsichtige Aufstellung der Bilanzen hinzuwirken".[228] Mithin ist keine Einschränkung der Ausfallhaftung für den Anteilsveräußerer zuzulassen. Der maßgebliche Zeitpunkt für die Ausfallhaftung ist die Gesellschaftereigenschaft zum Zeitpunkt der gemäß § 30 Abs. 1 GmbHG verbotswidrigen Auszahlung.

## 4. Ergebnis

Die Ausfallhaftung stellt im GmbH-Recht ein zurecht als gefährlich wahrgenommenes Haftungsrisiko dar. Von den aus diesem Grund vorgeschlagenen und vorstehend untersuchten Einschränkungsversuchen kann lediglich eine höhenmäßige Begrenzung der Ausfallhaftung überzeugen. Hingegen lässt sich die Einführung eines Verschuldenserfordernisses sowie eine Möglichkeit, sich

---

223 *Altmeppen*, GmbHG, § 31 Rn. 24; MüKo GmbHG/*Ekkenga*, § 31 Rn. 57; Baumbach/Hueck/*Fastrich*, GmbHG, § 31 Rn. 21; Lutter/Hommelhoff/*Hommelhoff*, GmbHG, § 31 Rn. 21; Scholz/*Verse*, GmbHG, § 31 Rn. 56.

224 MüKo GmbHG/*Ekkenga*, § 31 Rn. 57.

225 MHLS/*Heidinger*, GmbHG, § 31 Rn. 66.

226 Hierzu oben unter B.III.2.b).

227 Dies setzt freilich voraus, dass der Gesellschafter trotz der bereits entstandenen Ausfallhaftung einen Erwerber findet. Wie hier auch MüKo GmbHG/*Ekkenga*, § 31 Rn. 57.

228 Begründung zum Gesetzentwurf betreffend die Gesellschaften mit beschränkter Haftung, Stenographische Berichte über die Verhandlungen des Reichstags, 8. Legislaturperiode, 1. Session 1890/1892, Reichstagsaktenstück Nr. 660, S. 3745.

durch Anteilsveräußerung der Ausfallhaftung zu entziehen, nicht mit den der Ausfallhaftung zugrundeliegenden Prinzipien[229] vereinbaren.

## V. Erweiterung des personellen Anwendungsbereichs der Ausfallhaftung

Neben den genannten Einschränkungen der Ausfallhaftung werden auch Erweiterungen des Anwendungsbereichs der Ausfallhaftung befürwortet. Dies gilt insbesondere für Erweiterungen in personeller Hinsicht: Vor dem Hintergrund des Gläubigerschutzzwecks sollen unter bestimmten Voraussetzungen auch Dritte den Kapitalerhaltungsvorschriften unterliegen. Unter eine solche Erweiterung des Anwendungsbereichs der Ausfallhaftung fällt auch die hier im Kern untersuchte analoge Anwendung auf den Nur-Kommanditisten einer GmbH & Co. KG.[230]

### 1. Erweiterung auf Dritte

Eine Erweiterung des Anwendungsbereichs der Kapitalerhaltungsvorschriften ist denkbar, wenn die Auszahlung an einen gesellschaftsfremden Dritten erfolgt. Nach dem Wortlaut des § 30 Abs. 1 GmbHG unterfällt die Leistung an Dritte auch bei Herbeiführung einer Unterbilanz nicht den Beschränkungen der §§ 30 ff. GmbHG, da diese keine Kapitalerhaltung versprochen haben. Dennoch wird eine (ausnahmsweise) Erstreckung der Kapitalerhaltungsvorschriften auf Dritte diskutiert, wenn eine Umgehung der Kapitalerhaltungsvorschriften gerade durch die Einschaltung Dritter möglich erscheint, insbesondere, wenn diese aufgrund verwandtschaftlicher oder wirtschaftlicher Verbundenheit dem Gesellschafter nahestehen und eine Auszahlung an Dritte dem Gesellschafter zuzurechnen ist.[231]

Im Folgenden wird ein Überblick über die Fragestellung gegeben, ob der Dritte selbst – sofern eine Auszahlung an diesen aus den o.g. Gründen gemäß § 30 Abs. 1 GmbHG als verbotswidrig einzustufen ist – den Rechtsfolgen des § 31 Abs. 1 und 3 GmbHG unterfällt.[232]

---

229 Hierzu oben unter B.III.

230 Siehe sogleich unter B.V.2.

231 Siehe ausführlich *Altmeppen*, GmbHG, § 30 Rn. 32 ff.; MHLS/*Heidinger*, GmbHG, § 30 Rn. 124 ff.

232 Siehe hierzu auch *Thole*, Gläubigerschutz, S. 589 ff.

### *a) Treuhand- und Strohmannkonstruktionen*

Treuhänder und Strohmann unterliegen aufgrund ihrer formalrechtlichen Stellung als Gesellschafter ohnehin den §§ 30 ff. GmbHG.[233] Der Treugeber ist zwar nicht selbst Gesellschafter, jedoch wird auf dessen enge rechtliche Verbindung zum Treuhänder – regelmäßig in Form eines Auftragsverhältnisses[234] – abgestellt. Der Treuhänder wird regelmäßig durch den Treugeber „gesteuert".[235] In diesen Fällen kommt die Position des Treugebers hinsichtlich der mitgliedschaftlichen Finanzierungsverantwortung der des Gesellschafters und Treuhänders gleich.[236] Es fehlt an einem schutzwürdigen Interesse des Treugebers, den Kapitalerhaltungsvorschriften nicht zu unterliegen. Damit unterliegt der Treugeber selbst den Beschränkungen aus §§ 30 ff. GmbHG.[237]

### *b) Sonstige Dritte*

Während im Rahmen von Treuhand- und Strohmannverhältnissen der Dritte – der Treugeber – aufgrund seiner faktischen Gesellschafterstellung selbst den §§ 30 ff. GmbHG unterliegt, stellt sich die Frage, ob auch sonstige Dritte, welche in einer entfernteren Beziehung zur Gesellschaft stehen, neben dem Gesellschafter selbst nach den §§ 30 ff. GmbHG haftbar sind.[238] Als sonstige Dritte kommen etwa nahe Angehörige des Gesellschafters oder verbundene Unternehmen i.S.d. § 15 AktG,[239] deren Begünstigungen dem Gesellschafter zuzurechnen sind, in Betracht. Vielfach wird darauf abgestellt, ob der Dritte den Verstoß gegen § 30 Abs. 1 GmbHG gekannt hat oder kennen musste,[240] während andere argumentieren, dass auch bei Bösgläubigkeit des Dritten dieser in

---

233 *Altmeppen*, GmbHG, § 30 Rn. 35.

234 MüKo GmbHG/*Ekkenga*, § 30 Rn. 156.

235 Baumbach/Hueck/*Fastrich*, GmbHG, § 30 Rn. 27.

236 BGHZ 157, 72, 74 f.

237 BGHZ 157, 72, 74 f.; MüKo GmbHG/*Ekkenga*, § 30 Rn. 155 f. Das gilt auch für Auszahlungen an den Treuhänder, wenn der Treugeber die Auszahlung nicht empfangen oder veranlasst hat, siehe *Altmeppen*, GmbHG, § 30 Rn. 34.

238 Ausführlich *Altmeppen*, FS Kropff, 1997, 641, 642 ff.; *Hager*, ZGR 1989, 71, 98 ff.; MHLS/*Heidinger*, GmbHG, § 30 Rn. 125 f.

239 MHLS/*Heidinger*, GmbHG, § 30 Rn. 124.

240 BGHZ 81, 365, 369 f.; Baumbach/Hueck/*Fastrich*, GmbHG, § 31 Rn. 12; *Fleck*, FS 100 Jahre GmbHG, 1992, 391, 412 ff. Vertreter dieser Ansicht nehmen überwiegend eine Gesamtschuld zwischen dem Dritten und dem Gesellschafter an, sodass beide gemäß § 31 Abs. 1 GmbHG haften sollen.

keiner denkbaren Betrachtungsweise einem Gesellschafter gleichzustellen sei. Der Dritte profitiere allenfalls von der verbotswidrigen Auszahlung, während der typischerweise hinter dem Dritten stehende Gesellschafter bereits nach den §§ 30, 31 GmbHG hafte.[241]

Letztere Sichtweise ist überzeugend. Ein empfangender Dritter hat sich vertraglich nicht den §§ 30 ff. GmbHG unterworfen, weshalb die Ausdehnung der Kapitalerhaltungsvorschriften auf diesen besonders begründungsbedürftig ist. Vor dem Hintergrund des Gläubigerschutzzwecks der Kapitalerhaltungsvorschriften[242] tut sich hier keine Schutzlücke auf. Denn die Auszahlung an den Dritten kann i.d.R. einem Gesellschafter aufgrund einer widerlegbaren Vermutung[243] zugerechnet werden, welcher dann nach der üblichen, direkt anwendbaren Systematik gemäß §§ 30 ff. GmbHG haftet. Im (Ausnahme-)Fall des kollusiven Zusammenwirkens des Dritten mit dem Gesellschafter zum Schaden der Gesellschaft kann der Dritte selbst auch über die §§ 812, 985 BGB in die Haftung geraten.[244] Für die analoge Anwendung der Kapitalerhaltungsvorschriften auf den gesellschaftsfremden Dritten fehlt im Ergebnis die Notwendigkeit.

Anders kann sich dies in (Ausnahme-)Fällen darstellen, in denen zwischen dem Dritten und der Gesellschaft ein besonders enger Bezug besteht. Ist der Dritte geradezu gesellschaftergleich in die Belange der Gesellschaft eingebunden, kommt eine Erweiterung der kapitalschutzrechtlichen Vorschriften auf den Dritten selbst in Betracht. Erfasst werden Konstellationen, in denen dem Dritten selbst vertragliche Rechte eingeräumt sind, die denen eines Gesellschafters gleichkommen.[245] In derartigen Fällen ergibt sich eine Parallelität zu den o.g. Treuhand-Konstellationen, im Rahmen derer der Treugeber aufgrund seiner faktischen Gesellschafterstellung auch den §§ 30 ff. GmbHG unterliegt. Eine solche Ausdehnung ist jedoch äußerst restriktiv handzuhaben. Die (strengen) Rechtsfolgen der Kapitalerhaltung und insbesondere die Ausfallhaftung setzen – wie

---

241 *Altmeppen*, GmbHG, § 30 Rn. 51 f.; MüKo GmbHG/*Ekkenga*, § 31 Rn. 28; MHLS/*Heidinger*, GmbHG, § 31 Rn. 22 f.

242 Siehe oben unter B.II.1.a).

243 *Altmeppen*, GmbHG, § 30 Rn. 49; MüKo GmbHG/*Ekkenga*, § 30 Rn. 159.

244 MüKo GmbHG/*Ekkenga*, § 31 Rn. 28.

245 Ausführlich zum Meinungsstand *Hager*, ZGR 1989, 71, 98 f. Fn. 121; siehe auch Baumbach/Hueck/*Fastrich*, GmbHG, § 31 Rn. 12; *Fleck*, FS 100 Jahre GmbHG, 1992, 391, 408 ff.; HCL/*Habersack*, GmbHG, § 30 Rn. 72 ff.; MHLS/*Heidinger*, GmbHG, § 31 Rn. 23; Scholz/*Verse*, GmbHG, § 30 Rn. 39; kritisch MüKo GmbHG/*Ekkenga*, § 30 Rn. 160 f.

im Folgenden noch ausgeführt wird[246] – als Voraussetzung gerade die gesetzlich vorgesehenen gesellschaftsrechtlichen Einwirkungsmöglichkeiten eines Gesellschafters voraus, weshalb im Einzelfall genau zu untersuchen ist, ob dem Dritten solche Möglichkeiten zustehen. Diesem müssten als „Quasi-Gesellschafter" sämtliche Informations-, Kontroll-, Mitwirkungs-, Gewinn- und Verlustrechte zukommen.[247] Damit dürfte der praktische Anwendungsbereich für eine eigene Haftung des Dritten gemäß §§ 30 ff. GmbHG begrenzt sein.

## 2. Erweiterung im Rahmen der GmbH & Co. KG

Der Regelungskomplex der Kapitalerhaltung und damit auch die Ausfallhaftung wird über seinen direkten Anwendungsbereich hinaus von der allgemeinen Ansicht im Grundsatz auch auf die GmbH & Co. KG analog angewendet.[248] Dem Auszahlungsverbot soll nicht nur die Komplementär-GmbH, sondern auch die KG unterfallen, welche sich der beschränkten Haftung der GmbH als einziger Komplementärin bedient. Damit sollen die aus dem KG-Recht bekannten Haftungsvorschriften[249] um die §§ 30 ff. GmbHG ergänzt werden.

Im Folgenden werden die denkbaren Fallgruppen der (mittelbaren) Einlagenrückgewähr im Rahmen der GmbH & Co. KG und der gegenwärtige Meinungsstand hierzu aufgeführt und sodann zur analogen Anwendung der Erstattungspflicht (§ 31 Abs. 1 GmbHG)[250] und der Ausfallhaftung (§ 31 Abs. 3 GmbHG)[251] vertieft Stellung genommen.

### *a) Die analoge Anwendung des § 31 Abs. 1 GmbHG*

#### *aa) Auszahlung aus dem KG-Vermögen*

#### *(i) Ausgangspunkt*

Neben Auszahlungen aus dem Vermögen der GmbH selbst können auch Auszahlungen aus dem Vermögen der KG Auswirkungen auf das Stammkapital der Komplementär-GmbH haben. Dies folgt aus der sog. bilanziellen Betrachtungsweise im Rahmen des § 30 Abs. 1 GmbHG.[252] Ist die GmbH vermögensmäßig an

---

246 Siehe eingehend hierzu unter E.

247 MüKo GmbHG/*Ekkenga*, § 30 Rn. 160 f. verlangt eine „uneingeschränkt gesellschaftergleiche Position".

248 Vgl. die Nachweise in Fn. 260.

249 Hierzu oben unter B.II.3.

250 Siehe unter B.V.2.a)cc).

251 Siehe unter B.V.2.b)cc).

252 BGHZ 179, 71, 77 ff.; statt vieler *Altmeppen*, GmbHG, § 30 Rn. 9 ff.

der KG beteiligt, so erfolgt eine Entwertung der Aktiva der GmbH in Form der KG-Beteiligung.[253] Abhängig von der Vermögenssituation der GmbH kann hierdurch das Stammkapital angegriffen werden und eine Unterbilanz entstehen.

Ist die GmbH hingegen nicht vermögensmäßig an der KG beteiligt, so muss die GmbH in der Regel keine Verbindlichkeiten in die Passivseite der Bilanz einstellen, da die aus den Gesellschaftsverbindlichkeiten resultierenden Verluste der KG grundsätzlich den Gesellschaftern anhand ihrer Beteiligungsverhältnisse zugewiesen werden.[254] Auch das Haftungsrisiko aus §§ 161 Abs. 2, 128 HGB für die Schulden der KG ist grundsätzlich weder durch Rückstellungen noch durch Verbindlichkeiten in der Bilanz zu erfassen.[255] Stellt sich jedoch nach dem Gesamtbild der wirtschaftlichen Verhältnisse der KG eine Inanspruchnahme der Komplementär-GmbH durch die KG-Gläubiger als wahrscheinlich dar, so hat die Komplementär-GmbH Rückstellungen zu bilden.[256] Dies ist spätestens dann der Fall, wenn das gesamte Vermögen der KG aufgezehrt ist und in ihrem Anlagevermögen keine entsprechenden stillen Reserven vorhanden sind.[257]

#### *(ii) Empfänger ist auch Gesellschafter der Komplementär-GmbH*

Im Jahr 1973 bejahte der BGH[258] die grundsätzliche Ausdehnung des Kapitalerhaltungsrechts der §§ 30 ff. GmbHG auf Kommanditisten, welche zugleich der Komplementär-GmbH angehören, wenn diese Zuwendungen aus dem KG-Vermögen erhalten, durch die das Stammkapital der Komplementär-GmbH (mittelbar) geschmälert wird.[259] Eine Ausdehnung in dieser Weise entspricht mittlerweile auch der allgemeinen Meinung im Schrifttum[260] und

253 *Altmeppen*, GmbHG, § 30 Rn. 173.

254 Reichert/*Düll*, GmbH & Co. KG, § 23 Rn. 10.

255 *Schläfke*, Vermögensbindung, S. 200.

256 Reichert/*Düll*, GmbH & Co. KG, § 23 Rn. 10; anders MüKo GmbHG/*Ekkenga*, § 30 Rn. 189: Das Haftungsrisiko nach § 128 HGB sei vor dem Zeitpunkt der Inanspruchnahme der GmbH durch KG-Gläubiger nicht als Schuld zu passivieren.

257 Reichert/*Düll*, GmbH & Co. KG, § 23 Rn. 10.

258 BGHZ 60, 324; hierzu *Immenga*, ZGR 1975, 487, 487 ff.; Scholz/*Verse*, GmbHG, § 30 Rn. 131; so auch schon früh *Kuhn*, FS Heusinger, 1968, 203, 213 ff.

259 Zum Mechanismus der (mittelbaren) Stammkapitalschmälerung siehe oben B.V.2.a) aa)(i).

260 Statt vieler *Altmeppen*, GmbHG, § 30 Rn. 173 f.; *Bitter*, Durchgriffshaftung, S. 262; MüKo GmbHG/*Ekkenga*, § 30 Rn. 190; Baumbach/Hueck/*Fastrich*, GmbHG, § 30 Rn. 68; *Hunscha*, GmbHR 1973, 257, 259; *Kuhn*, FS Heusinger, 1968, 203, 214; *Schnelle*, GmbHR 1995, 853; Scholz/*Verse*, GmbHG, § 30 Rn. 62.

ist grundsätzlich zu befürworten. Eröffnete man dem sog. Doppelgesellschafter die Umgehungsmöglichkeit, über den Umweg seiner Gesellschaftereigenschaft in der KG eine Einlagenrückgewähr zu erhalten, so würde dies den von §§ 30 ff. GmbHG bezweckten Gläubigerschutz konterkarieren. Die Verantwortung für das Stammkapital der Komplementär-GmbH ergibt sich für den Gesellschafter aus seiner Eigenschaft als GmbH-Gesellschafter – unabhängig von dem Weg, auf welchem die Einlagenrückgewähr erfolgt.[261] Werden somit aus dem KG-Vermögen Ausschüttungen vorgenommen, welche (mittelbar) das Stammkapital der Komplementär-GmbH schmälern, so sind die §§ 30 ff. GmbHG analog[262] anwendbar, wenn diese Ausschüttungen an einen Doppelgesellschafter erfolgen. Die gegen § 30 Abs. 1 GmbHG verstoßende Einlagenrückgewähr ist an die KG zu erstatten.[263]

#### *(iii) Empfänger ist Nur-Kommanditist*

Im Anschluss an das Urteil des BGH[264] zur grundsätzlichen Anwendbarkeit der Kapitalerhaltungsvorschrift auf die GmbH & Co. KG für den Fall, dass ein Kommanditist auch Gesellschafter der Komplementär-GmbH ist, stellte sich die Frage nach der analogen Anwendung der §§ 30 ff. GmbHG auf den Nur-Kommanditisten. Im Schrifttum wurde diese Frage kontrovers beurteilt. Die überwiegende Ansicht sprach sich gegen die analoge Anwendung der Kapitalerhaltungsvorschriften auf den Nur-Kommanditisten aus.[265] Eine Verantwortlichkeit des Kommanditisten für die Finanzierung der GmbH wurde unter Verweis auf den Umstand, dass der Nur-Kommanditist im Gegensatz zu den GmbH-Gesellschaftern gerade keine Kapitalerhaltung zugesagt hat, überwiegend verneint. Das Recht der KG sehe keinen Garantiefonds vor, welchen die Gesellschafter mit ihrem Beitritt zu erhalten versprächen. Eine Ausnahme hiervon wurde lediglich im Falle der Einheits-KG zugestanden.[266] Die Gegenansicht, welche sich für eine Einbeziehung des Nur-Kommanditisten in die Kapitalerhaltung der GmbH und damit für eine Finanzierungsverantwortung aussprach,

261 *Bitter*, Durchgriffshaftung, S. 262.

262 Siehe hierzu *Schramm*, Haftung des Kommanditisten, S. 128 f.

263 Lutter/Hommelhoff/*Hommelhoff*, GmbHG, § 31 Rn. 3; MüKo GmbHG/*Ekkenga*, § 31 Rn. 22; *Pöschke/Steenbreker*, NZG 2015, 614, 617.

264 BGHZ 60, 324.

265 *V. Gerkan*, GmbHR 1986, 218, 224; *K. Schmidt*, DB 1973, 2227, 2230 siehe auch *Bitter*, Durchgriffshaftung, S. 264 m.w.N.; *Gänzle*, Rechtsstellung des Kommanditisten, S. 170 ff.

266 *Bitter*, Durchgriffshaftung, S. 264 f.

argumentierte im Wesentlichen mit überwiegenden Gläubigerschutzaspekten, welche in der kapitalistischen KG erforderten, auch den Nur-Kommanditisten in die Kapitalerhaltung einzubeziehen.[267]

Im Jahr 1990 befasste sich der BGH[268] erstmals mit der Frage, ob auch der Nur-Kommanditist für die Kapitalerhaltung der Komplementär-GmbH verantwortlich ist, und bejahte diese für den Fall, dass der Nur-Kommanditist selbst eine (mittelbar) stammkapitalschmälernde Auszahlung erhält. Dem folgte daraufhin die ganz überwiegende Literaturansicht.[269] Zur Begründung wird angeführt, dass in der GmbH & Co. KG keine natürliche Person den Gläubigern der KG gegenüber unmittelbar und unbeschränkt als Komplementär hafte.[270] In der gesetzestypischen KG stehe den KG-Gläubigern mit dem Komplementär stets eine persönlich und unbeschränkt haftende Person zur Verfügung. Dies sei die Bedingung dafür, dass es dem Kommanditisten möglich ist, seine Haftung auf seine Hafteinlage zu begrenzen.[271] Der unbeschränkt haftende Komplementär nehme dem beschränkt haftenden Kommanditisten damit die Bürde der unbeschränkten Haftung ab. Dagegen existiere in der GmbH & Co. KG aufgrund der mit einem begrenzten Haftungsfonds ausgestatteten Komplementär-GmbH regelmäßig keine natürliche Person, die als Ausgleich für den nur beschränkt haftenden Kommanditisten den KG-Gläubigern unbeschränkt zur Verfügung steht. Fielen Gläubiger der KG mit ihren Forderungen bei der Gesellschaft aus, so könnten sie sich weder an den beschränkt haftenden Kommanditisten noch an eine unbeschränkt und persönlich haftende natürliche Person in der Komplementärstellung halten, sondern müssten sich an einen Komplementär in Form einer juristischen Person halten, welche ihrerseits beschränkt haftet. Diesem Umstand müsse im Interesse der Gesellschaftsgläubiger Rechnung getragen

267 *Lutter/Hommelhoff*, ZGR 1979, 31, 48; *Hunscha*, GmbHR 1973, 257, 260 ff.

268 BGHZ 110, 342.

269 *Altmeppen*, GmbHG, § 30 Rn. 175; *Berg*, Rechtsdogmatische Fragen, S. 159 ff.; *Bitter*, Durchgriffshaftung, S. 267 f.; MüKo GmbHG/*Ekkenga*, § 30 Rn. 192; HCL/*Habersack*, GmbHG, § 30 Rn. 128; MHLS/*Heidinger*, GmbHG, § 30 Rn. 169 ff.; *Lüdicke/Schneeweiß*, WiB 1996, 969, 969 ff.; *Potsch*, Kommanditistenhaftung, S. 101; *Schläfke*, Vermögensbindung, S. 222; Bork/Schäfer/*Thiessen*, GmbHG, § 30 Rn. 101; Scholz/*Verse*, GmbHG, § 30 Rn. 131; a.A. *Karollus*, FS Kropff, 1997, 669, 671 ff.; *Schramm*, Haftung des Kommanditisten, S. 131 ff.; *Zacher*, Kapitalsicherung und Haftung, S. 186 ff.

270 BGHZ 110, 342, 356 ff. Existiert hingegen zumindest eine natürliche Person in der Komplementärstellung, sei eine analoge Anwendung der §§ 30 ff. GmbHG nicht geboten.

271 In diese Richtung BGHZ 110, 342, 356.

werden, indem zumindest der (begrenzte) Haftungsfonds der Komplementär-GmbH in Form des Stammkapitals erhalten bleibe. Für die Erhaltung desselben sei in der GmbH & Co. KG aufgrund der vorgenannten Haftungsübernahmefunktion des Komplementärs auch der Kommanditist mit verantwortlich.[272]

Ein weiterer Aspekt sei die fehlende sog. Bremsfunktion des natürlichen Komplementärs im Innenverhältnis der GmbH & Co. KG: Dieser wirke aufgrund der stets über ihm schwebenden persönlichen, unmittelbaren und unbeschränkten Haftung bremsend auf ggf. übermäßig riskantes Geschäftsgebaren der Kommanditisten ein.[273] Eine solche Bremsfunktion könne von einer GmbH in der Komplementärstellung nicht ausgehen.[274] Mithin solle der Nur-Kommanditist über eine analoge Anwendung der §§ 30 ff. GmbHG für die Kapitalausstattung der GmbH verantwortlich sein, er trage Finanzierungsverantwortung für die Komplementär-GmbH. Hierbei trage der Nur-Kommanditist nicht über § 172 Abs. 4 HGB hinaus Finanzierungsverantwortung für das KG-Vermögen, sondern sei aufgrund der genannten Haftungsübernahmefunktion des Komplementärs für die Finanzierung des *Komplementär*vermögens verantwortlich.[275]

Einschränkend wird seitens eines Teils der Literatur gefordert, dass dem Nur-Kommanditisten Einsichtsrechte zukommen müssten, welche mit denen eines GmbH-Gesellschafters nach § 51a GmbHG vergleichbar seien.[276] Dem GmbH-Gesellschafter kommen über § 51a GmbHG Informationen sowohl in Bezug auf die Komplementär-GmbH als auch hinsichtlich der KG zu.[277] Damit sollen Publikumskommanditisten im Regelfall von der analogen Anwendung ausgenommen sein. Der BGH folgt dem bislang nicht. Dieser bezieht den Nur-Kommanditisten dagegen ausdrücklich auch dann in die Kapitalerhaltungsvorschriften ein, wenn bei ihm „nur ein Anlegerinteresse" besteht.[278]

---

272 BGHZ 110, 342, 357 f.

273 BGHZ 110, 342, 357 f.

274 BGHZ 110, 342, 357 f.

275 Ebenso MüKo GmbHG/*Ekkenga*, § 30 Rn. 191; MHLS/*Heidinger*, GmbHG, § 30 Rn. 169 f.

276 *Berg*, Rechtsdogmatische Fragen, S. 166; MüKo GmbHG/*Ekkenga*, § 30 Rn. 192; HCL/*Habersack*, GmbHG, § 30 Rn. 128; a.A. *Altmeppen*, GmbHG, § 30 Rn. 175 siehe hierzu auch unten E.IV.2.b).

277 Siehe zur Reichweite des Informationsrechts gemäß § 51a GmbHG in der GmbH & Co. KG MüKo GmbHG/*Hillmann*, § 51a Rn. 36 ff.

278 BGHZ 110, 342, 358.

### *bb) Auszahlung aus dem GmbH-Vermögen*

Auch die denkbare Fallgruppe der Auszahlungen aus dem GmbH-Vermögen an den Nur-Kommanditisten unterfällt nach überwiegender Ansicht § 30 Abs. 1 GmbHG analog, wenn neben der Komplementär-GmbH keine natürliche Person als Komplementär existiert.[279] Begründet wird dies mit einem Erst-Recht-Schluss, welcher die oben[280] genannte analoge Anwendung in den Blick nimmt: Wenn der Nur-Kommanditist bereits bei mittelbarer Schmälerung des GmbH-Vermögens durch Auszahlung aus dem KG-Vermögen hafte, so müsse dies erst recht bei unmittelbarer Schmälerung des GmbH-Vermögens gelten.[281]

### *cc) Alternative Konzepte und eigener Ansatz*

#### *(i) Alternative Konzepte und deren Bewertung*

Während an einer Finanzierungsverantwortung des Nur-Kommanditisten für das Vermögen der Komplementär-GmbH an sich nur vereinzelt[282] gezweifelt wird, sieht sich die zur Problemlösung herangezogene analoge Anwendung des Kapitalerhaltungssystems aus §§ 30 ff. GmbHG auf ihn Kritik ausgesetzt.[283] Der BGH schaffe durch die Anwendung der §§ 30 ff. GmbHG *de facto* einen erweiterten Kapitalschutz der KG, welcher über die Schutzmechanismen des HGB hinausgehe. Dies führe dazu, dass der Kommanditist dem Kapitalerhaltungsregime der GmbH unterworfen werde, deren Kapitalerhaltung er jedoch nie versprochen habe. Ausweislich des Gesellschaftsvertrags hafte er lediglich gemäß §§ 171 Abs. 1, 172 Abs. 1, 4 HGB.[284]

Im Folgenden sind alternative Modelle zur Anwendung der §§ 30 ff. GmbHG auf die GmbH & Co. KG zu beleuchten.

*Altmeppen* schlägt in einem anderen, die Haftung von gesellschaftsfremden Dritten betreffenden Kontext vor, deren Haftung unter dem Gesichtspunkt des evidenten Missbrauchs der Vertretungsmacht des auszahlenden GmbH-Geschäftsführers

279 Statt vieler Scholz/*Verse*, GmbHG, § 31 Rn. 93.

280 Siehe oben unter B.V.2.a)aa)(iii).

281 HCL/*Habersack*, GmbHG, § 30 Rn. 130; BeckOK GmbHG/*Schmolke*, § 30 Rn. 223; Scholz/*Verse*, GmbHG, § 30 Rn. 133.

282 Siehe etwa *Westermann*, FS 50 Jahre BGH, 2000, 245, 269 f.; *Zacher*, Kapitalsicherung und Haftung, S. 186 ff.

283 *Karollus*, FS Kropff, 1997, 669, 671 ff.; *Schramm*, Haftung des Kommanditisten, S. 131 ff.; *Zacher*, Kapitalsicherung und Haftung, S. 189 ff.

284 So insbesondere *Zacher*, Kapitalsicherung und Haftung, S. 189.

neu zu überdenken:[285] Nach überwiegender Ansicht haftet ein Dritter, der eine verbotswidrige Auszahlung erhalten hat, regelmäßig nicht selbst nach den §§ 30 ff. GmbHG.[286] Zu beachten sei allerdings, dass der auszahlende GmbH-Geschäftsführer seinerseits gegen ein gesetzliches Verbot verstößt. Aus diesem Grund entfalle die Vertretungsmacht des GmbH-Geschäftsführers für das Verpflichtungs- und das Verfügungsgeschäft gemäß §§ 177 ff. BGB. Wenn der Verstoß gegen die §§ 30 ff. GmbHG für den Dritten als Empfänger evident war, dann hafte dieser nach den allgemeinen Regeln gemäß §§ 812 ff., 823 ff., 985 ff. BGB.

Fraglich ist, ob dieser Gedanke für den vorliegenden Fall der GmbH & Co. KG, also für die Gesellschafter der KG als „Dritte", fruchtbar gemacht werden kann. Hierbei ist jedenfalls im Falle der Auszahlung aus dem KG-Vermögen seitens des KG-Geschäftsführers zu beachten, dass regemäßig kein Missbrauch von dessen Vertretungsmacht vorliegt. Der KG-Geschäftsführer verstößt – wenn man die analoge Anwendung von §§ 30 ff. GmbHG auf die GmbH & Co. KG verneint – bereits gegen kein ersichtliches gesetzliches Verbot. Ein solches müsste gerade aus § 30 Abs. 1 GmbHG analog entnommen werden. Eine auf diesem Gedanken basierende Lösung, welche sich ausschließlich auf allgemeine zivilrechtliche Instrumente stützt, kommt daher nicht in Betracht.

*Wilhelm* erwägt als allgemeine Regel die Unzulässigkeit einer Bereicherung aus dem Vermögen, auf das man die Haftung beschränkt hat.[287] Diese Überlegung hat, soweit ersichtlich, in der Literatur wenig Beachtung gefunden. *Wilhelm* selbst bleibt für diese Regel eine Begründung schuldig.[288]

*Wilhelms* These beschreibt in verallgemeinernder Weise das Problem, für welches die §§ 30 ff. GmbHG die GmbH-rechtliche Lösung darstellen. Im KG-Recht lässt sich jedenfalls im Gesetz keine Regel finden, nach der Vermögensverschiebungen aus dem Komplementärvermögen in das Kommanditistenvermögen untersagt wären. Fraglich ist, ob sich eine solche Regel aus dem allgemeinen KG-Recht ableiten lässt. Ein Indiz hiergegen könnte die allgemein anerkannte Zulassung eines vermögenslosen Gesellschafters in der Komplementärstellung sein.[289] Der BGH argumentiert hier insbesondere mit der weitgehend dispositiven Natur

285 *Altmeppen*, FS Kropff, 1997, 641, 646 ff.; *Altmeppen*, GmbHG, § 30 Rn. 43 ff.; kritisch hinsichtlich *Altmeppens* Ansatzes die herrschende Meinung, siehe statt vieler Scholz/*Verse*, GmbHG, § 30 Rn. 122 f.

286 Siehe oben unter B.V.1.

287 *Wilhelm*, FS Flume, 1978, 337, 366 Fn. 109.

288 So und hinsichtlich *Wilhelms* These zweifelnd *Bitter*, Durchgriffshaftung, S. 266 f.

289 Vgl. BGHZ 45, 204; ausführlich zum Rektorfall m.w.N. unter E.II.1.

der Vorschriften des Personengesellschaftsrechts und den weitgehenden Gestaltungsmöglichkeiten, welche der Gesetzgeber – im Vergleich zum GmbH- und Aktienrecht – hinsichtlich spezieller Haftungsvorschriften gerade nicht näher konkretisiert hat.[290] Vor diesem Hintergrund erscheint es schwer vorstellbar, einen allgemeinen Rechtssatz, also auch für die normaltypische KG, zu begründen, nach dem die Privatautonomie der Gesellschafter hinsichtlich Vermögensverschiebungen untereinander beschränkt werden soll.

Im Gegensatz zu den vorgenannten Überlegungen zielen die nachfolgenden Ansätze darauf ab, in der GmbH & Co. KG nicht nur das Stammkapital der Komplementär-GmbH zu schützen, sondern ein eigenes Kapitalschutzsystem der KG zu etablieren, auf welches die Kapitalschutzvorschriften der §§ 30 ff. GmbHG hinsichtlich des KG-Vermögens insgesamt anzuwenden sind.[291]

Die untereinander ähnlichen Ansätze von *K. Schmidt*[292], *Zacher*[293], *Karollus*[294] und *Bartlitz*[295] sehen in der genannten BGH-Rechtsprechung bereits der Sache nach nicht nur einen Schutz des Vermögens der Komplementär-GmbH, sondern einen eigenen Vermögensschutz der Kapitalgesellschaft & Co. KG. Diese Autoren plädieren für die Haftung aller Gesellschafter der GmbH & Co. KG für die Erhaltung des KG-Vermögens unter der (analogen) Anwendung der §§ 30, 31 GmbHG. Da eine persönliche Haftung nicht existiere, müsse die KG selbst einem Kapitalschutzsystem unterliegen, welches sich an den Kapitalschutzsystemen der Kapitalgesellschaften orientieren solle. Dies bringe insbesondere den Vorteil mit sich, dass die Unterscheidung zwischen Nur-Kommanditisten und Kommanditisten, welche zugleich der Komplementär-GmbH angehörten, obsolet würde.

Noch weitergehend ist der Ansatz von *Mossmann*, welcher ebenfalls zu einer Vergleichbarkeit der Haftungssysteme gelangt, in der Folge allerdings andere Schlüsse zieht. *Mossmann* stellt fest, dass die „Zuordnungs- und Durchsetzungsfunktion" der Komplementärhaftung an Schärfe verliere, sofern in der Art vom gesetzlichen Leitbild abgewichen würde, dass dem Kommanditisten Leitungsfunktion zukomme.[296] Ausgehend von dieser Funktionsverschiebung

290 BGHZ 45, 204.

291 Siehe hierzu etwa *Schläfke*, Vermögensbindung, S. 223 ff.

292 *K. Schmidt*, GesR, § 56 V 1.b); MüKo HGB/*K. Schmidt*, HGB, §§ 171, 172 Rn. 130.

293 *Zacher*, Kapitalsicherung und Haftung, S. 206 ff.

294 *Karollus*, FS Kropff, 1997, 669, 671 ff.

295 *Bartlitz*, Haftung des Kommanditisten, S. 73 ff.

296 *Mossmann*, Haftung des Kommanditisten, S. 150.

schlägt *Mossmann* vor, an der Regelung des § 172 Abs. 4 HGB als „funktionalem Gegenstück“ zu den §§ 30, 31 GmbHG anzusetzen.[297] Die GmbH & Co. KG sei als Personengesellschaft konsequenterweise auch nur nach KG-Recht zu beurteilen.[298] § 172 Abs. 4 HGB sei extensiv auszulegen und über seinen Wortlaut hinaus auch auf einlagenübersteigende Auszahlungen an den Kommanditisten anzuwenden.[299] Insbesondere der effektive Gläubigerschutz erfordere, dass im Falle einer die Hafteinlage übersteigenden Auszahlung trotz Eingreifens des § 172 Abs. 4 HGB kein Defizit zurückbleibt.[300] Auch *Joost* spricht sich in anderem Zusammenhang für eine Erweiterung des § 172 Abs. 4 HGB aus.[301] Sofern die Einlage noch nicht geleistet ist, sei die Beschränkung der Haftung des Kommanditisten auf den Betrag der Hafteinlage sachgerecht. Für den Fall der Rückzahlung in Höhe der Einlage und darüber hinaus sei sie es nicht, da dies eine betragsmäßig beschränkte Haftung ohne Pflicht zur Rückgewähr des Empfangenen bedeute, welche mit § 172 Abs. 4 HGB nicht bezweckt sei.[302] Mithin plädiert *Joost* dafür, dass im Falle einer die Hafteinlage des Kommanditisten übersteigenden Rückzahlung und einer hierdurch auftretenden Unterbilanz die Außenhaftung des Kommanditisten in Höhe der empfangenen Zuwendung besteht.[303]

Die Versuche von *Mossmann* und von *Joost*, § 172 Abs. 4 HGB über ihren Wortlaut („die Einlage [...] zurückbezahlt“) hinaus in eine die Hafteinlage des Kommanditisten übersteigende Außenhaftung auszuweiten, werden von der ganz überwiegenden Ansicht abgelehnt.[304] Diesem Ansatz wird richtigerweise entgegengehalten, dass ein solches Ergebnis mit der Konzeption dieses Haftungssystems *de lege lata* nicht vereinbar sei. Die gesetzgeberische Konzeption der Hafteinlage als Maßstab der Kommanditistenverantwortlichkeit im Außenverhältnis kann nicht einfach übergangen werden. Ein dem § 30 Abs. 1 GmbHG entsprechendes Verbot der Rückzahlung existiert gerade nicht, sondern lediglich die Rechtsfolge des Wiederauflebens der – gesellschaftsvertraglich vereinbarten und im Handelsregister eingetragenen – Außenhaftung. KG-Gläubiger können

---

297 *Mossmann,* Haftung des Kommanditisten, S. 120.

298 *Mossmann,* Haftung des Kommanditisten, S. 126.

299 *Mossmann,* Haftung des Kommanditisten, S. 175 ff.

300 *Mossmann,* Haftung des Kommanditisten, S. 177.

301 *Joost*, ZGR 1987, 370, 398 ff.

302 *Joost*, ZGR 1987, 370, 390.

303 *Joost*, ZGR 1987, 370, 391.

304 *Bartlitz,* Haftung des Kommanditisten, S. 79; Baumbach/Hopt/*Roth*, HGB, § 172 Rn. 5; MüKo HGB/*K. Schmidt*, HGB, §§ 171, 172 Rn. 21, 67, 82; EBJS/*Strohn*, HGB, § 172 Rn. 22; *Zacher,* Kapitalsicherung und Haftung, S. 222 ff.

maximal – vorbehaltlich der Verwirtschaftung – mit dem Gesellschaftsvermögen, dem Komplementärvermögen und den Hafteinlagen rechnen.[305]

Doch auch den vorgenannten Versuchen, §§ 30, 31 GmbHG auf das Vermögen der Kommanditgesellschaft anzuwenden, ist *de lege lata* eine Absage zu erteilen.[306] Alle entsprechenden Ansätze bringen eine deutlich über das gesetzliche Leitbild hinausgehende Haftung des Kommanditisten mit sich. Diese Herangehensweise entfernt sich zu weit von dem Grundsatz der die Kommanditistenstellung kennzeichnenden Alternativität von Einlageleistung und Außenhaftung.[307] Der Gesetzgeber hat für das KG-Recht jedenfalls keine adäquate Kapitalausstattung[308] und kein Kapitalschutzregime festgelegt, welches von den Gesellschaftern zu beachten wäre.[309]

### *(ii) Eigener Ansatz*

Zunächst ist der Ursprung bzw. die Blickrichtung der Begründung der Finanzierungsverantwortung des Nur-Kommanditisten zu untersuchen: Die Argumentation des BGH und des überwiegenden Schrifttums für eine derartige Finanzierungsverantwortung zielt auf die dem *KG-Recht* entspringenden Anforderungen an die Gesellschafter, insbesondere an den unbeschränkt haftenden Gesellschafter ab. Dieser sei nach allgemeinen personengesellschaftsrechtlichen Regeln das unbeschränkt haftende Ausgleichsgewicht für die beschränkt haftenden Kommanditisten und wirke zudem bremsend auf besonders riskantes Geschäftsgebaren. Aus diesen KG-rechtlichen Anforderungen an den unbeschränkt haftenden Gesellschafter schließt der BGH für den Fall der Kapitalgesellschaft in der Komplementärstellung, dass „wenigstens dieser [Stammkapital-] Fonds […] der Gesellschaft im Interesse der Gläubiger erhalten bleiben" muss.[310]

Dies ist grundsätzlich für das KG-Recht atypisch: Das Gesetz sieht keine Anforderungen an die Höhe des Vermögens der natürlichen Person als Komplementär und auch nicht an die Erhaltung desselben vor.[311] Anders muss es im Fall der

---

305 BGHZ 60, 324, 327 f.

306 So auch *Schläfke*, Vermögensbindung, S. 224 f.

307 Siehe *Schläfke*, Vermögensbindung, S. 227 f.

308 Hierzu sogleich.

309 MHLS/*Heidinger*, GmbHG, § 30 Rn. 169 ff.

310 BGHZ 110, 342, 358.

311 MüKo HGB/*Grunewald*, § 161 Rn. 6; Oetker/*Oetker*, HGB, § 161 Rn. 12; siehe hierzu auch BGHZ 45, 204 („Rektor"): Der BGH erachtet es grundsätzlich als zulässig, wenn der Kommanditist der wirtschaftliche Inhaber des Handelsgeschäfts ist, während der persönlich haftende Gesellschafter mittellos ist.

(ihrerseits mit begrenztem Kapital ausgestatteten) Kapitalgesellschaft in der Position des persönlich unbeschränkt haftenden Komplementärs sein: Diese haftet nur mit ihrem (beschränkten) Vermögen. Damit die von § 161 Abs. 1 HGB geforderte unbeschränkte Haftung seitens einer ihrerseits beschränkt haftenden Körperschaft ausgefüllt werden kann, muss – da im GmbH-Recht kein umfassender Vermögensschutz gilt[312] – zumindest das satzungsmäßige, aus dem Handelsregister ersichtliche Stammkapital dem Gesellschafterzugriff versperrt und dadurch so weit wie möglich erhalten bleiben.[313] Diese Erweiterung der KG-rechtlichen Anforderungen an die Vermögensausstattung des Komplementärs liegt darin begründet, dass die Komplementär-GmbH den KG-Gläubigern – anders als die natürliche Person als Komplementär – gerade ein konkretes, vor dem beliebigen Gesellschafterzugriff geschütztes Stammkapital in Aussicht stellt. Außerdem steht die Komplementär-GmbH den KG-Gläubigern zeitlich nur bis zu ihrer Liquidation zur Verfügung.[314] Die natürliche Person als Komplementär haftet dagegen auch nach Auflösung der KG zunächst weiter,[315] vgl. § 159 HGB. Vor diesem Hintergrund ist festzuhalten, dass eine Komplementär-GmbH nur dann die für die Komplementäreigenschaft konstitutive (§ 161 Abs. 1 GmbHG) unbeschränkte Haftung aufweist, wenn ihr Vermögen *in der zugesagten Höhe*[316] vor dem Zugriff der Gesellschafter geschützt ist.

Die Begründung der Finanzierungsverantwortung setzt damit nicht etwa an dem Umstand an, dass spezielle Anforderungen im Recht der Komplementärgesellschaft zu beachten wären. Vielmehr geht es darum, dass die Kommanditgesellschaft ihrerseits, um Konformität mit den Anforderungen der §§ 161 ff. HGB herstellen zu

---

312 Siehe oben der Vergleich zwischen den Kapitalschutzvorschriften der GmbH und der AG unter B.II.2.

313 BGHZ 110, 342, 358: „Wenigstens dieser Fonds muss der Gesellschaft im Interesse der Gläubiger erhalten bleiben."

314 In diese Richtung BGHZ 110, 342, 356 f.: „[Der Komplementär der KG, die dem gesetzlichen Leitbild entspricht, haftet] außer mit seinem gegenwärtigen auch mit seinem künftigen Vermögen […]. Zwar haftet [in der GmbH & Co. KG] auch die Komplementär-GmbH unbeschränkt, jedoch nur mit dem Vermögen, das sie im Zeitpunkt ihrer Liquidation hat. Der unbeschränkte Zugriff auf das Privatvermögen der hinter den Gesellschaften stehenden natürlichen Personen ist dem Gläubiger regelmäßig verwehrt. In deren Interesse sind deshalb die Vorschriften zur Kapitalerhaltung im GmbH-Recht für die GmbH & Co. KG entsprechend heranzuziehen […]."

315 Zu diesem Aspekt auch *Mossmann,* Haftung des Kommanditisten, S. 116 f.: „physische Dauerhaftung".

316 Damit ist also im Folgenden das aus dem Handelsregister ersichtliche Stammkapital gemeint.

können, gewisse Anforderungen an die Komplementäreigenschaft zu stellen hat.[317] Die entscheidende Frage ist, ob aus dieser Ausgangslage auch eine Verantwortung des Nur-Kommanditisten für die Erhaltung des Vermögens der Komplementär-GmbH mit der Rechtsfolge der Erstattungspflicht für verbotswidrig erlangte Auszahlungen erwächst. Eine solche leuchtet vor dem Hintergrund der für die KG konstitutiven Haftung des Komplementär-Vermögens (in der zugesagten Höhe) ein. Der Nur-Kommanditist bleibt nach den KG-rechtlichen Grundsätzen nur von dem unbeschränkten Gläubigerzugriff verschont, weil ein Komplementär ihm diese Bürde abnimmt. Der Nur-Kommanditist trägt selbst eine Verantwortung, sich seine Haftungsbeschränkung durch das Unterlassen von Handlungen zur Minderung des zugesagten Komplementär-Vermögens zu erhalten. Ferner ist zu beachten, dass für den Nur-Kommanditisten bei Abschluss des Gesellschaftsvertrags mit der GmbH ersichtlich ist, dass die Kreditfähigkeit der KG sich wesentlich nach der der GmbH richtet.[318] Der Nur-Kommanditist hat auch unter diesem Gesichtspunkt ein erhebliches eigenes Interesse an der Erhaltung der Kreditfähigkeit und Existenz der Komplementär-GmbH.[319]

Auch wenn eine solche Finanzierungsverantwortung für das Vermögen des Komplementärs über das geschriebene KG-Haftungssystem hinausgeht,[320] ist eine solche zur Aufrechterhaltung des ausdifferenzierten Haftungssystems angezeigt: Eine Finanzierungsverantwortung in Form eines Verbots der (mittelbaren) Stammkapitalschmälerung durch selbst empfangene Auszahlungen und eine entsprechende Erstattungspflicht erscheinen angemessen. Bei näherer Betrachtung handelt es sich bei dieser verschuldensunabhängigen Erstattungspflicht für selbst verbotswidrig erlangte Auszahlungen nicht um eine dem KG-Recht gänzlich unbekannte und untypische Rechtsfolge: Die verschuldensunabhängige Erstattungspflicht im Innenverhältnis analog § 31 Abs. 1 GmbHG weist eine strukturelle Ähnlichkeit mit einem Kondiktionsanspruch auf.[321] Eine solche bereicherungsrechtliche Erstattungspflicht des empfangenden Kommanditisten

317 So auch *Karollus,* FS Kropff, 1997, 669, 672.

318 *Schläfke,* Vermögensbindung, S. 207.

319 BGHZ 60, 324, 329; so auch *Schläfke,* Vermögensbindung, S. 207.

320 So zu Recht *Zacher,* Kapitalsicherung und Haftung, S. 189.

321 Der BGH verneint zwar eine Klassifizierung in diese Richtung und nimmt einen selbstständigen gesellschaftsrechtlichen Erstattungsanspruch an, siehe BGHZ 31, 265. Diese Einordnung liegt im Wesentlichen darin begründet, Gläubigerschutzlücken auszuschließen (vgl. §§ 814, 817, 818 BGB). Die Regelung der §§ 30 ff. GmbHG soll daher abschließend sein. Dies ändert aber nichts an der Ähnlichkeit des § 31 Abs. 1 GmbHG zum Bereicherungsrecht, vgl. auch MüKo GmbHG/*Ekkenga*, § 31 Rn. 1, 39.

nach §§ 812 ff. BGB ist beispielsweise im Falle der Entnahme sog. Scheingewinne, also solcher Gewinne, die nicht unter den vergleichsweise eingeschränkten Gewinnauszahlungsanspruch des Kommanditisten gemäß § 169 Abs. 1 HGB fallen oder gesellschaftsvertraglich vereinbart sind, für das Innenverhältnis anerkannt.[322] Vor diesem Hintergrund ergibt sich infolge einer analogen Anwendung des § 31 Abs. 1 GmbHG aus Rechtsfolgensicht kein übermäßiger Bruch mit dem bestehenden Haftungssystem der KG. Der wesentliche Unterschied liegt darin, dass dem Nur-Kommanditisten die Einwendungen aus §§ 814, 817 und 818 BGB nicht zustehen. Andererseits bietet § 31 Abs. 2 GmbHG einen gewissen Gutglaubensschutz.

Die Handhabung der Finanzierungsverantwortung für erhaltene Auszahlungen ist nach hier vertretener Ansicht nur über die §§ 30, 31 GmbHG zu erreichen. Der eigentliche Grund für die Finanzierungsverantwortung liegt, wie erwähnt, nicht in dem Umstand, dass für den Komplementär besondere Kapitalschutzregeln gelten, sondern vielmehr darin, dass das KG-Recht im Falle der juristischen Person als Komplementär andere (verschärfte) Anforderungen an die Komplementäreigenschaft zu stellen hat.[323] § 161 Abs. 1 HGB verlangt vom Komplementär, dass dieser entweder persönlich unbeschränkt (bei natürlicher Person) oder mit zugesagtem Vermögen (bei Kapitalgesellschaft) haftet.[324] So verwundert es nicht, wenn einige der o.g. Stimmen in der Literatur die Finanzierungsverantwortung des Nur-Kommanditisten auf allgemeine zivilrechtliche[325] bzw. KG-rechtliche[326] Grundsätze stellen wollen und zum Teil eine für die Analogie der §§ 30 ff. GmbHG notwendige Schutzlücke verneinen.[327] Dieses Bestreben ist in der Sache konsequent und nachvollziehbar, auch weil man hierdurch eine allgemeingültige Lösung für sämtliche Fälle der Kapitalgesellschaft & Co. KG schaffen würde.[328] Allerdings deuten die in den alternativen Lösungsansätzen auftretenden Unstimmigkeiten[329] mit den geltenden gesellschaftsrechtlichen Haftungssystemen darauf hin, dass dieses KG-rechtliche Problem sich *de lege*

---

322 Oetker/*Oetker*, HGB, § 169 Rn. 26 ff.; EBJS/*Strohn*, HGB, § 172 Rn. 54 m.w.N.

323 So *Karollus*, FS Kropff, 1997, 669, 672. Hierfür spricht auch die Argumentation des BGH in BGHZ 110, 342, 356 f.

324 Vgl. oben Fn. 314.

325 Vgl. die Überlegung von *Wilhelm* oben unter B.V.2.a)cc)(i).

326 Siehe oben unter B.V.2.a)cc)(i).

327 Vgl. *Karollus*, FS Kropff, 1997, 669, 671 ff.; *Wilhelm*, FS Flume, 1978, 337, 366 Fn. 109.

328 Kritisch hierzu zu Recht *Schläfke*, Vermögensbindung, S. 227; *Zacher*, Kapitalsicherung und Haftung, S. 199.

329 Siehe oben unter B.V.2.a)cc)(i).

*lata* nicht ohne Zuhilfenahme von Regelungen aus dem GmbH-Recht zufriedenstellend lösen lässt. Ein Anknüpfungspunkt im KG-Recht, an welchem allgemeine zivilrechtliche Instrumente ansetzen könnten, existiert nicht und kann wohl auch nicht im Wege richterlicher Rechtsfortbildung aufgrund der vom GmbH-Recht grundsätzlich verschiedenen Konzeption der §§ 171 ff. HGB[330] geschaffen werden.

Dagegen bietet das GmbH-Recht mit der Verbots- und Erstattungsvorschrift (§§ 30 Abs. 1, 31 Abs. 1 GmbHG) ein für den Fall der GmbH in der Komplementärstellung vergleichsweise gut passendes Instrumentarium, um diese Problemlagen in den Griff zu bekommen. Das Auszahlungsverbot sowie die Rechtsfolge der Erstattungspflicht basieren mit den §§ 30 ff. GmbHG auf einem ausgewogenen Regelungssystem und können die (KG-rechtlich gebotene) Kapitalerhaltung des Komplementärs am effektivsten gewährleisten.

Damit unterfällt der Nur-Kommanditist der Erstattungspflicht gemäß § 31 Abs. 1 GmbHG für selbst empfangene Auszahlungen aus dem Komplementär-GmbH- oder dem KG-Vermögen, welche sich auf die Komplementär-GmbH (mittelbar) stammkapitalschmälernd auswirken.

### *b) Die analoge Anwendung des § 31 Abs. 3 GmbHG*

Im Folgenden ist zu untersuchen, ob neben der analogen Anwendung der Rückerstattungspflicht gemäß § 31 Abs. 1 GmbHG auch eine analoge Anwendung der Ausfallhaftung gemäß § 31 Abs. 3 GmbHG angezeigt ist.

#### *aa) Auszahlung aus dem KG-Vermögen*

##### *(i) Ausfallhaftender ist auch Gesellschafter der Komplementär-GmbH*

Erfolgt eine Auszahlung aus dem KG-Vermögen an einen tauglichen Empfänger, welche mittelbar das Stammkapital der Komplementär-GmbH angreift, so findet die Ausfallhaftung auf die GmbH-Gesellschafter direkte Anwendung. Der Schutz des Stammkapitals darf nicht dadurch umgangen werden, dass die Auszahlung aus dem KG-Vermögen erfolgt.[331]

330 Vgl. hierzu die Darstellung der Kapitalschutz- und Haftungssysteme unter B.II.

331 *Schramm*, Haftung des Kommanditisten, S. 176 f.; *Zacher*, Kapitalsicherung und Haftung, S. 183 ff.

### *(ii) Ausfallhaftender ist Nur-Kommanditist*

Hinsichtlich der in dieser Untersuchung zu behandelnden Kernfrage hatte der BGH noch keine Gelegenheit, sich zu äußern. Gleichwohl wendet eine gewichtige und wohl herrschende Meinung im Schrifttum[332] auch die Ausfallhaftung des § 31 Abs. 3 GmbHG auf die nicht empfangenden Nur-Kommanditisten analog an. Auch die Kommanditisten trügen gemeinschaftlich Finanzierungsverantwortung für die Kapitalausstattung der GmbH und sollen subsidiär für den Ausfall des Entnehmenden haften. Eine starke, im Vordringen befindliche Ansicht lehnt die analoge Anwendung des § 31 Abs. 3 GmbHG auf den Nur-Kommanditisten ab.[333] Die Argumente der Vertreter dieser Ansicht werden sogleich[334] näher beleuchtet.

### *bb) Auszahlung aus dem GmbH-Vermögen*

Fraglich ist, ob auch nicht empfangende Nur-Kommanditisten für Stammkapitalschmälerungen infolge von Auszahlungen aus dem Vermögen der Komplementär-GmbH an einen tauglichen Empfänger solidarisch haften müssen. Diese spezielle Frage wird in der Literatur nur oberflächlich angesprochen, häufig im Zusammenhang mit der generellen Anwendbarkeit der Ausfallhaftung auf den Nur-Kommanditisten bejaht,[335] vielfach aber auch abgelehnt.[336]

---

332 *Altmeppen*, GmbHG, § 30 Rn. 175; MHLS/*Heidinger*, GmbHG, § 30 Rn. 170; Lutter/Hommelhoff/*Hommelhoff*, GmbHG, § 31 Rn. 25; Rowedder/Schmidt-Leithoff/*Pentz*, GmbHG, § 31 Rn. 74; BeckOK GmbHG/*Schmolke*, § 31 Rn. 85; *Zacher*, Kapitalsicherung und Haftung, S. 215 ff.

333 MüKo GmbHG/*Ekkenga*, § 31 Rn. 60a; *Gänzle*, Rechtsstellung des Kommanditisten, S. 176; MüKo HGB/*Grunewald*, § 161 Rn. 53; *Lüdicke/Schneeweiß*, WiB 1996, 969, 973; Röhricht/Graf von Westphalen/Haas/*Mock*, HGB, § 172 Rn. 56; *K. Schmidt*, GmbHR 1986, 337, 341; *K. Schmidt*, FS Raiser, 2005, 312, 335 ("fernliegend"); *Schnelle*, GmbHR 1995, 853, 854 f.; *Schramm*, Haftung des Kommanditisten, S. 177 ff.; *Schläfke*, Vermögensbindung, S. 221 f.; Bork/Schäfer/*Thiessen*, GmbHG, § 31 Rn. 68; *Westermann*, FS Fleck, 1988, 423, 434; *Westermann*, FS 50 Jahre BGH, 2000, 245, 268 ff.; *Westermann*, FS K. Schmidt, 2009, 1709, 1726; Scholz/*Verse*, GmbHG, § 31 Rn. 92 ("fragwürdig").

334 B.V.2.b)cc)(ii).

335 MHLS/*Heidinger*, GmbHG, § 31 Rn. 64; Lutter/Hommelhoff/*Hommelhoff*, GmbHG, § 31 Rn. 25; BeckOK GmbHG/*Schmolke*, § 31 Rn. 85.

336 MüKo GmbHG/*Ekkenga*, § 31 Rn. 60a; Rowedder/Schmidt-Leithoff/*Pentz*, GmbHG, § 31 Rn. 74; Scholz/*Verse*, GmbHG, § 31 Rn. 93; *Zacher*, Kapitalsicherung und Haftung, S. 215 ff.

### cc) *Meinungsstand und Stellungnahme*

Im Folgenden ist zu untersuchen, ob die Finanzierungsverantwortung des Nur-Kommanditisten für das Vermögen des Komplementärs, welcher nur einen begrenzten Haftungsfonds aufweist, neben einem Auszahlungsverbot und der hiermit korrespondierenden Erstattungspflicht (§ 31 Abs. 1 GmbHG analog) auch eine analoge Anwendung der Ausfallhaftung des nichtempfangenden Nur-Kommanditisten erfordert.

#### (i) *Die wohl herrschende Meinung im Schrifttum*

Die wohl herrschende Meinung[337] schließt von der Finanzierungsverantwortung des Nur-Kommanditisten für die Komplementär-GmbH ohne Weiteres auf die Rechtsfolge der Ausfallhaftung, häufig sogar ohne zwischen Auszahlungen aus dem KG- oder dem GmbH-Vermögen zu differenzieren.[338] Indem generell die §§ 30 ff. GmbHG als passend angesehen werden, wird auch die Ausfallhaftung gemäß § 31 Abs. 3 GmbHG – regelmäßig ohne eine nähere Begründung, die über allgemeine Verweise auf eine „Gesamtverantwortung der KG-Gesellschafter für die Kapitalausstattung der Komplementär-GmbH“[339] hinausgeht – auf den Nur-Kommanditisten „herübergezogen“. Ferner bleibt die genaue technische Ausgestaltung der Ausfallhaftung, etwa die Bestimmung der Haftungsquote, in der Diskussion überwiegend im Dunkeln.[340]

Teilweise werden seitens der Literatur mit § 51a GmbHG vergleichbare Informationsrechte des Nur-Kommanditisten hinsichtlich der Komplementär-GmbH und der KG gefordert.[341] Hierin läge faktisch eine Ausnahme hinsichtlich Publikumskommanditisten, welchen derartige Informationsrechte in aller Regel nicht zukommen.

#### (ii) *Kritik*

An der Einbeziehung des Nur-Kommanditisten in die Ausfallhaftung wird im Schrifttum zunehmend Kritik geübt.[342] Im Wesentlichen wird diese mit dem fehlenden gesellschaftsvertraglichen Kapitalerhaltungsversprechen des

337 Vgl. die Nachweise in Fn. 332.

338 So *Altmeppen*, GmbHG, § 30 Rn. 175; Lutter/Hommelhoff/*Hommelhoff*, GmbHG, § 31 Rn. 25; BeckOK GmbHG/*Schmolke*, § 31 Rn. 85.

339 So etwa MHLS/*Heidinger*, GmbHG, § 30 Rn. 167.

340 So auch MüKo GmbHG/*Ekkenga*, § 31 Rn. 60a.

341 *Berg*, Rechtsdogmatische Fragen, S. 166; siehe auch unter E.IV.2.b).

342 Siehe oben Fn. 333.

Nur-Kommanditisten begründet: Dieser unterwarf sich mit seinem Beitritt lediglich dem Regelungsregime der Kommanditgesellschaft, welches seine Haftungsbeschränkung infolge der Erbringung der Hafteinlage vorsieht.[343] Bei Anwendung der Ausfallhaftung auf den Nur-Kommanditisten sähe dieser sich, insbesondere wenn ausfallhaftende Mitgesellschafter ihrerseits ausfallen und gemäß § 31 Abs. 3 S. 2 GmbHG der gesamte Haftungsbetrag von einem Nur-Kommanditisten zu tragen ist, unkalkulierbaren und potenziell ruinösen Forderungen ausgesetzt.[344]

*(iii) Bewertung und Stellungnahme*

Die Gewährleistung eines effektiven Gläubigerschutzes, welcher die teleologische Grundlage der Ausfallhaftung darstellt[345] und als überragendes Hauptargument von Vertretern der wohl herrschenden Meinung[346] angeführt wird, ist selbstredend von Gewicht. In Bezug auf die Diskussion der analogen Anwendung der Ausfallhaftung auf ein ihr fremdes Haftungssystem hingegen kann der Gläubigerschutz nicht das einzige Argument darstellen. Vielmehr müssen die der Anwendbarkeit der Ausfallhaftung im GmbHG zugrundeliegenden Prämissen im Wesentlichen auch im KG-Recht wiederzufinden sein. Auch wenn weiter oben eine Rückerstattungspflicht des Nur-Kommanditisten gemäß § 31 Abs. 1 GmbHG analog für selbst empfangene stammkapitalschmälernde Auszahlungen für möglich und sinnvoll gehalten wird,[347] gibt dies noch kein Ergebnis für eine Ausfallhaftung des nicht an der GmbH und regelmäßig nicht an der Auszahlung beteiligten Nur-Kommanditisten vor.[348]

Zunächst ist die haftungsrechtliche Ausgangslage des Kommanditisten[349] noch einmal zu verdeutlichen. Die Haftungssystematik der Personengesellschaften basiert im Grundsatz auf einer gesamtschuldnerischen und damit direkten Haftung der Personengesellschafter den Gesellschaftsgläubigern gegenüber. Der Kommanditist haftet allerdings nur in Höhe seiner versprochenen Hafteinlage nach außen, und das auch nur, soweit er diese noch nicht geleistet hat. Soweit

343 Siehe zum Vergleich der Haftungssysteme oben unter B.II.3.

344 *Lüdicke/Schneeweiß*, WiB 1996, 969, 973.

345 Siehe oben unter B.III.

346 Siehe die Nachweise in Fn. 332.

347 Siehe oben unter B.V.2.a)cc)(ii).

348 Anders offenbar MHLS/*Heidinger*, GmbHG, § 30 Rn. 170, der die Anwendung der Ausfallhaftung für „konsequent" hält.

349 Siehe hierzu bereits oben unter B.II.3.

er seine Hafteinlage leistet, kann sich der Kommanditist seiner (begrenzten) gesamtschuldnerischen Außenhaftung entziehen. Eine subsidiäre Haftung des Kommanditisten für fremde Schulden,[350] also für solche, die ausschließlich Mitgesellschaftern zugeordnet sind, ist dem KG-Recht und dem gesamten Personengesellschaftsrecht fremd.[351] Wendet man vor diesem Hintergrund die Ausfallhaftung des § 31 Abs. 3 GmbHG auf den Nur-Kommanditisten an, konterkariert dies die für den Kommanditisten gerade typische begrenzte Haftung und erweitert dessen Haftungsgefahr erheblich: Die Ausfallhaftung kann im für den Nur-Kommanditisten ungünstigsten Fall der Zahlungsunfähigkeit sämtlicher Mitgesellschafter ein Vielfaches seiner Hafteinlage betragen, und zwar mit jeder verbotswidrigen Auszahlung erneut.[352] Eine verschuldensunabhängige Haftung für eine Erstattung, von der der Nur-Kommanditist selbst nicht profitiert und auf deren Zustandekommen er mangels Geschäftsführungsbefugnis regelmäßig keinen Einfluss hat, steht im Gegensatz zum Haftungsregime der §§ 171 ff. HGB und zu sonstigen Fällen von anerkannten (bereicherungsrechtlichen) Erstattungspflichten eines Kommanditisten, welche allenfalls für selbst erlangte Auszahlungen greifen würden. Die analoge Anwendung der Ausfallhaftung gemäß § 31 Abs. 3 GmbHG gliche der paradoxen Situation des Kommanditisten, welcher sich durch die Leistung seiner Hafteinlage der gesamtschuldnerischen, persönlichen Gesellschafterhaftung entziehen könnte, aber gleichzeitig gegenüber der KG erklärte, sich für sämtliche gegen GmbH-Recht verstoßende Auszahlungen von KG- und/oder GmbH-Gesellschaftern zu verbürgen.[353] Das entspricht weder der Interessenlage des Kommanditisten noch dem inneren Sinn der Kommanditistenstellung an sich – auch nicht in einer Kapitalgesellschaft & Co. KG. Hierdurch ergäbe sich aus Rechtsfolgensicht – anders als im Falle der analogen Anwendung des § 31 Abs. 1 GmbHG – ein fundamentaler Bruch mit den Haftungsprinzipien des KG-Rechts.[354] Die Unterwerfung unter eine – *de facto* unbeschränkte[355] – Ausfallhaftung steht in Widerspruch zum Vertragsversprechen des Nur-Kommanditisten.

---

350 Zu dieser Einordnung näher unter C.II.4.a).

351 Zu § 735 BGB, welcher als unechte Ausfallhaftung einzuordnen ist, siehe D.V.2.a)cc).

352 MüKo GmbHG/*Ekkenga*, § 31 Rn. 63; *K. Schmidt*, FS Raiser, 2005, 312, 330 f.; siehe auch unter E.III.2.

353 Zum Vergleich mit der Bürgschaft siehe eingehend unter C.II.5.

354 Siehe hierzu oben unter B.II.3.

355 Siehe unter E.II.2.c)cc).

In der GmbH ist die Ausgangslage zudem eine grundverschiedene: Die GmbH-Gesellschafter haben umfangreiche Verwaltungs- und Gewinnverteilungsrechte.[356] Daher ist eine Gleichstellung des Nur-Kommanditisten mit einem GmbH-Gesellschafter ausschließlich in Bezug auf haftungsrechtliche Gesichtspunkte, nicht aber in Bezug auf die weiteren Rechte der GmbH-Gesellschafter, schwer erklärbar.[357] Zudem stellt § 31 Abs. 3 GmbHG das Spiegelbild eines der GmbH ureigenen Mechanismus dar: Die Ausfallhaftung für verbotene Einlagenrückgewähr flankiert die Ausfallhaftungsvorschrift für rückständige Einlagen im Rahmen der Kapitalaufbringung gemäß § 24 GmbHG. Eine solche solidarische Kapitalaufbringungshaftung ist für den Nur-Kommanditisten nicht denkbar. Mithin risse die analoge Anwendung des § 31 Abs. 3 GmbHG auf den Nur-Kommanditisten diese Vorschrift aus ihrem Zusammenhang.[358]

Auch rein praktische Gesichtspunkte sprechen gegen eine analoge Anwendung des § 31 Abs. 3 auf den Nur-Kommanditisten. Der Haftungsumfang der Ausfallhaftung orientiert sich nach dem Gesetzeswortlaut an der GmbH-Beteiligung. Für den Nur-Kommanditisten bliebe lediglich eine Anknüpfung an seinen Kommanditanteil – welcher allerdings kaum eine sinnvolle Rechengröße für seinen Anteil an dem aufzufüllenden GmbH-Stammkapital darstellen kann.[359]

Ferner ist keine unzureichende Beachtung der Belange der GmbH & Co. KG-Gläubiger zu erwarten. Diese können dem Handelsregister sowohl die Stammkapitalziffer der Komplementär-GmbH als auch die Namen und Hafteinlagen der Kommanditisten der GmbH & Co. KG entnehmen. Es wäre realitätsfern anzunehmen, dass GmbH & Co. KG-Gläubiger mit einer Ausfallhaftung von Nur-Kommanditisten als Ausfluss einer Gesamtverantwortung aller KG-Gesellschafter für die Komplementärgesellschaft rechnen würden. Hiervon können Gläubiger mit Blick auf die Grundsätze der an die Kommanditeinlage anknüpfenden und auf diese beschränkte Haftung der Kommanditisten, welche es oft auf eine bloße Anlagebeteiligung abgesehen haben, vernünftigerweise nicht ausgehen. Gläubiger einer GmbH & Co. KG oder einer Komplementär-GmbH haben die Nur-Kommanditisten, sofern diese ihre Einlageleistung erbracht haben und nicht die Voraussetzungen der Existenzvernichtungshaftung[360] vorliegen,

356 Dazu ausführlich unter E.III.2.a).

357 Siehe unter E.IV.

358 *Lüdicke/Schneeweiß*, WiB 1996, 969, 973; *Schläfke*, Vermögensbindung, S. 221; *Schnelle*, GmbHR 1995, 853, 855.

359 So auch *Schnelle*, GmbHR 1995, 853, 854.

360 Siehe oben unter B.I.2.b)cc).

für die Verfolgung ihrer Ansprüche auszublenden – so wie auch in jedem anderen Fall mit der Beteiligung einer KG. Der Gläubigerschutz erfordert nicht zwingend eine Haftung auch der nichtempfangenden Nur-Kommanditisten.

Fraglich ist außerdem, ob die der Ausfallhaftung zugrundeliegende Anreizfunktion[361] bei Einbeziehung des Nur-Kommanditisten gewährleistet ist. Dieser hat schließlich – sowohl in der Komplementär-GmbH als auch in der KG – nur sehr begrenzte Möglichkeiten, „auf solide Geschäftsführung [...] hinzuwirken".[362] Auf diesen Gesichtspunkt wird unten in Kapitel E. vertieft eingegangen.

Diese Argumente lassen bereits erhebliche Bedenken an einer analogen Anwendbarkeit der Ausfallhaftung gemäß § 31 Abs. 3 GmbHG auf den Nur-Kommanditisten entstehen. Im Rahmen der nachfolgenden, vertieften Untersuchung der Ausfallhaftung werden weitere Argumente entwickelt, die diese Stellungnahme ergänzen[363] und insgesamt zum Verständnis der Ausfallhaftung und deren analogen Anwendung auf den Nur-Kommanditisten beitragen.

361 Siehe oben unter B.III.2.b).

362 So die Begründung zum Gesetzentwurf betreffend die Gesellschaften mit beschränkter Haftung, Stenographische Berichte über die Verhandlungen des Reichstags, 8. Legislaturperiode, 1. Session 1890/1892, Reichstagsaktenstück Nr. 660, S. 3745.

363 Siehe die Zwischenergebnisse unter C.II.6., D.VII. und E.IV.3.

# C. Die vergleichende Einordnung der Ausfallhaftung

Im Folgenden soll die Ausfallhaftung des § 31 Abs. 3 GmbHG mit ähnlichen Haftungsmodellen im deutschen Zivilrecht verglichen werden. Wie sich zeigen wird, ist die Haftungssystematik des § 31 Abs. 3 GmbHG in ihrer konkreten Ausgestaltung im deutschen Zivilrecht zwar ein Exot, aber dennoch nicht frei von Artverwandtschaft mit weiteren Fällen der Einstandspflicht für fremde Schulden.[364] Zweck der Untersuchung ist es zu zeigen, welche Erscheinungsform der Ausfallhaftung bzw. welches ähnliche Haftungsmodell im Zivilrecht der Ausfallhaftung des § 31 Abs. 3 GmbHG nahe kommt, um so möglicherweise Rückschlüsse auf streitige Fragen der Anwendung des § 31 Abs. 3 GmbHG ziehen zu können.

## I. Vergleich mit Gefährdungshaftungstatbeständen

### 1. Die tatbestandliche Voraussetzung

Da es sich bei der Ausfallhaftung gemäß § 31 Abs. 3 GmbHG nach überwiegender und überzeugender Ansicht um eine objektive, verschuldensunabhängige Haftung handelt, liegt ein vergleichender Blick auf Fälle der Gefährdungshaftung im Zivilrecht, nahe. Es stellt sich die Frage, ob die Ausfallhaftung und die Gefährdungshaftungstatbestände neben der Verschuldensunabhängigkeit einen vergleichbaren Anwendungsbereich aufweisen.

Diesbezüglich wären etwa die Tierhalterhaftung gemäß § 833 BGB, die Haftung des Kraftfahrzeughalters gemäß § 7 Abs. 1 StVG und die Haftung des Herstellers eines Produktes gemäß § 1 ProdHaftG[365] zu erwähnen sowie zahlreiche weitere spezialgesetzliche Vorschriften.[366] Die Gefährdungshaftung ist keine Unrechtshaftung.[367] Vielmehr kompensieren Gefährdungshaftungstatbestände

---

364 Siehe zu dieser Einordnung unter C.II.4.a).

365 Die Einordnung der Vorschrift als Gefährdungshaftung ist umstritten, siehe hierzu Staudinger/*Oechsler*, ProdHaftG, Einleitung Rn. 27 ff.; BeckOGK ProdHaftG/*Seibl*, § 1 Rn. 18 ff.

366 Etwa § 2 HPflG, § 114 BBergG, § 33 ff. LuftVG; §§ 25 ff. AtG, §§ 32 ff. GenTG, §§ 1 ff. UmweltHG, § 84 AMG, hierzu auch MüKo BGB/*Wagner*, Vor § 823 Rn. 18.

367 BGHZ 105, 65, 68; BGHZ 24, 21, 26 für § 7 StVG.

von der Rechtsordnung erlaubte Tätigkeiten, welche jedoch mit übermäßigen, schwer beherrschbaren Risiken behaftet sind.[368] Zurechnungsgrund der Gefährdungshaftung ist die zum eigenen Nutzen ausgeübte Kontrolle einer Quelle erhöhter Gefahr, bei der sich Schäden erheblichen Umfangs auch bei Anwendung der im Verkehr erforderlichen Sorgfalt nicht vermeiden lassen.[369]

Fraglich ist, ob dieser Anwendungsbereich auch auf den der Ausfallhaftung unterliegenden GmbH-Gesellschafter zutrifft. Denkbar wäre anzunehmen, dass schon der Beitritt eines GmbH-Gesellschafters und der Betrieb der GmbH seitens der Gesellschafter eine derart große Gefahr (der verbotswidrigen Auszahlung seitens eines Mitgesellschafters) darstellen, welche zwar erlaubt, aber kaum kontrollierbar ist, sodass der GmbH-Gesellschafter hierfür ausfallhaften muss.[370] Es ist jedoch daran zu erinnern, dass der Anwendungsbereich der Gefährdungshaftung darin liegt, *eigenes* Handeln aufgrund der Schaffung eines Risikos mit besonderer Schadensneigung[371] zu sanktionieren und nicht vordergründig *fremdes* Handeln. Damit erscheint eine derartige Verlagerung der erlaubten, aber risikoreichen Tätigkeit auf den GmbH-Beitritt und den allgemeinen GmbH-Betrieb gekünstelt. Vielmehr basiert die Ausfallhaftung unmittelbar auf der verbotswidrigen Auszahlung von Gesellschaftsvermögen an Gesellschafter, welche wiederum Mitgesellschafter in Gang gesetzt haben, und nur sehr entfernt auf einem durch den GmbH-Beitritt bzw. allgemeinen GmbH-Geschäftsbetrieb bestehenden erhöhten latenten Schadensrisiko.[372] Steht im Rahmen einer Haftungsvorschrift das Verhalten *Dritter* und nicht das des Haftenden im Vordergrund, so reagiert das Zivilrecht grundsätzlich nicht mit Gefährdungshaftungstatbeständen des „Hintermannes", sondern eher mit Zurechnungsnormen oder der ausdifferenzierten Haftungsvorschrift mit Exkulpationsmöglichkeit gemäß § 831 BGB. Es ist im Falle der Ausfallhaftung davon auszugehen, dass der (fremde) Handlungsanteil des Mitgesellschafters in Form der Auszahlung so sehr im Vordergrund steht, dass der Zurechnungsgrund der Gefährdungshaftung – die Kontrolle über eine Quelle erhöhter Gefahr – entfällt.

368 *Deutsch*, NJW 1992, 73, 74; Staudinger/*Oechsler*, ProdHaftG, Einleitung Rn. 28; BeckOGK ProdHaftG/*Seibl*, § 1 Rn. 17; BeckOGK BGB/*Spindler*, § 823 Rn. 6.

369 MüKo BGB/*Wagner*, Einl. ProdHaftG Rn. 21.

370 *Schramm*, Haftung des Kommanditisten, S. 162 ff.

371 MüKo BGB/*Wagner*, Einl. ProdHaftG Rn. 21.

372 Es ist zweifelhaft, ob sich bereits aus dem bloßen Geschäftsbetrieb der GmbH eine „besondere Schadensneigung" ergeben kann. Eine solche besondere Schadensneigung wird etwa im ProdHaftG für die allgemeine Warenproduktion abgelehnt, siehe MüKo BGB/*Wagner*, Einl. ProdHaftG Rn. 21.

Diesen Befund stützt auch die § 7 Abs. 3 StVG zu entnehmende gesetzgeberische Überlegung: Die Gefährdungshaftung des Kraftfahrzeughalters gemäß § 7 Abs. 1 StVG ist aufgrund von Abs. 3 ausgeschlossen, wenn jemand das Kraftfahrzeug ohne das Wissen und Wollen des Halters benutzt, sofern er sich eine halterähnliche Verfügungsmacht über das Fahrzeug verschafft[373] und dies nicht auf einem Verschulden des Halters beruht. Der Gesetzgeber entlässt mithin den Halter aus der verschuldensunabhängigen Haftung, wenn ein Benutzer an die Stelle des Halters tritt und der Benutzer somit seinerseits das schwer beherrschbare Risiko durch *dessen Handlung* vordergründig steuert.[374] Das zeigt, dass das Gesetz, sobald ein fremder Handlungsanteil den (der Gefährdungshaftung immanenten) eigenen Handlungsanteil überwiegt und geradezu verdrängt, eine verschuldensunabhängige Haftung des letzteren nicht mehr annimmt.

In der GmbH stellt sich die Ausgangslage wie folgt dar: Der Handlungsanteil des Mitgesellschafters, welcher eine stammkapitalschmälernde Einlagenrückgewähr empfängt (und in der Regel auch veranlasst), überwiegt stets den des unbeteiligten, ausfallhaftenden Gesellschafters. Dennoch haftet der an der Einlagenrückgewähr unbeteiligte Gesellschafter gemäß § 31 Abs. 3 GmbHG verschuldensunabhängig. Damit ist die Ausfallhaftung des § 31 Abs. 3 GmbHG bereits konzeptionell von Fällen der Gefährdungshaftung zu unterscheiden und mithin nicht vergleichbar.[375]

## 2. Die Rechtsfolge

Hinsichtlich der Rechtsfolge ist auf den oben dargestellten Unterschied zwischen der Schadensersatzhaftung und der objektiven Erfüllungshaftung zu verweisen.[376] Wie gezeigt, stellt die Ausfallhaftung gemäß § 31 Abs. 3 GmbHG einen Fall der objektiven Erfüllungshaftung dar. Die von Gefährdungshaftungstatbeständen ausgelöste Haftung ist dagegen stets eine Schadensersatzhaftung. Die Schadensersatzhaftung bringt damit neben der Ersatzfähigkeit von entgangenem Gewinn auch beispielsweise die Anwendbarkeit von Mitverschulden § 254 BGB und der Schadensgeringhaltungsobliegenheiten des Geschädigten samt Vorteilsanrechnung gemäß § 254 Abs. 2 S. 1 Var. 2 u. 3 BGB mit sich – die Anwendbarkeit dieser Vorschriften sind der Ausfallhaftung dagegen fremd.[377]

---

373 Burmann/*Burmann*, StVG, § 7 Rn. 23.

374 BGHZ 22, 293.

375 Anders *Schramm*, Haftung des Kommanditisten, S. 162 ff.

376 Siehe oben unter B.III.2.a).

377 Siehe oben unter B.III.2.a).

Somit ist festzuhalten, dass sich die Gefährdungshaftungstatbestände strukturell von der Ausfallhaftung gemäß § 31 Abs. 3 GmbHG unterscheiden. Sowohl im Hinblick auf die tatbestandliche Grundvoraussetzung, dass Gefährdungshaftungstatbestände eine Haftung für vordergründig eigenes Handeln darstellen, als auch hinsichtlich der bei den Gefährdungshaftungstatbeständen deutlich weiteren Rechtsfolge zeigt sich, dass die Gefährdungshaftungstatbestände und § 31 Abs. 3 GmbHG unterschiedliche Anwendungsbereiche abdecken und mithin ein Vergleich keine gewinnbringenden Ergebnisse zu Tage fördern kann.

## II. Vergleich mit dem Recht der Personalsicherheiten

### 1. Allgemeines

Im Folgenden sind als Vergleichsobjekte zur Ausfallhaftung die Personalsicherheiten heranzuziehen. Diesbezüglich sind insbesondere die Bürgschaft, der Schuldbeitritt[378] und die Garantie zu nennen. Bürgschaft, Schuldbeitritt und Garantie sind allesamt Formen der kumulativen Interzession.[379] Der Begriff der Interzession, bereits dem römischen Recht bekannt,[380] bezieht sich auf das Eintreten in oder für eine (wirtschaftlich) fremde Verbindlichkeit.[381] Während der Begriff dem Recht der Personalsicherheiten im BGB nicht erhalten geblieben ist, lässt sich der Inhalt der Interzession jedoch noch § 1822 Nr. 10 BGB entnehmen.[382]

Insbesondere ist der Fokus auf die Untersuchung der Bürgschaft zu legen. Diese stellt einen Unterfall des weiten Rechtsgebiets des Einstehens für fremde Schuld[383] dar und wird sich als der Ausfallhaftung des § 31 Abs. 3 GmbHG am ähnlichsten erweisen. Auch *K. Schmidt* erkennt den Zusammenhang und charakterisiert die Ausfallhaftung des § 31 Abs. 3 GmbHG als eine „revolvierende gesetzliche Ausfallbürgschaft".[384]

---

378 Auch „Schuldmitübernahme" genannt, vgl. *Reichel*, Schuldmitübernahme.

379 BeckOGK BGB/*Madaus*, § 765 Rn. 581.

380 *Enneccerus/Lehmann*, Schuldrecht, S. 761; *Klann*, Interzession, S. 12 ff.

381 Zur Terminologie siehe Staudinger/*Horn*, BGB, Vorbem. zu §§ 765 - 778 Rn. 1; *Reichel*, Schuldmitübernahme, Rn. 17 ff.

382 „Zur Übernahme einer fremden Verbindlichkeit, insbesondere zur Eingehung einer Bürgschaft", vgl. Erman/*Schulte-Bunert*, BGB, § 1822 Rn. 29.

383 Staudinger/*Horn*, BGB, Vorbem. zu §§ 765 - 778 Rn. 1.

384 *K. Schmidt*, FS Raiser, 2005, 312, 318 bezeichnet, soweit erkennbar, als einziger die Ausfallhaftung gemäß § 31 Abs. 3 GmbHG als eine Art Bürgschaft.

Im BGB wurde aus dem Recht der Personalsicherheiten lediglich die Bürgschaft gesetzlich normiert. Dies spricht allerdings keineswegs für eine abschließende Regelung der Personalsicherheiten.[385] Vielmehr waren dem historischen Gesetzgeber die der Privatautonomie entspringenden vielfältigen Gestaltungsmöglichkeiten der Absicherung der persönlichen Leistungsfähigkeit bekannt.[386] Dennoch entschied er sich dazu, lediglich die Bürgschaft zu normieren die Entwicklung von Schuldbeitritt und Garantie der Ausgestaltung durch die Wissenschaft zu überlassen.[387] Im Folgenden sind die einzelnen Formen der Personalsicherheiten mit der Ausfallhaftung zu vergleichen.

## 2. Der Schuldbeitritt

Der Schuldbeitretende verpflichtet sich gegenüber dem Gläubiger, für die Verbindlichkeit eines Dritten einzustehen.[388] Dies geschieht dogmatisch durch einen selbstständigen, in seinem Schuldgrund von der Hauptschuld unabhängigen, einseitig verpflichtenden Vertrag.[389] Dieser begründet eine eigene Schuld des Schuldbeitretenden, welche neben die des Schuldners tritt[390] – beide haften in der Folge als Gesamtschuldner.[391] Die Schuld des Schuldbeitretenden bemisst sich nach Inhalt und Umfang an der des Schuldners in dem exakten Zeitpunkt des Schuldbeitritts – Inhalt und Umfang werden gewissermaßen „kopiert".[392]

---

385 Der Schuldbeitritt war bereits vom Reichsgericht anerkannt, vgl. RGZ 59, 232, 233; RGZ 64, 318, 319; siehe auch MüKo BGB/*Habersack*, Vor § 765 Rn. 12.

386 *Jakobs/Schubert*, Beratung des BGB, S. 457 (Prot I 2506); siehe auch BeckOGK BGB/*Madaus*, § 765 Rn. 1.

387 *Reichel*, Schuldmitübernahme, S. VII.

388 Staudinger/*Horn*, BGB, Vorbem. zu §§ 765 - 778 Rn. 396.

389 Überwiegende Meinung, vgl. MüKo BGB/*Habersack*, Vor § 765 Rn. 12; MüKo BGB/*Heinemeyer*, Vor § 414 Rn. 12; Staudinger/*Horn*, BGB, Vorbem. zu §§ 765 - 778 Rn. 396; BeckOGK BGB/*Madaus*, § 765 Rn. 410; unklar BGHZ 58, 251, 255: Schuldbeitretender trete „durch Schuldmitübernahme neben den bisherigen Schuldner"; BGHZ 174, 39, 46 ablehnend zur Möglichkeit des Schuldbeitritts zu öffentlichrechtlichem Vertrag („Schuldbeitritt teilt stets die Rechtsnatur der Forderung des Gläubigers").

390 Vereinzelt wird der Schuldbeitritt als Eintritt in die fremde Schuld und damit als diesen modifizierenden Vertrag angesehen, vgl. OLG Bremen NJW 1972, 910, 911; siehe Überblick bei BeckOGK BGB/*Madaus*, § 765 Rn. 409.

391 *Reichel*, Schuldmitübernahme, S. IX bezeichnet das als „interzessorische Gesamtschuldbegründung".

392 BeckOGK BGB/*Madaus*, § 765 Rn. 452; Staudinger/*Rieble*, BGB, § 414 Rn. 28.

Schuld und Beitrittsschuld gehen sodann – mit Ausnahme des Tilgungszusammenhangs gemäß § 422 Abs. 1 BGB – grundsätzlich getrennte Wege. Dies ergibt sich aus der grundsätzlichen Einzelwirkung in der Gesamtschuld gemäß § 425 BGB.[393] Eine akzessorische Verbundenheit entsteht damit nicht.[394]

Dagegen wird vereinzelt angeführt, dass im Fall des Sicherungsschuldbeitritts die Parteien die Einzelwirkung des § 425 BGB abbedungen und eine akzessorische Bindung vereinbart hätten.[395] Dies ergebe sich aus dem Sicherungszweck des Schuldbeitritts. Denn im Falle des Sicherungsbeitritts solle der Beitretende allenfalls insoweit haften wie der Schuldner. Richtigerweise ist im Falle des Schuldbeitritts zur Sicherung einer Forderung nicht automatisch von einer vereinbarten Akzessorietät und damit einer Abbedingung des § 425 BGB auszugehen. Der Sicherungszweck erfordert nicht zwingend die akzessorische Bindung der Sicherungsschuld an die zu sichernde Schuld: Es kann durchaus im Interesse des Gläubigers liegen, einen weiteren Gesamtschuldner als Sicherungsgeber zu gewinnen, dessen Schuld nicht einseitig an dem Bestand der zu sichernden Schuld hängt.[396] Das Bedürfnis zur Stellung nichtakzessorischer Sicherheiten ist auch im Recht der Realsicherheiten anerkannt. Im Rahmen eines Schuldbeitritts eine automatische Abbedingung des § 425 BGB anzunehmen, grenzt damit an eine Fiktion und spiegelt die vorliegenden Interessenlagen nicht hinreichend wider.[397] Ferner sieht das Gesetz mit der selbstschuldnerischen Bürgschaft bereits ein Rechtsinstitut vor, welches das gewünschte Ergebnis hinreichend abbildet.[398] Damit ist mit der überwiegenden Ansicht davon auszugehen, dass die Beitrittsschuld nicht akzessorisch zur zu sichernden Schuld ist.

Im Vergleich zu den weiteren zu untersuchenden Personalsicherheiten beinhaltet der Schuldbeitritt eine eher starke Verpflichtung dem Gläubiger gegenüber. Der Schuldbeitritt bewirkt eine gesamtschuldnerische Einstandspflicht für die zu sichernde Schuld aufgrund einer eigenen, „kopierten" Schuld.

### 3. Die Forderungsgarantie

Auch der Garantievertrag, die Grundform der Interzession,[399] fand keinen Eingang in das BGB. Der Grund lag nach Ansicht des historischen Gesetzgebers

393 *Edenfeld*, JZ 1997, 1034, 1039.

394 BGHZ 41, 298, 300; BGHZ 58, 241, 254; Staudinger/*Rieble*, BGB, § 414 Rn. 28.

395 MüKo BGB/*Habersack*, Vor § 765 Rn. 14 ff.

396 BeckOGK BGB/*Madaus*, § 765 Rn. 586.1 f.

397 Vgl. BeckOGK BGB/*Madaus*, § 765 Rn. 586.1 f.

398 BeckOGK BGB/*Madaus*, § 765 Rn. 586.2.

399 BeckOGK BGB/*Madaus*, § 765 Rn. 497.

in der „Verschiedenheit der Verträge, die eine Garantieleistung zum Inhalt haben".[400] Die sich aus der Privatautonomie ergebenden vielfältigen Gestaltungsmöglichkeiten und die Nähe zum allgemeinen Begriff des schuldrechtlichen Vertrags gemäß §§ 311 Abs. 1, 241 Abs. 1 BGB erlaubten es nicht, allgemeine Regeln zu formulieren.[401] Punktuell wurde der Begriff der Garantie im Rahmen der Schulrechtsmodernisierung in das BGB aufgenommen, etwa in § 276 Abs. 1 S. 1 BGB, § 442 Abs. 1 S. 2 BGB, § 443 Abs. 1 BGB, § 444 BGB, § 639 Alt. 2 BGB. Diese Normierung der Garantie, zum Teil eingebunden in das gesetzliche Mängelgewährleistungsrecht, kann keine allgemeine Definition darstellen.[402] Allenfalls lässt sich den Fällen der Normierung der Garantie entnehmen, dass der Gesetzgeber, wenn von einer Garantie die Rede ist, eine verschuldensunabhängige Haftung vorsieht.[403]

Im Rahmen des Garantievertrags verspricht der Garant gegenüber dem Versprechensempfänger, dass ein bestimmter tatsächlicher oder rechtlicher Erfolg eintritt oder die Gefahr eines bestimmten künftigen Schadens sich nicht verwirklicht.[404] Inhalt des selbstständigen Garantievertrags ist es, den Versprechensempfänger im Garantiefall schadlos zu halten.[405] Aufgrund der zahlreichen Erscheinungsformen des Garantievertrags soll hier mit Blick auf die Vergleichbarkeit zur Ausfallhaftung des § 31 Abs. 3 GmbHG der Fokus auf der sog. Forderungsgarantie liegen: Hier geht es um die Sicherung des Gläubigers hinsichtlich der Erfüllung einer Forderung aus einem anderen Vertrag.[406] Die Forderungsgarantie steht damit aufgrund des Sicherungszwecks im Drei-Personen-Verhältnis funktional dem Schuldbeitritt und der Bürgschaft nahe.[407]

Zur Vergleichbarkeit von Schuldbeitritt, Garantie und Bürgschaft stellt sich auch hier die Frage, in welcher Weise die Garantieverpflichtung des Garanten und die Verpflichtung des Schuldners verknüpft sind. Der Garantievertrag ist, wie der auf den Schuldbeitritt oder die Bürgschaft gerichtete Vertrag, ein von der Forderung unabhängiges Geschäft. Die Garantie trägt ihren Geschäftszweck und

---

400 *Jakobs/Schubert,* Beratung des BGB, S. 457 (Prot I 2506).

401 Staudinger/*Horn*, BGB, Vorbem. zu §§ 765 - 778 Rn. 209.

402 Siehe hierzu BeckOGK BGB/*Madaus*, § 765 Rn. 492.

403 Staudinger/*Caspers*, BGB, § 276 Rn. 148 f.; Staudinger/*Horn*, BGB, Vorbem. zu §§ 765 - 778 Rn. 210.

404 RGZ 61, 157, 160; BGHZ 90, 287, 290; Staudinger/*Horn*, BGB, Vorbem. zu §§ 765 - 778 Rn. 207.

405 RGZ 137, 85.

406 Staudinger/*Horn*, BGB, Vorbem. zu §§ 765 - 778 Rn. 277 ff.

407 BeckOGK BGB/*Madaus*, § 765 Rn. 563 ff.

Rechtsgrund in sich.[408] Dagegen liegt eine einseitige Abhängigkeit der Personalsicherheit in ihrem Bestand und Umfang, nämlich Akzessorietät, bei der Forderungsgarantie nicht vor.[409] Ob die Haftung aufgrund der Forderungsgarantie gesamtschuldnerisch oder subsidiär ausgestaltet ist, obliegt der Bestimmung durch die Vertragsparteien im Einzelfall.[410]

## 4. Die Bürgschaft im Vergleich zu Schuldbeitritt und Garantie

Die Bürgschaft als einzige normierte Variante der Interzession definiert sich gemäß § 765 BGB als vertragliche Verpflichtung einer Person gegenüber einem Gläubiger eines Dritten, für die Erfüllung dessen Schuld einzustehen. Die Bürgschaft kommt, wie alle Formen der Interzession, durch einen einseitig verpflichtenden Vertrag zwischen Bürgen und Gläubiger zustande.[411]

### *a) Die Gemeinsamkeit: Einstandspflicht für (wirtschaftlich) fremde Schuld*

Zur näheren Kategorisierung der Haftung, für die eingestanden bzw. ausfallgehaftet werden soll, erscheint die Betrachtung der Ursprungsschuld im Außenverhältnis, also zwischen Urschuldner und Gläubiger, gewinnbringend. In Anlehnung an die Terminologie aus dem Recht der Interzession bietet es sich an, von Haftung für eigene bzw. fremde Schuld zu sprechen.[412]

#### *aa) Zur Kritik an dieser Kategorisierung*

Die Bürgschaft ist akzessorisch, also in ihrem Entstehen, Bestand, Inhalt sowie ihrer Rechtsdurchsetzung an die Hauptschuld geknüpft.[413] Hieraus ergibt sich die traditionelle Einordung, dass der Bürge für eine fremde Schuld haftet, während beispielsweise der Garant für eine eigene Schuld haftet. Dieses von der traditionellen Diktion des Reichsgerichts insbesondere in Bezug auf die

---

408 MüKo BGB/*Habersack*, § 765 Rn. 2 f.; MüKo BGB/*Habersack*, Vor § 765 Rn. 20.

409 Überwiegende Ansicht, siehe Staudinger/*Horn*, BGB, Vorbem. zu §§ 765 - 778 Rn. 219; BeckOGK BGB/*Madaus*, § 765 Rn. 583 ff.

410 BeckOGK BGB/*Madaus*, § 765 Rn. 500 f.

411 BeckOGK BGB/*Madaus*, § 765 Rn. 581.

412 Für die Bürgschaft siehe *Boetius*, Garantievertrag, S. 37; *Enneccerus/Lehmann*, Schuldrecht, S. 759; Staudinger/*Horn*, BGB, Vorbem. zu §§ 765 - 778 Rn. 1; kritisch *Förster*, Bürgschaft und Garantie, S. 173 ff.

413 MüKo BGB/*Habersack*, § 765 Rn. 64 f.

Bürgschaft[414] geprägte Einordnungskriterium ist nicht frei von Zweifeln und Unklarheiten. So halten einige Stimmen den Begriff der Haftung für fremde Schuld für überflüssig,[415] jedenfalls aber für missverständlich.[416] Während der Garant für eine eigene, neu begründete Schuld hafte, die nicht lediglich Spiegelbild der Hauptschuld sei,[417] begründe auch der Bürge, der für die Erfüllung einer fremden Schuld haften wolle, letztlich mit dem Bürgschaftsvertrag eine eigene Verbindlichkeit.[418] Das Kriterium der Haftung für „fremde Schuld" bringe keinen zusätzlichen Erkenntnisgewinn mit sich. Vielmehr stelle die Einordnung einer Schuld in Kategorien wie „fremd" oder „eigen" nichts anderes dar als die Einordnung als „akzessorisch" oder „selbstständig".[419] Auf eine etwaige Fremdheit der zugrundeliegenden Schuld komme es nicht an. Das Kriterium der Fremdheit bedürfe jedenfalls weiterer Hilfskriterien, um etwaige Rückschlüsse hieraus ziehen zu können.[420]

Das diesem Kriterium entgegengebrachte Misstrauen beruht im Wesentlichen auf zwei Umständen. Zum einen wird sich zeigen, dass aufgrund der vielfältigen Erscheinungsformen der Haftung mehrerer Schuldner gegenüber (mindestens) einem Gläubiger eine klare Kategorisierung schwerfällt. So bietet sich eine Vielzahl von Abgrenzungskriterien an, wie etwa Akzessorietät, Subsidiarität, gesamtschuldnerische Verpflichtung oder eben Fremdheit der Hauptschuld. Diese Kriterien lassen sich, wie im weiteren Verlauf dieser Untersuchung deutlich wird, nur schwer trennscharf voneinander abgrenzen. Die Anwendungsbereiche dieser Kategorien überschneiden sich notwendigerweise häufig.

Zum anderen ist der Begriff der Haftung für fremde Schuld von vergangenen und mittlerweile geklärten dogmatischen Meinungsstreitigkeiten zur Zeit des beginnenden 20. Jahrhunderts vorbelastet. Der Disput um die Fremdheit der Schuld spielte sich noch im Rahmen wesentlich grundlegenderer Fragen ab. Mit der frühen Erkenntnis, dass der Bürge durch die Übernahme der Bürgschaft nicht Mitschuldner der Hauptschuld wird, wurde zum Teil bereits richtig gefolgert, dass der Bürge eine eigene Einstandspflicht für fremde Schuld einging.[421] Andere Stimmen in der Literatur gingen einen Schritt weiter und folgerten,

414 RGZ 64, 318, 320; RGZ 72, 138, 140.
415 *Förster*, Bürgschaft und Garantie, S. 173 f.
416 BeckOGK BGB/*Madaus*, § 765 Rn. 600.
417 *Förster*, Bürgschaft und Garantie, S. 173.
418 BeckOGK BGB/*Madaus*, § 765 Rn. 600; Staudinger/*Veit*, BGB, § 1822 Rn. 168.
419 *Förster*, Bürgschaft und Garantie, S. 173 f.
420 *Förster*, Bürgschaft und Garantie, S. 174.
421 *Reichel*, Schuldmitübernahme, S. 68 ff.

dass der Bürge überhaupt nicht „schulde", sondern bloß für fremde Schulden „hafte".[422] Dieser behauptete Dualismus von Schuld und Haftung wurde als Eigentümlichkeit des alten deutschen Rechts begründet, welche dem germanischen Recht entsprang,[423] während das römische Obligationenrecht Schuld und Haftung als verschmolzen ansah.[424] Heute sind diese Unklarheiten beseitigt. Das moderne Recht geht davon aus, dass der Bürge zwar nicht Mitschuldner der Hauptschuld wird, aber dennoch Schuldner einer eigenen Verbindlichkeit *sui generis* ist und damit nicht „bloß haftet".[425]

Diese Einordungsschwierigkeiten hinsichtlich der Einstandspflicht für fremde Schuld dürfen den Blick für das Potenzial dieser Kategorisierung als Abgrenzungskriterium nicht verstellen.

### *bb) „Haftung für fremde Schuld" kein Synonym für „akzessorische Haftung"*

Zunächst gilt es, die Ansicht *Försters*, die Begrifflichkeiten „fremd" und „eigen" seien lediglich Synonyme für die Ausdrücke „akzessorisch" und „selbstständig",[426] zu untersuchen. Im Falle der Bürgschaft, welche akzessorisch ist und in der Regel als Haftung für fremde Schuld bezeichnet wird,[427] stößt die These *Försters* nicht unmittelbar auf Hindernisse. Zur weiteren Verifizierung ist die Kontrollfrage zu stellen, ob auch Fälle der Einstandspflicht für „fremde" Schuld existieren, bei denen die Einstandspflicht nichtakzessorisch ausgestaltet ist. Zur Beantwortung dieser Frage ist es zunächst notwendig, eine Definition des Begriffs der „fremden Schuld" vorzunehmen. Auf der Suche nach einer Definition des Begriffs, welcher dem Recht der Interzession aus dem römischen Recht entspringt, stößt man unweigerlich auf § 1822 Nr. 10 BGB – die einzige

---

422 *Amira*, Nordgermanisches Obligationenrecht; *Klann*, Interzession, S. 45 ff.; *Isay*, Jherings Jahrb. 48 (1904), 187, 194 ff.; *Puntschart*, Schuldvertrag und Treugelöbnis, S. 175; zum Streitstand *Caroni*, ZBJV 103 (1967), 289, S. 302; *Gierke*, Schuld und Haftung, S. 56 ff.; *Gierke*, Schuldrecht, S. 8 ff.

423 *Caroni*, ZBJV 103 (1967), 289, 302 Fn. 54.

424 *Gierke*, Schuld und Haftung, S. 1.

425 Allgemeine Meinung, siehe *Gernhuber*, Schuldverhältnis, S. 88; *Reichel*, Schuldmitübernahme, S. 68 ff., 74 ff.; vgl. ferner MüKo BGB/*Habersack*, § 774 Rn. 5 f.; BeckOGK BGB/*Madaus*, § 765 Rn. 5; auch der eindeutige Wortlaut des § 767 BGB („Bürgschaftsschuld") spricht wohl hierfür.

426 *Förster*, Bürgschaft und Garantie, S. 174.

427 Siehe oben Fn. 412.

Normierung des Interzessionenbegriffs im BGB.[428] Eine Definition enthält die Vorschrift des Vormundschaftsrechts, welche den Mündelschutz sicherstellen soll, nicht. Vielmehr normiert die Vorschrift die „Übernahme einer fremden Verbindlichkeit, insbesondere zur Eingehung einer Bürgschaft". Diesbezüglich umschrieb bereits das Reichsgericht[429] mit Blick auf die traditionelle Definition des Interzessionsbegriffs[430] die Haftung für fremde Schuld als Übernahme einer „Verbindlichkeit eines Dritten als wirtschaftlich fremde, als eine solche [...], für die in letzter Linie der Dritte trotz der Übernahme aufkommen soll".

Damit ist das wesentliche Element des Einstehens für fremde Schuld gemäß der traditionellen Definition der kumulativen Interzession[431] die Fremdheit *in wirtschaftlicher Hinsicht.* Diese spiegelt sich in dem Umstand wider, dass im Ergebnis im Verhältnis unter den Schuldnern trotz der Übernahme im Wege der Interzession der Urschuldner für die Schuld aufkommen soll. Hierin liegt das Sicherungsmoment der Interzession verborgen. Denn der Interzedent soll jedenfalls nur vorläufig (hiermit ist noch nicht gesagt, ob primär oder subsidiär) dem Gläubiger haften. Das Reichsgericht stellt mithin in seiner Umschreibung der fremden Schuld in § 1822 Nr. 10 BGB unter Bezugnahme auf das Recht der Interzessionen[432] entscheidend auf eine Regressmöglichkeit ab – unabhängig davon, ob der Interzedent primär, subsidiär, akzessorisch oder selbstständig haftet.

Nach einer Gegenprobe mit Garantie und Schuldbeitritt und abstraktem Schuldversprechen zeigt sich folgendes Bild: Auch die Garantie, in ihrer Ausgestaltung nichtakzessorisch und im Verhältnis zum Gläubiger primär wirkend, weist in aller Regel im Wege einer vertraglichen Vereinbarung zwischen Garanten und Urschuldner eine Regressabrede auf.[433] Ebenso ist im Rahmen des sichernden Schuldbeitritts im Innenverhältnis zwischen Beitretendem und Urschuldner in aller Regel der Urschuldner allein verpflichtet, was sich regelmäßig aus § 670 BGB ergeben wird.[434] Hinzu kommt ein Regressanspruch aus § 426 Abs. 1 S. 1 BGB sowie, im Fall der Leistung durch den Beitretenden, die

428 Erman/*Schulte-Bunert*, BGB, § 1822 Rn. 29.

429 RGZ 133, 7, 13; bestätigend BGHZ 60, 385, 388 f.; BGH NJW 1983, 1780, 1781.

430 Die Definition ergibt sich aus der Bezugnahme der Motive zu § 1822 Nr. 10 BGB auf die gemeinrechtliche Interzession, vgl. Motive Bd. 4 S. 1144; siehe auch RGZ 133, 7, 13.

431 BeckOGK BGB/*Madaus*, § 765 Rn. 581.

432 RGZ 133, 7, 13; Motive Bd. 4 S. 1144.

433 Regelmäßig aus § 670 BGB, vgl. BeckOGK BGB/*Madaus*, § 765 Rn. 545.

434 BeckOGK BGB/*Madaus*, § 765 Rn. 479.

*cessio legis* gemäß § 426 Abs. 2 S. 1 BGB.[435] Selbst ein abstraktes Schuldversprechen gemäß § 780 BGB, welches den größten Abstrahierungsgrad der Personalsicherungsmittel im Verhältnis zur Hauptschuld aufweist, kann für eine fremde Verbindlichkeit abgegeben werden.[436] Damit handelt es sich neben der Bürgschaft auch bei der Garantie, beim Schuldbeitritt[437] und beim abstrakten Schuldversprechen um Einstandspflichten für fremde Schuld i.S.d. Umschreibung des Reichsgerichts – unabhängig vom Grad der Akzessorietät. Mithin zeigen sich Unterschiede zwischen den Begriffspaaren fremd vs. eigen und akzessorisch vs. selbstständig.

Dieses Ergebnis könnte so hingenommen werden, würde man argumentieren, die Fassung der Personalsicherheiten unter die Umschreibung des Reichsgerichts bringe keinen Mehrwert und könne deshalb als Abgrenzungskriterium abgelegt werden. Entscheidend ist damit die Frage, ob dem Merkmal der Einstandspflicht für fremde Schuld durch die Betrachtung der unter dieses Merkmal fallenden Personalsicherheiten ein zusätzlicher Erkenntnisgewinn abgerungen werden kann.

Der Erkenntnisgewinn des Merkmals der Einstandspflicht für fremde Schuld liegt in der Bestimmung der Schutzwürdigkeit des Interzedenten. Legt man die Definition des Reichsgerichts zugrunde, so offenbart sich die entscheidende Facette der „fremden Schuld“: Die wirtschaftliche Zuordnung der Schuld, für die der Interzedent einsteht, verbleibt beim Urschuldner. Lediglich die Ausgestaltung der Einstandspflicht ist bei Bürgschaft, Garantie und Schuldbeitritt unterschiedlich. Die wirtschaftliche Zuordnung der Schuld aber ändert sich nicht. Den gleichen Erkenntnisgewinn vermag das Kriterium der Akzessorietät nicht zu leisten. Mit der Akzessorietät ist lediglich der Grad der Bindung der Schuld des Interzedenten an die Hauptschuld beschrieben. Es handelt sich lediglich um ein den konstruktiven Aufbau der Schuld des Interzedenten beschreibendes Merkmal. Hinsichtlich der wirtschaftlichen Verteilung der Schulden unter den Schuldnern im Ergebnis und einer damit einhergehenden Schutzwürdigkeit des Interzedenten trägt das Merkmal der Akzessorietät zu keinem derartigen Erkenntnisgewinn bei. Mithin muss zwischen wirtschaftlicher Fremdheit der Schuld und Akzessorietät unterschieden werden.

Ein solches Verständnis des Merkmals befindet sich auch im Einklang mit der Deutung der Begrifflichkeit der „Übernahme einer fremden Verbindlichkeit“

---

435 BeckOGK BGB/*Madaus*, § 765 Rn. 480 f.

436 BGH NJW 2000, 2984; BGH NJW-RR 2007, 1407.

437 Vgl. auch *Kohte*, JZ 1990, 997, 1002.

seitens der herrschenden Meinung zu § 1822 Nr. 10 BGB: Auch hier stehen Schutzwürdigkeitsgesichtspunkte des Mündels im Vordergrund. Die Vorschrift aus dem Vormundschaftsrecht soll den Mündel vor Geschäften schützen, bei denen er mit der Tilgung seitens des Schuldners oder einem erfolgreichen Regress auf diesen rechnet.[438] Das Merkmal der Fremdheit der Verbindlichkeit, für welches die Bürgschaft dem Wortlaut nach nur als eines unter mehreren genannt wird, wird hier weit ausgelegt und wirtschaftlich verstanden. So fällt hierunter jegliche übernommene Haftung – unabhängig vom Akzessorietätsgrad – soweit die übernommene Haftung dem Mündel wirtschaftlich fremd ist und damit ein Regressanspruch gegen den Hauptschuldner besteht.[439] In derartigen Fällen, in denen es nicht um den Austausch von Leistungen geht, besteht die Gefahr der Eingehung einer vermeintlich risikolosen Verpflichtung des Mündels.[440] Dagegen ist die Vorschrift nicht anzuwenden, wenn der Mündel eine Verbindlichkeit nicht als wirtschaftlich fremde, sondern als eigene übernimmt, so etwa im Falle der befreienden Schuldübernahme.[441]

Mit dieser Vorschrift knüpfte der Gesetzgeber bewusst an die Interzession des römischen Rechts an und intendierte, sowohl Bürgschaft als auch Schuldbeitritt zu erfassen.[442] Mithin ist die genannte Definition der Haftung für fremde Schuld keine dem Vormundschaftsrecht eigene. Sie ist die seitens des Reichsgerichts aus dem Interzessionenrecht übernommene Formel[443] und kann daher auch für andere Fälle der Einstandspflicht mehrerer gegenüber (mindestens) einem Gläubiger Anwendung finden. Die Kritik an dem Merkmal des Einstehens für fremde Schuld im Recht der Personalsicherheiten[444] entzündet sich lediglich an der dogmatischen bzw. sprachlichen Ungereimtheit, dass jede Personalsicherheit, auch die Bürgschaft, letztendlich eine eigene, selbstständige, von der Hauptschuld unabhängige Schuld begründet. Dies bleibt unbestritten. Das angeführte Argument ist aber nicht dazu in der Lage, das Kriterium der Einstandspflicht für

---

438 *Gernhuber/Coester-Waltjen*, Familienrecht, Rn. 116 ff.

439 Allgemeine Meinung, vgl. RGZ 133, 7, 13; bestätigend BGHZ 60, 385, 388 f.; BGH NJW 1983, 1780, 1781; BeckOK BGB/*Bettin*, § 1822 Rn. 25 ff.; HK-BGB/*Kemper*, § 1822 Rn. 11; MüKo BGB/*Kroll-Ludwigs*, § 1822 Rn. 62 ff.; Staudinger/*Veit*, BGB, § 1822 Rn. 167.

440 Staudinger/*Veit*, BGB, § 1822 Rn. 167.

441 Erman/*Schulte-Bunert*, BGB, § 1822 Rn. 29.

442 *Kohte*, JZ 1990, 997, 1002; *Mugdan*, Materialien Bd. IV, S. 607.

443 Siehe oben Fn. 430.

444 Vgl. *Förster*, Bürgschaft und Garantie, S. 173 ff.; teilweise zustimmend BeckOGK BGB/*Madaus*, § 765 Rn. 600.

fremde Schuld an sich zu negieren, da übersehen wird, dass die wirtschaftliche Zuordnung einer Schuld einen Parameter in der Bestimmung der Schutzwürdigkeit des Schuldners darstellen kann.

Mit Blick auf § 1822 Nr. 10 BGB zeigt sich zudem, dass es dem rechtswissenschaftlichen Schrifttum und der Rechtsprechung in der Folge der seitens des Reichsgerichts aufgestellten Definition[445] gelungen ist, den Begriff der Interzession und damit der Einstandspflicht für (wirtschaftlich) fremde Schuld trennscharf zu begrenzen. Es besteht heute weitgehend Einigkeit über die Rechtsgeschäfte, die hierunter fallen sollen. Diese Erkenntnisse über die Definition der Interzession können auch außerhalb des Vormundschaftsrechts, insbesondere für das weite Feld der Haftung mehrerer gegenüber (mindestens) einem Gläubiger, fruchtbar gemacht werden. Ist es das Ziel, Fälle der Einstandspflicht mehrerer zu kategorisieren, so bietet das Kriterium der Einstandspflicht für fremde Schuld ein Einordnungskriterium hinsichtlich der Schutzwürdigkeit der Haftenden. Damit ist festzuhalten, dass eine (wirtschaftlich) fremde Schuld eine solche ist, für die im Ergebnis der Hauptschuldner trotz der Übernahme durch den Fremdschuldner aufkommen soll.

Dieses Kriterium wird sich in Verbindung mit dem weiteren, noch zu untersuchenden Aspekt der Subsidiarität[446] zur Einordnung der Schutzwürdigkeit der Einstandspflichtigen als sinnvoll erweisen. Dies gilt insbesondere im Hinblick auf die hier angestrebte Einordnung der Ausfallhaftung gemäß § 31 Abs. 3 GmbHG.[447]

### *b) Die Unterschiede zwischen der Bürgschaft und weiteren Personalsicherheiten*

Wie gezeigt, handelt es sich bei Schuldbeitritt, Garantie und Bürgschaft allesamt um Fälle der Einstandspflicht für (wirtschaftlich) fremde Schuld. Die Bürgschaft allerdings unterscheidet sich in zwei wesentlichen Punkten deutlich von Schuldbeitritt und Garantie.

Das Gesetz legt im Falle der Bürgschaft die akzessorische Verbindung der Schuld des Bürgen zur Hauptschuld fest. Dies bedeutet, dass die Bürgenschuld einseitig in ihrem Entstehen, Bestand, Inhalt und ihrer Rechtsdurchsetzung an die Hauptschuld geknüpft ist; dieses Verhältnis kann als „dynamische Bezugnahme“

---

445 RGZ 133, 7, 13.
446 Siehe unter D.I.4.
447 Siehe unter D.VII.

verstanden werden.[448] Eine solch enge Verknüpfung ist bei Schuldbeitritt und Garantie nicht zu beobachten. Diese Formen der Interzession sind lediglich in ihrem Sicherungszweck regelmäßig an die zu sichernde Forderung geknüpft.

Darüber hinaus stellt sich die Bürgschaftsschuld als subsidiär dar,[449] indem der Bürge erst hinter dem Hauptschuldner, also im Falle dessen erfolgloser Inanspruchnahme haftet. Diesen Effekt gewährleisten im Wesentlichen die Einrede der Vorausklage gemäß § 771 BGB sowie die Vorschriften zur Vorausvollstreckung gemäß § 772 BGB.[450] Besonders ausgeprägt ist die Subsidiarität der Bürgschaft im Fall der Ausfallbürgschaft, einer vertraglichen Modifikation der Haftungsmodalitäten: Der Ausfall des Hauptschuldners gehört zum anspruchsbegründenden Tatbestand.[451] Garantie und Schuldbeitritt hingegen sind in der Regel nicht subsidiär. Im Falle des Schuldbeitritts ist eine subsidiäre Haftung aufgrund der gesamtschuldnerischen Verpflichtung nicht möglich.[452] Die Garantie dagegen ist mangels Normierung Gegenstand der privatautonomen Ausgestaltung. So kann der Garantiefall frei bestimmt und damit auch eine vertragliche Subsidiarität geschaffen werden. Die Subsidiarität ist allerdings im Gegensatz zur Bürgschaft kein die Garantie bestimmendes Merkmal.[453]

Vereinzelt wird auch hinsichtlich der Motivation bzw. Interessenlage des Sicherungsgebers unterschieden: So übernehme der Bürge die Bürgenverpflichtung regelmäßig aus altruistischen Motiven, während der Garant ein wirtschaftliches Eigeninteresse an der Erfüllung der Hauptschuld besitze.[454] Das wirtschaftliche Eigeninteresse ist jedoch kein taugliches Abgrenzungskriterium. Zunächst stellen Probleme bei der Beweisbarkeit der subjektiven Motivationslage des Sicherungsgebers dieses Kriterium vor nahezu unüberwindbare Hürden.[455] Unabhängig von diesem Umstand kann das Kriterium auch keine zutreffenden Ergebnisse liefern. So ist durchaus auch eine Bürgschaft aus

---

448 MüKo BGB/*Habersack*, § 765 Rn. 64 f.

449 Motive Bd. 2, S. 667 f.

450 Staudinger/*Horn*, BGB, Vorbem. zu §§ 765 - 778 Rn. 17.

451 BGH NJW 2002, 2869; Staudinger/*Horn*, BGB, Vorbem. zu §§ 765 - 778 Rn. 41.

452 BeckOGK BGB/*Madaus*, § 765 Rn. 590.

453 Staudinger/*Horn*, BGB, Vorbem. zu §§ 765 - 778 Rn. 213; BeckOGK BGB/*Madaus*, § 765 Rn. 500 f., 591; *Selb*, Mehrheiten von Gläubigern und Schuldnern, S. 218.

454 RG JW 1932, 1552; *Rüßmann*, FS Heinrichs, 1998, 451, 483; die Interessenlage als Indiz heranziehend *Heermann*, Geld und Geldgeschäfte, § 34 Rn. 10; vgl. in diese Richtung, die Bürgschaft als „schuldnerbezogen“ und die Garantie als „gläubigerbezogen“ bezeichnend *Boetius*, Garantievertrag, S. 37 ff.

455 *Förster*, Bürgschaft und Garantie, S. 177 f.

eigenem wirtschaftlichem Interesse (z.B. eine Bankbürgschaft) oder auch eine Garantie aus rein altruistischen Motiven denkbar.[456]

Mithin unterscheidet sich die Bürgschaft in zwei wesentlichen, trennscharfen Abgrenzungskriterien, nämlich der akzessorischen Verbindung der Haftung des Sichernden an die Hauptschuld sowie der Subsidiarität der Bürgschaft, von den Sicherungsgeschäften des Schuldbeitritts und der Garantie.[457]

## 5. Vergleich zur Ausfallhaftung gemäß § 31 Abs. 3 GmbHG

Nachdem vorstehend Schuldbeitritt, Forderungsgarantie und Bürgschaft, welche sich allesamt als Fälle der Einstandspflicht für (wirtschaftlich) fremde Schuld herausgestellt haben, skizziert wurden, sind diese nun in Kontext zur Ausfallhaftung gemäß § 31 Abs. 3 GmbHG zu setzen. Um nähere Erkenntnisse hinsichtlich der streitigen Fragen der Ausfallhaftung zu erlangen, ist herauszufinden, welcher Personalsicherheit die Ausfallhaftung funktional am nächsten steht.

Zunächst ist fraglich, ob sich die Ausfallhaftung gemäß § 31 Abs. 3 GmbHG als Einstandspflicht für (wirtschaftlich) fremde Schuld im Sinne der aufgestellten Definition erweist: Die Haftung ist für den Haftenden wirtschaftlich fremd, wenn der Hauptschuldner trotz der Übernahme im Ergebnis für die Schuld aufkommen soll. Die Ausfallhaftung des § 31 Abs. 3 GmbHG begründet eine Einstandspflicht des Mitgesellschafters für die Schuld des die Rückzahlung empfangenden Gesellschafters gemäß § 31 Abs. 1 GmbHG. Die Vorschrift knüpft ihrem Wortlaut nach an die Verpflichtung des Empfängers nach § 31 Abs. 1 GmbHG an und setzt ihre Nichterlangbarkeit seitens der Gesellschaft voraus. Entscheidend für die Frage nach der Fremdheit der Schuld ist, ob dem Ausfallhaftenden ein Regressanspruch gegen den nach § 31 Abs. 1 GmbHG Primärpflichtigen zusteht, sodass im Ergebnis nicht der Ausfallhaftende, sondern der nach § 31 Abs. 1 GmbHG Verpflichtete für den entnommenen Betrag aufkommen muss. Auch wenn ein Regressanspruch des Ausfallhaftenden nicht in der Vorschrift verankert ist, besteht dennoch Einigkeit, dass dem Ausfallhaftenden ein Regressanspruch gegen den Primärschuldner zusteht.[458] Es besteht kein Grund, dem Schweigen des Gesetzes zu entnehmen, der Primärpflichtige würde

---

456 *Dudenhausen*, Bürgschaft und Garantievertrag, S. 17; *Förster*, Bürgschaft und Garantie, S. 177 ff.; Soergel/*Gröschler*, BGB, Vor § 765 Rn. 75.

457 So auch insbesondere hinsichtlich des Grades der Abhängigkeit zur Hauptschuld als taugliches Abgrenzungskriterium BeckOGK BGB/*Madaus*, § 765 Rn. 582 ff.

458 Siehe oben unter B.I.2.b)bb). An diesem Ergebnis ändert der rein tatsächliche Befund, dass der Primärhaftende regelmäßig vermögenslos sein dürfte, nichts.

durch die Leistung des Ausfallhaftenden frei. Die endgültige Einstandspflicht des Ausfallhaftenden für eine Einlagenrückgewähr, die ihm nicht zugeflossen ist, käme einem „Geschenk des Himmels“ für den empfangenden Primärschuldner gleich. Dieses Ergebnis deckt sich mit dem Meinungsstand zu § 1822 Nr. 10 BGB: Auch im Rahmen des Anwendungsbereichs dieser mündelschützenden Vorschrift, welche allein auf das Vorliegen einer fremden Schuld abstellt, werden § 31 Abs. 3 GmbHG und die entsprechende Vorschrift der Kapitalaufbringung (§ 24 GmbHG) als Fälle der Haftung für fremde Schuld kategorisiert.[459]

Ferner ist der Grad der Abhängigkeit der Ausfallhaftung zur zugrundeliegenden Primärschuld zu bestimmen. Tatbestandlich setzt § 31 Abs. 3 GmbHG das Vorliegen einer Erstattung i.S.d. § 30 Abs. 1 GmbHG sowie die Nichterlangbarkeit derselben voraus. Besteht eine Primärschuld etwa aufgrund von Erfüllung gemäß § 362 BGB nicht mehr, so fehlt es bereits an einem Tatbestandsmerkmal der Ausfallhaftung. Zudem ist eine Ausfallhaftung für eine Primärschuld, die nicht mehr besteht und damit auch nicht ausfallen kann, schwerlich denkbar.[460] Die Ausfallhaftung ist damit in ihrem Entstehen, Bestand und Inhalt an die Hauptschuld geknüpft. Eine gesamtschuldnerische Verpflichtung zwischen dem Ausfallhaftenden und dem Primärschuldner scheidet aus, da die Ausfallhaftung nicht unbedingt und gleichrangig neben der Erstattungspflicht des Primärschuldners existiert.[461] Den Befund der akzessorischen Verbundenheit unterstützt auch der richtige Schluss der herrschenden Meinung, dass infolge eines (zulässigen) Vergleichs über die Primärschuld gemäß § 31 Abs. 1 GmbHG die Ausfallhaftung gemäß § 31 Abs. 3 GmbHG insoweit nicht weiter fortbestehen kann.[462] Mithin ist die Bindung der Ausfallhaftung an die Primärschuld als akzessorisch zu bezeichnen.[463]

Schließlich zeigt sich die Ausfallhaftung subsidiär. Dies gilt, wie gezeigt, in doppelter Hinsicht:[464] Die Ausfallhaftung gemäß § 31 Abs. 3 GmbHG greift

---

459 OLG Stuttgart, OLGZ 1978, 426; Erman/*Schulte-Bunert*, BGB, § 1822 Rn. 30; Staudinger/*Veit*, BGB, § 1822 Rn. 184.

460 So auch HCL/*Habersack*, GmbHG, § 31 Rn. 52.

461 Siehe unter D.V.2.a)aa).

462 Baumbach/Hueck/*Fastrich*, GmbHG, § 31 Rn. 26; HCL/*Habersack*, GmbHG, § 31 Rn. 65; Rowedder/Schmidt-Leithoff/*Pentz*, GmbHG, § 31 Rn. 45; Bork/Schäfer/*Thiessen*, GmbHG, § 31 Rn. 80; a.A. MHLS/*Heidinger*, GmbHG, § 31 Rn. 90; Lutter/Hommelhoff/*Hommelhoff*, GmbHG, § 31 Rn. 26.

463 So explizit Baumbach/Hueck/*Fastrich*, GmbHG, § 31 Rn. 26.

464 Hinsichtlich der Einzelheiten kann auf die Ausführungen oben unter B.I.2.b) verwiesen werden.

lediglich ein, sofern die Erstattung vom Empfänger der verbotenen Einlagenrückgewähr nicht zu erlangen ist und die Erstattung zur Gläubigerbefriedigung erforderlich ist. Der Ausfallhaftende soll lediglich nachrangig für die vom Empfänger der verbotenen Einlagenrückgewähr nicht erlangbare Erstattung einstehen.

## 6. Zwischenergebnis: Die Ausfallhaftung als Ausfallbürgschaft

Die Einordung der Ausfallhaftung in die drei Kategorien (Akzessorietät, Subsidiarität und Fremdheit der Schuld) zeigt mithin eine deutliche Ähnlichkeit zur Bürgschaft. Im Ergebnis handelt es sich bei der Ausfallhaftung um eine Einstandspflicht für eine fremde Schuld, die akzessorisch zur Hauptschuld ausgestaltet ist und zudem lediglich eine subsidiäre Inanspruchnahme des Bürgen erlaubt. Die Ausfallhaftung kann mithin als gesetzliche Ausfallbürgschaft bezeichnet werden.[465]

Ein Unterschied besteht darin, dass die Bürgschaft als privatautonome, einseitige Verpflichtung mit dem erklärten Primärziel eingegangen wird, für die fremde Schuld im Falle der Leistungsunfähigkeit des Hauptschuldners einstehen zu müssen. Im Gegensatz hierzu ist § 31 Abs. 3 GmbHG eine gesetzliche Ausfallbürgschaft und ein Teil des Regelungskreises des GmbH-Rechts. Da die Haftungssysteme allerdings derart parallel verlaufen, soll im folgenden Abschnitt untersucht werden, ob – unabhängig vom Zustandekommen der Haftung – aus Schuldnerschutzgesichtspunkten allgemeingültige Regeln für Fälle der subsidiären Haftung für (wirtschaftlich) fremde Schuld herausgearbeitet werden können.

---

465 So einzig *K. Schmidt*, FS Raiser, 2005, 312, 318.

# D. Das Formerfordernis als Korrelat der subsidiären Haftung für fremde Schuld

Angesichts der vorstehend[466] festgestellten Gemeinsamkeiten zwischen Ausfallhaftung gemäß § 31 Abs. 3 GmbHG und Bürgschaft stellt sich die Frage, ob die Gemeinsamkeit der Haftungsstruktur so weit reicht, dass auch weitere Voraussetzungen an die Übernahme einer Bürgschaft auf die Ausfallhaftung Anwendung finden sollten.

## I. Der Zweck des Schriftformerfordernisses des § 766 BGB

Im Folgenden ist das Schriftformerfordernis der Bürgschaft aus § 766 S. 1 BGB näher zu erforschen. Für die Bürgschaft als einzig normierte Variante der Personalsicherheit ist hinsichtlich der Bürgschaftserklärung in § 766 S. 1 BGB die Schriftform festgelegt. Der Zweck des Schriftformerfordernisses liegt ausschließlich in dem Schutz des Bürgen, sie hat damit Warnfunktion.[467]

Fraglich ist, welche Faktoren dem Schriftformerfordernis der Bürgschaftserklärung zugrunde liegen. Insbesondere ist herauszuarbeiten, welche Umstände den Gesetzgeber dazu veranlassten, lediglich in der Bürgschaft eine derart gefährliche Personalsicherheit zu sehen, welche ein warnendes Regulativ in Form des Schriftformerfordernisses verlangt.

### 1. Die Gefährlichkeit der akzessorischen Haftung?

Wie gezeigt, ist die Bürgschaft als einziges Personalsicherungsmittel akzessorisch ausgestaltet. Mithin stellt sich die Frage, ob hierin der Grund für das ebenfalls einzigartige Schriftformerfordernis der Bürgschaftserklärung liegen könnte.

Die von der Schriftform verfolgte Funktion ist die Warnfunktion. Sie soll dem Bürgen die Tragweite der Bürgenverpflichtung vor Augen führen und ihn „zum Innehalten bringen".[468] Das Schriftformerfordernis ist somit Ausfluss eines besonderen Schutzbedürfnisses, welches der Gesetzgeber beim Bürgen erkannt hat. Teilweise wird die akzessorische Verbindung zwischen Bürge und

466 Siehe C.II.6.

467 BGHZ 121, 224, 229; BGHZ 132, 119, 122, 125; Soergel/*Gröschler*, BGB, § 766 Rn. 1; MüKo BGB/*Habersack*, § 766 Rn. 1; Erman/*Zetsche*, BGB, § 766 Rn. 1.

468 MüKo BGB/*Habersack*, § 766 Rn. 1; BeckOGK BGB/*Madaus*, § 766 Rn. 3.

Hauptschuldner im Kontrast zur Einzelwirkung einer gesamtschuldnerischen Verpflichtung gemäß § 425 BGB als derart gefährlich angesehen, dass dieser Umstand eine Warnung in Form des Schriftformerfordernisses hervorrufen soll.[469] Der Verzug des Hauptschuldners oder die Kündigung gegenüber demselben lässt die Bürgenschuld – ohne Mahnung des Bürgen – anwachsen bzw. früher eintreten. Dagegen können den Beitrittsschuldner als Gesamtschuldner solche Rechtsfolgen aufgrund von § 425 BGB lediglich nach Mahnung und Kündigung treffen. Mithin erscheint der Bürge unter diesem Aspekt schutzwürdiger als ein Schuldbeitretender.[470]

Diese Bedenken sind überzeugend, allerdings stellen sie nur die eine Seite der Medaille dar: Die Akzessorietät führt spiegelbildlich dazu, dass der Bürge ganz wesentlich von der automatischen Abhängigkeit der Bürgenschuld von der Hauptschuld profitiert. Erlischt die Hauptschuld, so wird auch der Bürge ohne weiteren Rechtsakt von seiner Verpflichtung frei. Aus dem Regelungskomplex des Bürgschaftsrecht ergibt sich insgesamt ein Bild, welches der Akzessorietät die Ratio des Bürgenschutzes beimisst.[471] Führt die Akzessorietät dazu, dass der Bürgenschutz unzureichend verwirklicht wird, so korrigiert das Gesetz insbesondere mit dem Verbot der Fremddisposition gemäß § 767 Abs. 1 S. 3 BGB und dem Erhalt der Einreden des Bürgen gemäß § 768 Abs. 2 BGB.[472] Dagegen lassen sich Normen, die den Bürgenschutz infolge der Akzessorietät einschränken, stets mit der gleichen Ratio rechtfertigen: Sie sichern das Versprechen des Bürgen ab, für die Liquidität des Hauptschuldners einzustehen.[473]

Im Ergebnis kann die Akzessorietät nicht eindeutig als Instrument des Bürgenschutzes oder des Sicherungszwecks eingeordnet werden. Es lässt sich auch nicht bestreiten, dass jedenfalls im Hinblick auf das fehlende Mahn- bzw. Kündigungserfordernis dem Bürgen gegenüber eine Schutzwürdigkeit des Bürgen erkennbar ist. Es erscheint allerdings zweifelhaft, dass die Akzessorietät den tragenden Grund für das besondere Schriftformerfordernis des § 766 BGB darstellen kann.

469 *Kohte*, JZ 1990, 997, 1000.
470 *Kohte*, JZ 1990, 997, 1000.
471 So BeckOGK BGB/*Madaus*, § 765 Rn. 25; a.A. *Hoffmann*, ZfPW 2019, 257, 260 ff.
472 BeckOGK BGB/*Madaus*, § 765 Rn. 25.
473 Vgl. MüKo BGB/*Habersack*, § 767 Rn. 1.

## 2. Die Gefährlichkeit der einseitigen Verpflichtung?

Fraglich ist, ob der Aspekt, dass es sich bei der Bürgschaft um einen einseitig verpflichtenden Vertrag handelt, zur spezifischen Gefährlichkeit der Bürgschaft beiträgt. Auf den ersten Blick kann der fehlende unmittelbare Vorteil aus der Bürgschaftsübernahme dazu geeignet erscheinen, den Bürgen unterschätzungsbedingt zur Bürgschaftsübernahme zu verleiten. Einen unmittelbar eigenen wirtschaftlichen Vorteil bringt die Bürgschaftsübernahme nicht mit sich. Ob dieser Umstand jedoch ein Warnbedürfnis nach sich zieht, ist zu bezweifeln.

Zwar ist eine Vielzahl an einseitig verpflichtenden Rechtsgeschäften im BGB einem Formerfordernis unterworfen: Hier sind insbesondere die Schenkung (§ 516 BGB), das Schuldversprechen (§ 780 BGB) und das Schuldanerkenntnis (§ 781 BGB) zu erwähnen. Gegen eine pauschale Verknüpfung zwischen Formerfordernis und Einseitigkeit der Verpflichtung spricht jedoch bereits, dass andere einseitig verpflichtende Rechtsgeschäfte kein Formerfordernis beinhalten. Der Schuldbeitritt und die Forderungsgarantie sind ebenfalls einseitig verpflichtende Verträge. Nach überwiegender und richtiger Ansicht in Literatur und Rechtsprechung[474] unterliegen sie trotz des Umstands der Einseitigkeit der Leistungsverpflichtung keinem Formerfordernis. Es existiert kein übergeordnetes Prinzip des Inhalts: Jedes einseitig verpflichtende Rechtsgeschäft bedarf der Form, mindestens der Schriftform.[475]

Zudem ist zu beachten, dass im Falle der Bürgschaft die Einseitigkeit der Verpflichtung in Form eines fehlenden unmittelbar eigenen Vorteils in der Praxis häufig faktisch nicht vorhanden ist. Auch außerhalb der Handelsgeschäfte[476] ist eine Gegenleistung für die Übernahme einer Bürgschaft, eine sog. Avalprovision, nicht unüblich. Übernehmen etwa Gesellschafter oder Geschäftsführer einer GmbH[477] zugunsten der Gesellschaft eine Bürgschaft, so geschieht dies regelmäßig weniger aus Altruismus, sondern vielmehr gegen Zahlung einer „Risikoprämie" in Form einer Avalprovision.[478] Doch auch wenn keine Gegenleistung

---

474 Vgl. die Nachweise in Fn. 482.

475 So bereits *Reichel*, Schuldmitübernahme, S. 199, welcher richtigerweise ein solches Rechtsprinzip ablehnt und allenfalls eine *regula iuris* anerkennt.

476 Ist die Bürgschaft für den Bürgen ein Handelsgeschäft, so gilt das Schriftformerfordernis gemäß § 350 HGB nicht.

477 Diese sind keine Kaufleute, sodass § 350 HGB keine Anwendung findet, siehe BGHZ 165, 43, 47 f.

478 Vgl. Gosch/*Gosch*, KStG, § 8 Rn. 678; vgl. auch BFH NV 2006, 1835; FG Bremen, EFG 2005, 603.

explizit vereinbart wurde, zeigt sich die Bürgschaft nicht ohne jede Gegenleistung, wie es etwa für die Schenkung charakteristisch wäre. In aller Regel ist die Bürgschaft konditional oder kausal mit der Gewährung eines Darlehens eines Dritten an den Hauptschuldner verknüpft. So wird der Darlehensgeber regelmäßig den Darlehensvertrag von der Stellung einer Bürgschaft abhängig machen. Dies ändert natürlich nichts an der Einordnung der Bürgschaft als einseitig verpflichtendem Vertrag. Dennoch zeigt dies, dass die Bürgschaft häufig mit einer mittelbaren Gegenleistung an den im Lager des Bürgen stehenden Hauptschuldner verknüpft ist.[479] Hierin zeigt sich jedenfalls ein deutlicher Unterschied zum Schenkungsversprechen.

Außerdem ist der Umstand, dass es sich bei der Bürgschaft um ein einseitig verpflichtendes Rechtsgeschäft handelt, welchem keine *unmittelbaren* Vorteile für den Bürgen entspringen, für diesen geradezu offensichtlich.[480] Führt man sich den Zweck des Schriftformerfordernisses vor Augen, nämlich die Warnung vor leichtsinniger Übereilung aufgrund von Unterschätzung, so zeigt sich, dass offensichtliche Umstände, wie die nicht vorhandene synallagmatische Verknüpfung der Bürgschaftsübernahme mit einer Gegenleistung, kaum bei der Entscheidungsfindung seitens des Bürgen verdrängt werden können. Da in Bezug auf diesen Umstand keine Unterschätzung des Bürgen eintritt, ist eine Warnung hiervor nicht angezeigt.

Es ist festzuhalten, dass der Umstand der einseitigen Verpflichtung zwar zum Charakter der Bürgschaft als Risikogeschäft beitragen mag.[481] Jedoch kann, auch wenn viele einseitige Rechtsgeschäfte mit einem warnenden Formerfordernis ausgestattet sind, dieser Umstand der Einseitigkeit jedenfalls nicht als der wesentliche Auslöser identifiziert werden.

### 3. Die Gefährlichkeit der unmittelbaren und unbeschränkten Haftung für fremde Schuld?

Einige Stimmen in der Literatur verstehen Schuldbeitritt und Bürgschaft einheitlich als Risikogeschäfte. Entgegen der überwiegenden Meinung[482] soll demnach das Schriftformerfordernis des § 766 BGB analog auch auf diesen vergleichbaren

---

479 In diese Richtung *Madaus,* Schuldbeitritt, S. 188 ff.

480 BeckOGK BGB/*Madaus*, § 766 Rn. 2 ff.

481 *Henssler,* Risiko, S. 323.

482 Vgl. nur RGZ 61, 157, 160; BGH NJW 1967, 1020, 1021; Staudinger/*Horn*, BGB, § 766 Rn. 4; Erman/*Zetsche*, BGB, § 766 Rn. 2; für die Garantie MüKo BGB/*Habersack*, Vor § 765 Rn. 21.

Fall der Personalsicherheiten angewendet werden.[483] In deren Sicherungscharakter, welcher sich schon aus der Haftung für fremde Schuld ergibt, liege eine Gefährlichkeit und damit eine Schutzwürdigkeit des Sicherungsgebers, welcher durch eine Formvorschrift Rechnung getragen werden müsse.[484] Es sei „paradox",[485] die weitaus gefährlichere[486] unmittelbare Haftung infolge des Schuldbeitritts keiner Formvorschrift zu unterwerfen, die subsidiäre Haftung infolge der Bürgschaft dagegen schon.

### *a) Überlegungen aus historischer Sicht*

Diese Argumente schlagen im Ergebnis nicht durch. Zunächst ist mit Blick auf den historischen Hintergrund zu beleuchten, ob die von Teilen der Literatur angenommene[487] planwidrige Regelungslücke zutrifft: Aus den Motiven zum BGB wird deutlich, dass dem Gesetzgeber bei der Normierung des § 766 BGB das weite Feld der Interzessionen, also der Haftung für (wirtschaftlich) fremde Schuld, durchaus bekannt war. In dem Bewusstsein dieses Umstandes wurden jedoch nur für die Bürgschaft spezielle Vorschriften festgelegt, da nur „gewisse Arten des Garantievertrags […], wie z.B. der Bürgschaftsvertrag" der Normierung bedürfen.[488] Der historische Gesetzgeber war sich mithin darüber im Klaren, etwa die Garantie, welche nahezu unbegrenzten vertraglichen Ausgestaltungsmöglichkeiten zugänglich ist, nicht zu normieren. Allein die Bürgschaft sollte dagegen in ihrer speziellen Ausgestaltung Gegenstand zusätzlicher, u.a. bürgenschützender Vorschriften werden.

Hiergegen wird eingewandt, dass der Gesetzgeber die Möglichkeit des Schuldbeitritts aufgrund der kurzfristigen Einführung des Formerfordernisses für die Bürgschaftserklärung nicht gesehen habe.[489] Dieser Befund mag zwar richtig sein, er ändert allerdings nichts an dem Umstand, dass innerhalb des – durchaus

---

483 *Bydlinski,* Bürgschaft, S. 11; Soergel/*Gröschler*, BGB, Vor § 765 Rn. 77; Soergel/*Gröschler*, BGB, § 766 Rn. 3; MüKo BGB/*Heinemeyer*, Vor § 414 Rn. 15; *Kittlitz,* Schuldbeitritt, S. 121 ff.; *Madaus,* Schuldbeitritt, S. 268; für ein Schriftformerfordernis *de lege ferenda Heermann,* Geld und Geldgeschäfte, § 34 Rn. 18.

484 *Baumann*, ZBB 1993, 171, 175; Soergel/*Gröschler*, BGB, § 766 Rn. 3; *Madaus,* Schuldbeitritt, S. 259 ff.

485 *Madaus,* Schuldbeitritt, S. 265.

486 *Baumann*, ZBB 1993, 171, 175; *Bydlinski,* Bürgschaft, S. 11; *Madaus,* Schuldbeitritt, S. 265.

487 So etwa *Madaus,* Schuldbeitritt, S. 260 ff.

488 *Jakobs/Schubert,* Beratung des BGB, S. 457 (Prot. I 2506).

489 *Kittlitz,* Schuldbeitritt, S. 125; *Martinius*, Gruchot 49 (1905), 181, 186.

bekannten – weiten Feldes der Interzessionsgeschäfte lediglich und gerade die Bürgschaft aufgrund ihrer formgebenden Merkmale dem Schriftformerfordernis unterworfen werden sollte. Der Gesetzgeber hat ausweislich der Motive die Forderungsgarantie[490] mit ihrer unmittelbaren Garantenhaftung gesehen und ließ diese und alle weiteren denkbaren, der Privatautonomie entspringenden Personalsicherheiten bewusst formfrei. Vor diesem Hintergrund bedarf es für die Anwendung der Formvorschrift gemäß § 766 BGB auf solche Interzessionsgeschäfte, welche von der Konzeption der Bürgschaft gemäß § 765 BGB abweichen, erheblichen Begründungsaufwands, welcher jedenfalls über den Verweis auf eine „Gefährlichkeit" der unmittelbaren Haftung hinausgehen muss.

### *b) Überlegungen aus teleologischer Sicht*

Nach der genannten Literaturansicht sei der Schuldbeitritt ein „gefährlicheres Interzessionsgeschäft"[491] als die Bürgschaft, weil der Schuldbeitretende unmittelbar und nicht nur subsidiär hafte. Offenbar definiert diese Ansicht formvorschriftsauslösende Gefährlichkeit als eine Art „Inanspruchnahmewahrscheinlichkeit". Diesem Verständnis zufolge solle die Schriftform den Sicherungsgeber davor warnen, dass dieser aufgrund seiner unmittelbaren Schuldnerstellung sehr wahrscheinlich in Anspruch genommen wird.

Allerdings ging es dem Gesetzgeber nicht darum, sämtliche subjektiv als „gefährlich" anmutenden Rechtsgeschäfte der Schriftform zu unterwerfen. Der Grundsatz der Formfreiheit von Rechtsgeschäften[492] erstreckt sich vielmehr auch auf solche bisweilen als „gefährlich" eingeordneten Rechtsgeschäfte. Jedermann kann sich grundsätzlich formfrei, lediglich vorbehaltlich § 138 BGB, „in eine unbegrenzte persönliche Haftung stürzen".[493] Dieser Befund ist nicht nur höhenmäßig zu verstehen, sondern umfasst auch die *unmittelbare* unbegrenzte persönliche Haftung.

Welchen Inhalt das BGB der Gefährlichkeit von Rechtsgeschäften beimisst, ist unter genauerer Betrachtung der Warnfunktion der Schriftform zu bestimmen. Bereits der Begriff der „Warnung" ist missverständlich: Dieser legt die Vorhersage eines möglichen Schadens nahe. Eine solche Vorhersage soll und kann jedoch nicht der Zweck des Schriftformerfordernisses sein: Die Möglichkeit der Vermeidung des Schadens wird durch das Schriftformerfordernis nicht in die

490 *Jakobs/Schubert,* Beratung des BGB, S. 457 (Prot. I 2506).
491 *Baumann,* ZBB 1993, 171, 175; zustimmend *Madaus,* Schuldbeitritt, S. 265.
492 MüKo BGB/*Einsele,* § 125 Rn. 1; *Heldrich,* AcP 147 (1941), 89, 90 f.
493 *Rüßmann,* FS Heinrichs, 1998, 451, 459.

Hände des Sicherungsgebers gelegt.[494] Deutlich treffender wird die Warnfunktion der Schriftform gemäß § 126 BGB als *Übereilungsschutz* bezeichnet.[495] Sie soll den Bürgen nicht informieren und nicht vor einem konkreten Schaden warnen, sondern ihn vielmehr zum Innehalten bringen und einen vertieften Entscheidungsprozess in Gang setzen.[496] Anders ausgedrückt ließe sich der Zweck des Schriftformerfordernisses wie folgt beschreiben: Der Schutzinhalt der Warnfunktion zielt auf die drohende subjektiv-interne Übereilung ab und nicht auf die objektiv-externe Haftungshöhe oder Haftungswahrscheinlichkeit.

Es stellt sich hierbei die Frage, in welchen konkreten Fällen die Gefahr der Übereilung droht. Eine umfassende, überschießende (analoge) Anwendung des § 766 BGB ist nicht möglich. Denn der Grundsatz der Formfreiheit erfordert eine restriktive (analoge) Anwendung seiner Ausnahme in Gestalt von Formvorschriften.[497] Eine Übereilung droht nicht schon bei jedem großvolumigen Rechtsgeschäft, in welchem der Sicherungsgeber sich in eine unüberschaubare persönliche Haftung begibt, auch wenn dies subjektiv den Anschein der „Gefährlichkeit" hervorrufen mag.[498] Die Gefahr der Übereilung besteht dagegen bei derartigen Rechtsgeschäften, die konstruktionsbedingt eine (subjektiv-interne) Übereilung der Entscheidung zur Eingehung des Rechtsgeschäfts begünstigen. Ein solcher Fall kann dann naheliegen, wenn dem Sicherungsgeber erst auf den zweiten Blick das Ausmaß seiner Verpflichtung deutlich wird bzw. wenn das Rechtsgeschäft aufgrund seiner Wirkweise dazu führen kann, dass der Sicherungsgeber Haftungsrisiken verkennt und unterschätzt. Es muss damit entscheidend darauf ankommen, dass das Rechtsgeschäft *Unterschätzungspotenzial* birgt.

Es kann mithin festgehalten werden, dass nicht die objektiv-externe Haftungshöhe oder die Inanspruchnahmewahrscheinlichkeit, sondern vielmehr die subjektiv-interne Übereilung aufgrund des Unterschätzungspotenzials gewisser Rechtsgeschäfte eine formvorschriftauslösende „Gefährlichkeit" mit sich bringt.

---

494 BeckOGK BGB/*Hecht*, § 125 Rn. 7.

495 BeckOGK BGB/*Hecht*, § 125 Rn. 7.

496 MüKo BGB/*Einsele*, § 125 Rn. 8; BeckOGK BGB/*Madaus*, § 766 Rn. 3; vgl. *Mugdan*, Materialien Bd. I, S. 451 f.: „Die Nothwendigkeit der Beobachtung einer Form ruft bei den Beteiligten eine geschäftsmäßige Stimmung hervor, weckt das jur. Bewußtsein, fordert zur besonnenen Überlegung heraus und gewährleistet die Ernstlichkeit der gefaßten Entschließung."

497 Unter Hinweis auf die Verkehrssicherheit Staudinger/*Horn*, BGB, § 766 Rn. 4.

498 *Rüßmann*, FS Heinrichs, 1998, 451, 459.

## 4. Die Gefährlichkeit der Subsidiarität

Fraglich ist, welcher Parameter der Bürgschaft ein das Schriftformerfordernis auslösendes Unterschätzungspotenzial hervorruft. Diesbezüglich drängt sich insbesondere der Aspekt der Subsidiarität der Bürgschaft auf. Die Subsidiarität ist in Ansehung der Möglichkeit des Verzichts auf die Einrede der Vorausklage zwar kein zwingendes Merkmal einer jeden Bürgschaft.[499] Dennoch zeigt die Bürgschaft sich nach dem gesetzlichen Leitbild als subsidiär.[500]

Vertreter der Ansicht, welche auch den Schuldbeitritt dem Schriftformerfordernis analog § 766 BGB unterwerfen wollen, zweifeln an, dass die Subsidiarität der Bürgschaft den Grund für das dem Unterschätzungspotenzial entspringende Formerfordernis darstellen kann.[501] Auch der Schuldbeitritt berge aufgrund des Regressanspruchs gegen den Hauptschuldner, welcher sich aus ihrer Ausgestaltung als Haftung für wirtschaftlich fremde Schuld ergibt, ein Unterschätzungspotenzial auf Seiten des Sicherungsgebers. Dieser rechne bei Eingehung der Verpflichtung ebenso wie ein Bürge nicht damit, in letzter Konsequenz für den Betrag aufkommen zu müssen. Es bestehe mithin im Falle von Risikogeschäften, welche eine Haftung für fremde Schuld beinhalten, eine vergleichbare Gefährdungslage mit der Bürgschaft.

Dem ist nicht zu folgen. Die Schutzwürdigkeit des Bürgen, welcher lediglich subsidiär im Nachgang des prozessualen Vorgehens und erfolglosen Versuchs der Zwangsvollstreckung gegen den Hauptschuldner in Anspruch genommen werden kann, ist nicht mit der Schutzwürdigkeit des Schuldbeitretenden oder Garanten vergleichbar. Der Schuldbeitretende verpflichtet sich, aus inhaltsgleichem, „kopiertem“ Schuldgrund gesamtschuldnerisch mit dem Hauptschuldner nach außen hin zu haften. Ebenso stellt sich die Situation regelmäßig – vorbehaltlich der jeweiligen vertraglichen Ausgestaltung – im Falle der Forderungsgarantie dar.

Gerade die subsidiäre Haftung ist dazu in der Lage, das wahre Ausmaß der Haftung des Verpflichteten so zu verschleiern, dass ein schutzwürdiges Unterschätzungspotenzial anzunehmen ist. Den Bürgen verleitet die Subsidiarität zu dem Gedanken, nie in Anspruch genommen zu werden, wodurch ihm die Bürgschaft als Geschäft ohne Vermögensbelastung erscheinen kann.[502] Ihn umgibt

---

499 BeckOGK BGB/*Madaus*, § 765 Rn. 26.

500 BeckOGK BGB/*Madaus*, § 765 Rn. 500 f.; 591.

501 So insbesondere *Baumann*, ZBB 1993, 171, 175; Soergel/*Gröschler*, BGB, § 766 Rn. 3; MüKo BGB/*Heinemeyer*, Vor § 414 Rn. 15; BeckOGK BGB/*Madaus*, § 765 Rn. 431 ff.; *Madaus*, Schuldbeitritt, S. 259 ff.

502 So auch BeckOGK BGB/*Madaus*, § 766 Rn. 2.

„das Gaukelwerk der Reservestellung“,[503] welches zu leichtsinniger Übereilung verleitet und damit Unterschätzungspotenzial birgt. Der Fall, dass der Hauptschuldner nicht leisten werde, scheint fernliegend, sodass sich der Bürge in seiner Reservestellung in Sicherheit wiegt und davon ausgeht, „dem Worte die Tat nicht folgen lassen zu müssen“.[504] Die Bürgschaftsübernahme erscheint illusionär als eine sekundäre, eventuelle und hypothetische.[505]

Der gleiche, die Verpflichtungsreichweite unterschätzende Gedankengang lässt sich etwa dem Schuldbeitretenden nicht unterstellen. Jemand, der sich als Gesamtschuldner verpflichtet, wiegt sich nicht in Sicherheit; er muss damit rechnen, unmittelbar, noch vor bzw. anstelle des Hauptschuldners in Anspruch genommen zu werden. Denn er verspricht, die Leistung so zu erfüllen, als wenn er der Hauptschuldner selbst wäre.[506] Anders als den Bürgen wird den Schuldbeitretenden daher die „Kenntnis von der Größe der Gefahr von übereiltem Handeln zurückhalten“.[507] Diese Kenntnis und Einsicht des Schuldbeitretenden zu bezweifeln[508] und deshalb das Formerfordernis auf den Schuldbeitritt anzuwenden, wird wohl dem Verständnis des durchschnittlich informierten Sicherungsgebers nicht gerecht: Üblicherweise wird doch ein Unterschied darin gesehen, „nur für jemanden zu bürgen“ oder unmittelbarer „Schuldner“ einer Verbindlichkeit gegenüber einem (außenstehenden) Dritten zu werden.[509] Eine überschießende Anwendung der schützenden Formvorschrift aufgrund der Annahme von angeblich unzureichend informierten Sicherungsgebern wird damit der Lebenswirklichkeit nicht gerecht und höhlt zudem den Grundsatz der Formfreiheit von Rechtsgeschäften gefährlich aus. Eine schützenswerte Unterschätzungssituation ergibt sich damit nicht bereits aus dem Regressanspruch im Innenverhältnis zum Hauptschuldner, auf den der Schuldbeitretende vertraue.[510] Allein die (wirtschaftliche) Fremdheit der Schuld führt nicht zur

---

503 *Reichel,* Schuldmitübernahme, S. 210.
504 *Reichel,* Schuldmitübernahme, S. 211.
505 *Reichel,* Schuldmitübernahme, S. 209.
506 *Reichel,* Schuldmitübernahme, S. 210.
507 *Martinius,* Gruchot 49 (1905), 181, 186.
508 *Bydlinski,* Bürgschaft, S. 11.
509 Vgl. auch BeckOGK BGB/*Madaus,* § 765 Rn. 588.1; in diese Richtung auch bereits *Eisert,* Bürgschaft, S. 63 f.: „Das Schuldnersein, das Zahlensollen [gehört] zu den elementarsten Begriffen des Verkehrslebens […], die einen Zweifel über ihre Bedeutung überhaupt nicht zulassen.“
510 So aber etwa MüKo BGB/*Heinemeyer,* Vor § 414 Rn. 15; BeckOGK BGB/*Madaus,* § 766 Rn. 2; BeckOGK BGB/*Madaus,* § 765 Rn. 581.

formvorschriftauslösenden Unterschätzung der Haftung auf Seiten des Interzedenten. Wer weiß, dass er nach Inanspruchnahme gezwungen ist, Prozesse hinsichtlich des Innenregressanspruchs zu führen, um schadlos zu bleiben, unterschätzt seine Haftung weniger als jemand, der davon ausgeht, allenfalls nachrangig, ggf. nach Ausschöpfung zivilprozessualer Möglichkeiten gegen den Hauptschuldner belangt werden zu können. Ersterer wird von vornherein aufgrund seiner Stellung als unmittelbarer Schuldner Liquidität vorhalten (müssen), da er weiß, dass der Gläubigerzugriff jederzeit erfolgen kann. Hingegen kann der Bürge, selbst wenn der Hauptschuldner nicht leistet, darauf hoffen, dass der Gläubiger von zeit- und kostenintensiven Klage- und Vollstreckungsmaßnahmen gegen den Hauptschuldner absieht und somit der Zugang zum Bürgen versperrt bleibt. Diese Faktoren können zu Haftungsübernahmen führen, welche bei gleichrangiger Haftungsandrohung regelmäßig unterbleiben würden.[511]

Wird außerdem das Vertrauen auf den Regressanspruch innerhalb des Risikogeschäfts als maßgeblicher Auslöser für das Schriftformerfordernis angesehen, müssten konsequenterweise sämtliche Geschäfte, die unter die bereits angesprochene Vorschrift des § 1822 Nr. 10 BGB fallen, schriftformbedürftig sein. Hierzu zählen etwa auch die bloße Begründung einer gesamtschuldnerischen Verpflichtung oder der Abschluss eines Gesellschaftsvertrags mit Blick auf die Haftung gemäß § 128 HGB (analog). In allen von § 1822 Nr. 10 BGB erfassten Fällen herrscht (zumindest teilweise) ein für die Notwendigkeit einer Schriftform angeblich bereits ausreichendes „ungewisses Belastungspotenzial",[512] weil stets die Hoffnung auf die Werthaltigkeit eines Regressanspruchs im Raum steht. So weit, all die unter § 1822 Nr. 10 BGB fallenden Geschäfte der Schriftform zu unterwerfen, dürften Vertreter dieser Ansicht allerdings nicht gehen.

Als Argument gegen die Subsidiarität als Auslöser des Schriftformerfordernisses wird häufig vorgebracht, dass dieser Zusammenhang durch die Existenz der selbstschuldnerischen Bürgschaft, bei welcher der Bürge gemäß § 773 Abs. 1 Nr. 1 BGB auf die Einrede der Vorausklage verzichtet, bereits widerlegt sei.[513] Auch diese sei dem Schriftformerfordernis des § 766 BGB trotz ihrer fehlenden Subsidiarität und besonderen Nähe zu Schuldbeitritt und Garantie unterworfen. Auf die Subsidiarität komme es daher nicht entscheidend an.

---

511 BeckOGK BGB/*Madaus*, § 765 Rn. 588.1.

512 BeckOGK BGB/*Madaus*, § 766 Rn. 2.

513 *Bydlinski*, Bürgschaft, S. 11; MüKo BGB/*Heinemeyer*, Vor § 414 Rn. 15; *Kittlitz*, Schuldbeitritt, S. 125 f.; *Madaus*, Schuldbeitritt, S. 264 f.

Richtig ist, dass sich die *selbstschuldnerische* Bürgschaft, der Schuldbeitritt und gewisse Formen der Garantie nur in „unbedeutenden“[514] Nuancen unterscheiden.[515] Es geht jedoch zu weit, den Schluss zu ziehen, dass die Formvorschrift aufgrund der Ähnlichkeit dieser atypischen Sonderform der Bürgschaft mit sonstigen Interzessionsgeschäften auch auf letztere angewandt werden müsse. Die selbstschuldnerische Bürgschaft, welche in praktischer Hinsicht große Bedeutung haben mag, weicht im Regelungskomplex der Bürgschaft vom gesetzlichen Leitbild ab. Schließt man vom gesetzlichen Ausnahmefall auf andere Fälle der Interzessionen, so ist die Analogiebasis überaus schmal.[516] Anstatt vom atypischen Sonderfall der selbstschuldnerischen Bürgschaft auf sonstige Interzessionsgeschäfte zu schließen, liegt es dagegen näher, die materiellrechtliche Notwendigkeit des Schriftformerfordernisses der selbstschuldnerischen Bürgschaftserklärung zu hinterfragen.[517] Die selbstschuldnerische Bürgschaft fügt sich nicht nahtlos in das System der Interzessionen ein. Schon früh wurden die Bruchstellen in diesem engen Grenzbereich zwischen Bürgschaft und Schuldbeitritt bzw. Garantie sichtbar. So erkannte *Reichel*, dass sich die selbstschuldnerische Bürgschaft hinsichtlich ihres Unterschätzungspotenzials so weit von der Bürgschaft und dem das Schriftformerfordernis tragenden Grund entfernte, dass der Gesetzgeber diese konsequenterweise hätte formfrei lassen sollen.[518] Eine Gesetzesänderung in diese Richtung stieße abseits von Rechtssicherheitsbedenken aufgrund des althergebrachten, mit Unterschätzung verbundenen Begriffs der „Bürgschaft“[519] aus Schuldnerschutzsicht auf keine größeren Bedenken. Der wesentliche Unterschied zwischen der selbstschuldnerischen Bürgschaft und dem Schuldbeitritt bzw. der Forderungsgarantie ist die akzessorische Verbindung der sichernden Schuld zur Hauptschuld. Ob diese eine unterschiedliche rechtliche Behandlung aus dem Blickwinkel des Schuldnerschutzes nach sich ziehen kann, ist sehr fraglich.

Nach dem herausgearbeiteten Kriterium des der Subsidiarität entspringenden Unterschätzungspotenzials unterscheiden sich allerdings die sehr ähnlichen

---

514 *Bydlinski*, Bürgschaft, S. 11.

515 BGH NJW 1997, 2677, 2678.

516 Zur methodenwissenschaftlichen Analogiefähigkeit von Ausnahmevorschriften siehe *Würdinger*, JuS 2008, 949, 950.

517 Freilich unter Rechtssicherheitsaspekten allenfalls *de lege ferenda* denkbar.

518 *Reichel*, Schuldmitübernahme, S. 212; in diese Richtung wohl auch *Martinius*, Gruchot 49 (1905), 181, 186 f.; dagegen *Bydlinski*, Bürgschaft, S. 11, nach dem die Formfreiheit der selbstschuldnerischen Bürgschaft noch nie vertreten wurde.

519 Hierzu *Martinius*, Gruchot 49 (1905), 181, 186.

Interzessionsformen Schuldbeitritt, Forderungsgarantie und selbstschuldnerische Bürgschaft wesentlich von der normaltypischen Bürgschaft.

## 5. Zwischenergebnis

Es konnte herausgearbeitet werden, dass dem Schriftformerfordernis des § 766 BGB der Schutz des Bürgen vor leichtsinniger Übereilung aufgrund von Unterschätzung zugrunde liegt. Zwar erscheinen mehrere Parameter dazu geeignet zu sein, eine Gefährlichkeit der Bürgschaft zu begründen: Der Umstand, dass der Bürge keine Gegenleistung erhält, ist für diesen an sich nachteilig; ebenso der Umstand, dass aufgrund der Akzessorietät gewisse Rechtsfolgen ohne Fristsetzung gegen den Bürgen gelten. Ob diese Umstände aber ein auf Übereilung basierendes *Unterschätzungspotenzial* hervorrufen, vor welchem zu warnen ist, muss bezweifelt werden: Insbesondere vor dem Hintergrund des Grundsatzes der Formfreiheit zieht nicht jeder nachteilige Aspekt der Haftung eine notwendige Warnung nach sich; insbesondere nicht, wenn aufgrund seiner Offenkundigkeit kein Raum für eine Unterschätzung besteht. Das entscheidende, das Formerfordernis auslösende Merkmal der Bürgschaft ist die Subsidiarität der Haftung.

Die Einordnung der Haftung als eine solche für (wirtschaftlich) fremde Schuld bietet eine vorläufige Einordnung von Geschäften, welche *Madaus* als „Risikogeschäfte"[520] bezeichnet, unter dem Aspekt der Schutzwürdigkeit des Haftenden. Diese Einordnung allein vermag jedoch noch kein schützendes Formerfordernis auszulösen. Insbesondere der Blick auf den weiten Anwendungsbereich von § 1822 Nr. 10 BGB, welcher Fälle der (wirtschaftlich) fremden Schuld auflistet, zeigt, dass das bloße Vertrauen auf einen Regressanspruch und damit auf den Umstand, im Endeffekt keine bzw. nur einen Teil der Belastung zu tragen, zwar eine gewisse Schutzwürdigkeit vorgibt, allerdings nicht schon allein ein schützendes Formerfordernis auslösen kann. Es muss zu der Fremdheit der Schuld noch der weitere, das spezifische subjektiv-interne Unterschätzungspotenzial auslösende Gesichtspunkt der Subsidiarität hinzutreten, um ein Formerfordernis begründen zu können.

---

520 BeckOGK BGB/*Madaus*, § 765 Rn. 6, 581.

## II. Das Formerfordernis im Recht der GmbH hinsichtlich der Ausfallhaftung

Für das weitere Vorgehen ist zu untersuchen, ob auch hinsichtlich des Formerfordernisses für die Gründung einer GmbH sowie für die Übertragung von Geschäftsanteilen im GmbH-Recht ähnliche Erwägungen bestehen, wie sie vorstehend für die Bürgschaft herausgearbeitet wurden.

### 1. Das Formerfordernis bei Gründung der GmbH

Auch das GmbHG sieht im Rahmen der Gründung der Gesellschaft eine Formvorschrift, nämlich die notarielle Form in § 2 Abs. 1 S. 1 GmbHG, vor. Der Gesellschaftsvertrag ist von sämtlichen Gesellschaftern zu unterzeichnen. Sofern hierfür Bevollmächtigte eingesetzt werden, so ist auch die Vollmacht notariell zu beurkunden oder zu beglaubigen, § 2 Abs. 2 GmbHG.

Fraglich ist, welche Zwecke die Formvorschrift im GmbH-Recht verfolgt. Die Schriftform der Bürgschaftserklärung in § 766 BGB hat ausschließlich Warnfunktion.[521] Dagegen gehen die Zwecke der notariellen Form über die Zwecke der Schriftform im Rahmen der Bürgschaft hinaus. Der Primärzweck des Formerfordernisses liegt in der Gewährleistung des Schutzes des Rechtsverkehrs und der Rechtssicherheit.[522] Dies wird auch infolge der Prüfungspflicht des Notars gemäß § 17 BeurkG gewährleistet. Die notarielle Form dient damit insbesondere der materiellen Richtigkeitsgewähr.[523]

Hinzu kommt auch bei § 2 GmbHG die Warnfunktion durch die Belehrungspflicht des Notars gegenüber den Gründern. Der Gesellschaftsvertrag als Errichtungsgeschäft enthält die Beitrittserklärungen der Gründer.[524] Ihnen sollen die Rechtsfolgen und die Bedeutung der Gründung vor Augen geführt werden.[525] Bereits der historische Gesetzgeber begründete die Einführung der damaligen gerichtlichen und notariellen Form damit, dass der Gesellschaftsvertrag die rechtliche Grundlage der Gesellschaftsverhältnisse bilde und durch

---

521 Siehe oben unter D.I.

522 RGZ 66, 116, 121; BeckOK GmbHG/*Jaeger*, § 2 Rn. 8; MHLS/*J. Schmidt*, GmbHG, § 2 Rn. 45.

523 BGHZ 105, 324, 338; Lutter/Hommelhoff/*Bayer*, GmbHG, § 2 Rn. 23; MüKo GmbHG/*Heinze*, § 2 Rn. 22 m.w.N.

524 Baumbach/Hueck/*Fastrich*, GmbHG, § 2 Rn. 4.

525 BeckOK GmbHG/*Jaeger*, § 2 Rn. 8.

ihn die Haftung eines jeden Gesellschafters festgestellt werde.[526] Dieser Hinweis auf die Haftung jedes Gesellschafters ist zumindest auch dahingehend zu verstehen, dass der Gesetzgeber die Gesellschafter vor übereiltem Handeln schützen wollte.[527] Heute findet sich die individualschützende Belehrungspflicht des Notars unmittelbar in § 17 Abs. 1 BeurkG wieder, auf welchen § 2 GmbH durch den Hinweis auf die notarielle Beurkundung verweist. § 17 BeurkG ist auch nicht dispositiv.[528]

Nach Ansicht des Schrifttums und der Rechtsprechung erfordert die ordnungsgemäße notarielle Belehrung insbesondere den expliziten Verweis auf die subsidiäre Ausfallhaftung des § 31 Abs. 3 GmbHG[529] sowie auf die spiegelbildliche Vorschrift zur Kapitalaufbringung, § 24 GmbHG.[530] Zur Begründung wird angeführt, dass die Ausfallhaftung insbesondere aufgrund der Anwachsung der Ausfallhaftungsbeträge der Mitgesellschafter im Falle von deren Nichterlangbarkeit gemäß § 31 Abs. 3 S. 2 GmbHG für den einzelnen Gesellschafter ein Vielfaches seiner geschuldeten Einlageleistung betragen und damit für den Einzelnen ruinöse Rechtsfolgen[531] nach sich ziehen kann.[532] Hinzu kommt, dass die Gründer einer GmbH die Wahrscheinlichkeit ihrer persönlichen Haftung oft fälschlicherweise als gering bis nicht existent einschätzen.[533] Die Möglichkeit, über die eigene Einlage hinaus für die Schulden eines Mitgesellschafters in eine Haftungssituation zu geraten, die unbeeinflussbar hoch und aus dem persönlichen Vermögen zu tilgen ist, wird oft nicht hinreichend in die Gründungsentscheidung einbezogen. Gründer verlassen sich häufig auf die beschränkte Haftung und informieren sich nicht hinreichend über die Haftungsverhältnisse.[534] Zu dieser

---

526 Kommissionsbericht zur Vorberatung des Entwurfs eines Gesetzes betreffend die Gesellschaften mit beschränkter Haftung, Reichstagsaktenstück 1890/1892 Nr. 744, S. 4007.

527 MüKo GmbHG/*Heinze*, § 2 Rn. 20.

528 MüKo GmbHG/*Heinze*, § 2 Rn. 23.

529 Lutter/Hommelhoff/*Bayer*, GmbHG, § 24 Rn. 1; Scholz/*Emmerich*, GmbHG, § 24 Rn. 2a; MHLS/*Ebbing*, GmbHG, § 24 Rn. 6.

530 OLG München, OLG-Report 1996, 232; MüKo GmbHG/*Schütz*, § 24 Rn. 3; *Schütz*, DStR 2015, 2556.

531 Zu § 24 GmbHG siehe beispielhaft BGH, Urt. v. 13.05.1996 – II ZR 275/94 m. Anm. *W. Goette*, DStR 1996, 1574, 1574 ff.; zu § 31 Abs. 3 GmbHG vgl. BGH NJW 2007, 3566, 3567 a.E.

532 MHLS/*Ebbing*, GmbHG, § 24 Rn. 6.

533 Scholz/*Emmerich*, GmbHG, § 24 Rn. 2a; *Jäger*, MDR 1996, 656; *Walz/Fembacher*, NZG 2003, 1134, 1137.

534 *Walz/Fembacher*, NZG 2003, 1134, 1137.

Fehleinschätzung von GmbH-Gesellschaftern trägt gerade der Umstand der lediglich subsidiären, gar doppelt subsidiären Ausgestaltung der Ausfallhaftung bei. Angesichts der Beschränkung der Außenhaftung der GmbH auf das Gesellschaftsvermögen wird regelmäßig von einer gänzlich risikolosen Betätigung der Gesellschafter ausgegangen.[535] Das ist insbesondere möglich, weil die Reservestellung der Ausfallhaftung infolge der (doppelten) Subsidiarität die Ausfallhaftung im Verborgenen hält.

Somit zeigt sich auch für die GmbH-Gründung, dass die Beteiligten durch ein Formerfordernis vor Übereilung infolge von Unterschätzung geschützt werden sollen, welche sich insbesondere im Hinblick auf die fehlende Bekanntheit der Ausfallhaftungstatbestände ergibt.

## 2. Das Formerfordernis bei Übertragung von Geschäftsanteilen

Auch im Rahmen der Übertragung von Geschäftsanteilen ist gemäß § 15 Abs. 3, 4 GmbHG die notarielle Form erforderlich. Hierbei regelt § 15 Abs. 3 GmbHG das notarielle Formerfordernis für die dingliche Übertragung des Geschäftsanteils, während § 15 Abs. 4 GmbHG die schuldrechtliche Vereinbarung der notariellen Form unterwirft. Zum Zwecke der hier vorzunehmenden Untersuchung ist auch hier zu erarbeiten, ob dieses Formerfordernis – wie § 2 GmbHG – den eintretenden und somit der Ausfallhaftung des § 31 Abs. 3 GmbHG unterworfenen Gesellschafter vor übereiltem Handeln schützen und diesen explizit vor der Ausfallhaftung warnen soll. Zur Vergleichbarkeit mit der oben untersuchten formbedürftigen Bürgschaftserklärung wird auch hier auf den Zweck der Formvorschrift des Verpflichtungsgeschäfts gemäß § 15 Abs. 4 GmbHG eingegangen. Jedenfalls verlaufen die Normzwecke von § 15 Abs. 3 und 4 GmbHG parallel.[536]

Die überwiegende Ansicht[537] weist dem Formerfordernis gemäß § 15 Abs. 4 GmbHG lediglich den Zweck zu, die Verkehrsfähigkeit der GmbH-Anteile zu erschweren, um spekulativen Handel mit ihnen zu verhindern. Ein

535 Vgl. *Walz/Fembacher*, NZG 2003, 1134, 1137.

536 So auch MüKo GmbHG/*Reichert/Weller*, § 15 Rn. 19.

537 BGHZ 141, 207, 211; BGHZ 127, 129, 133; Lutter/Hommelhoff/*Bayer*, GmbHG, § 15 Rn. 1; Rowedder/Schmidt-Leithoff/*Görner*, GmbHG, § 15 Rn. 2; *Lieder/Villegas*, GmbHR 2018, 169, 171 f.; HCL/*Löbbe*, GmbHG, § 15 Rn. 43; MüKo GmbHG/*Reichert/Weller*, § 15 Rn. 18; Scholz/*Seibt*, GmbHG, § 15 Rn. 7; Henssler/Strohn/*Verse*, § 15 GmbHG Rn. 39; wohl auch BeckOK GmbHG/*Wilhelmi*, § 15 Rn. 111; *Werner*, GmbHR 2008, 589, 589 f.; zum Meinungsstand siehe umfassend *Zabel*, Interessenbewertung, S. 121 ff.

solcher stehe im Widerspruch zur Struktur der GmbH, die nicht als Publikumsgesellschaft, sondern als personalistische Kapitalgesellschaft konzipiert sei. Daher solle ein Sekundärmarkt wie etwa ein Börsenverkehr für GmbH-Geschäftsanteile vermieden werden.[538] Daneben sollen angesichts der Tatsache, dass die GmbH-Mitgliedschaft nicht verbrieft ist, die Zwecke der Beweiserleichterung[539] und der Richtigkeitsgewähr[540] treten. Eine etwaige Warnfunktion der notariellen Form stelle dagegen keinen unmittelbaren Zweck des § 15 Abs. 4 GmbHG dar, sondern vielmehr einen bloßen Rechtsreflex.

Die Erschwerung des Handels mit GmbH-Geschäftsanteilen, die Beweiserleichterung und die Richtigkeitsgewähr sind die Primärzwecke des § 15 Abs. 4 GmbHG. Richtigerweise ist allerdings auch der Schutz vor Übereilung als Normzweck anzuerkennen.[541] Es ist zwar zutreffend, dass der historische Gesetzgeber seinerzeit lediglich die Verhinderung spekulativen Handels und die Vermeidung von Zweifeln und Unklarheiten vor Augen hatte.[542] Jedoch ist der historische Zweck einer Norm weder der einzig zu berücksichtigende noch der entscheidende Zweck.[543] Insbesondere im vorliegenden Fall des Verweises vom GmbHG auf das BeurkG kann nicht ausschließlich auf der Zweckbestimmung des Gesetzgebers aus dem Jahre 1892 beharrt werden. Vielmehr muss der mittlerweile insoweit veränderte Gesetzgeberwille beachtet werden: Das BeurkG, auf welches § 15 Abs. 4 GmbHG verweist, trat deutlich später als das GmbHG in Kraft, nämlich 1970.[544] Ausweislich der Gesetzesbegründung verfolgt es insbesondere den Zweck, im Anschluss an eine bundesweit zersplitterte, lediglich die Förmlichkeiten der Beurkundung regelnde Rechtslage nunmehr

538 MüKo GmbHG/*Reichert/Weller*, § 15 Rn. 16.

539 MüKo GmbHG/*Reichert/Weller*, § 15 Rn. 17.

540 *Altmeppen*, GmbHG, § 15 Rn. 66.

541 OLG Stuttgart, BB 1989, 1932; *Altmeppen*, GmbHG, § 15 Rn. 66; MHLS/*Ebbing*, GmbHG, § 15 Rn. 55; *Kanzleiter*, DNotZ 1994, 275, 282 f.; Baumbach/Hueck/*Servatius*, GmbHG, § 15 Rn. 21, 30. *Loritz*, DNotZ 2000, 90, 95 ff. weist auf die ergänzend hinzuzuziehenden Zwecke des § 17 BeurkG hin; ebenso MüKo GmbHG/*Heinze*, § 2 Rn. 20a; *Kanzleiter*, ZIP 2001, 2105, 2107 f.; *Walz/Fembacher*, NZG 2003, 1134, 1140 f.; *Wicke*, ZIP 2006, 977, 979 f.

542 Begründung zum Gesetzentwurf betreffend die Gesellschaften mit beschränkter Haftung, Stenographische Berichte über die Verhandlungen des Reichstags, 8. Legislaturperiode, 1. Session 1890/1892, Reichstagsaktenstück Nr. 660, S. 3729; hierzu *Altmeppen*, FS Westermann, 2008, 771, 772 ff.; *Loritz*, DNotZ 2000, 90, 94 f.

543 Hierzu *Walz/Fembacher*, NZG 2003, 1134, 1139; *Wicke*, ZIP 2006, 977, 979 f.

544 Siehe BGBl. I 1969, S. 1513.

die aufklärenden und beratenden Aufgaben, mithin das „konsultative Element" bei der Beurkundung festzulegen.[545] Anders als bei einem normierten „einfachen" Schriftformerfordernis, welches keine eigenen Zwecke verfolgt, verweist die notarielle Form auf ein Verfahren, welches durchaus ureigene Zwecke, etwa den Schutz der Beteiligten, mit sich bringt.[546] Hieraus ergibt sich, dass sich der Gesetzgeber mit der Einführung des BeurkG auch dazu entschied, für die Übertragung des GmbH-Geschäftsanteils nunmehr auf die (neu geschaffenen) Zwecke der notariellen Beurkundung zu verweisen.[547] § 15 Abs. 4 GmbHG kann nicht isoliert betrachtet werden, sondern muss stets in Verbindung mit den entsprechenden Vorschriften des BeurkG gesehen werden.[548] Damit erscheint vor dem Hintergrund der geänderten „Sachstrukturen des Normbereichs"[549] ein Festhalten an dem sehr eingeschränkten historischen Gesetzeszweck gekünstelt und fernliegend.[550]

Richtigerweise ist damit durch den Verweis auf das Beurkundungsgesetz auch die Warnfunktion durch die Belehrung des Notars einer der Zwecke des § 15 Abs. 4 GmbHG. Dies steht auch im Einklang mit der hier herausgearbeiteten Interessenlage der Beteiligten. Die Erwägungen der herrschenden Meinung, welche sich für eine notarielle Belehrung gerade hinsichtlich der oftmals unbekannten Ausfallhaftungstatbestände ausspricht,[551] finden auch im Falle der Anteilsübertragung Anwendung. Der Anteilserwerber verdient denselben Schutz wie der Gesellschaftsgründer, da auch bei ersterem davon ausgegangen werden muss, dass er die Möglichkeit der Ausfallhaftung unterschätzt bzw. diese ihm gänzlich unbekannt ist. Der Anteilserwerber haftet zudem für vor seiner Anmeldung zum Handelsregister erfolgte Auszahlungen gemäß § 30 Abs. 1 GmbHG.[552]

545 BT-Drucks. V/3282, 22; hierzu MüKo GmbHG/*Heinze*, § 2 Rn. 20a.

546 *Walz/Fembacher*, NZG 2003, 1134, 1141 Fn. 65.

547 Siehe *Walz/Fembacher*, NZG 2003, 1134, 1141: „Wenn der Gesetzgeber in einer Vorschrift den Beurkundungszwang anordnet, so handelt es sich – auch – um eine Entscheidung für die Verfolgung derjenigen Zwecke, die dem Beurkundungsverfahren zugrunde liegen."

548 *Kanzleiter*, ZIP 2001, 2105, 2107 f.; *Loritz*, DNotZ 2000, 90, 97.

549 So auch *Wicke*, ZIP 2006, 977, 979.

550 *Walz/Fembacher*, NZG 2003, 1134, 1140; a.A. Henssler/Strohn/*Verse*, § 15 GmbHG Rn. 39, welcher zwar die schützende Wirkung des § 17 BeurkG anerkennt, aber dennoch ausschließlich den historischen Schutzzweck als maßgeblich ansieht.

551 Vgl. die Nachweise in Fn. 529 und 530.

552 *Altmeppen*, GmbHG, § 31 Rn. 23 f.

### 3. Vergleich mit dem Zweck des § 766 BGB und Zwischenergebnis

Die Betrachtung der Formerfordernisse bei Gründung einer GmbH sowie bei Abtretung des GmbH-Anteils und damit bei Eintritt eines neuen Gesellschafters in die GmbH zeigen, dass das GmbHG (i.V.m. dem BeurkG) durch Festlegung des Formerfordernisses sowohl Gründungsgesellschafter als auch eintretende Gesellschafter vor übereilter Übernahme einer (potenziellen) Ausfallhaftung schützen soll. Hinsichtlich des Formerfordernisses gemäß § 2 GmbHG besteht sogar Einigkeit darüber, dass der Notar gerade explizit vor der überwiegend unbekannten Ausfallhaftung warnen muss.

Die Formvorschriften bei GmbH-Gründung sowie bei Eingehung einer Bürgschaft können bisweilen vor unterschiedlichen Ausgangssituationen stehen: Während im Rahmen der Bürgschaft die subsidiäre Bürgenhaftung dem Bürgen regelmäßig bekannt ist, aber unterschätzt wird, kann den GmbH-Gesellschaftern die Ausfallhaftung gemäß § 31 Abs. 3 GmbHG möglicherweise gänzlich unbekannt sein.

Beide Haftungsarten haben allerdings gemein, dass der Aspekt der Subsidiarität für die Unterschätzung der Haftungsgefahr bei § 766 BGB bzw. für die mögliche Unbekanntheit der Haftungsgefahr bei §§ 2, 15 GmbHG ausschlaggebend ist. Der Bürge unterschätzt seine Haftung aufgrund der Subsidiarität, also seiner bloßen Reservestellung. Der GmbH-Gesellschafter unterschätzt seine Haftung entweder, weil er die Möglichkeit der persönlichen Haftung in der GmbH kennt, aber subsidiaritätsbedingt als gering einschätzt, oder weil er die Möglichkeit seiner Haftung überhaupt nicht kennt. Im letzteren Fall ist dessen Unkenntnis aber letztlich darauf zurückzuführen, dass die subsidiäre Ausgestaltung der Ausfallhaftung diese in der Verborgenheit hält.

Auch ist die Zielsetzung von § 766 BGB und §§ 2, 15 GmbHG vergleichbar. Dem Bürgen und dem GmbH-Gesellschafter soll vor Augen geführt werden, dass sie durch den Vertragsabschluss in die Situation der persönlichen Haftung gelangen könnten – unabhängig davon, ob sie von einer möglichen, aber unwahrscheinlichen Haftung ausgingen oder ob sie ggf. die Haftungsgefahr überhaupt nicht registrierten. In all diesen Szenarien ist die Übereilung, vor der geschützt werden soll, durch die Subsidiarität der Haftung induziert, welche die Haftung als vermeintlich ungefährlich und vernachlässigbar erscheinen lässt.

Die Formerfordernisse des GmbHG legen allerdings im Gegensatz zu § 766 BGB die notarielle Form anstatt des Schriftformerfordernisses fest. Die notarielle Form dient, ebenso wie das Schriftformerfordernis, der Warnung, auf die es im hier untersuchten Zusammenhang allein ankommt. Die notarielle Form gewährleistet darüber hinaus gegenüber dem Schriftformerfordernis ein „Mehr" an Zwecken.[553] Diese weiteren Zwecke, zu denen, wie dargelegt, insbesondere die Funktion des Beweises der Anteilsinhaberschaft und die Erschwerung der Verkehrsfähigkeit der Anteile gehören, sind letztlich den Besonderheiten des GmbH-Rechts geschuldet und haben auf die mitenthaltene Warnfunktion der notariellen Form keine Auswirkung.

## III. Kein Formerfordernis im Personengesellschaftsrecht

Im Recht der Personengesellschaften existiert weder für die GbR[554] noch für die OHG[555] oder die KG[556] ein (Schrift)Formerfordernis für den Abschluss des Gesellschaftsvertrags. Ein Schriftformerfordernis gilt lediglich für Investmentkommanditgesellschaften gemäß § 125 Abs. 1 bzw. § 150 Abs. 1 KAGB. Eine solche Investmentkommanditgesellschaft liegt gemäß § 1 Abs. 1 KAGB vor, wenn diese von einer Anzahl von Anlegern Kapital einsammelt, um es gemäß einer festgelegten Anlagestrategie zum Nutzen dieser Anleger zu investieren, und wenn es sich um kein operativ tätiges Unternehmen außerhalb des Finanzsektors handelt. Zweck dieser Regelung ist es, im Sinne des Anlegerschutzes für Transparenz des Gesellschaftsvertrages zu sorgen.[557] Diese Untersuchung soll allerdings nicht diesen Sondertypus der Investment-KG, sondern vielmehr den gesetzlichen Normaltypus der operativ und außerhalb des Finanzsektors tätigen (GmbH & Co.) KG betrachten. Unabhängig davon kann sich ein spezielles Formerfordernis im Einzelfall aus anderen Vorschriften ergeben, etwa aus § 311b Abs. 1 BGB, wenn sich ein Gesellschafter verpflichtet, das Eigentum an einem Grundstück zu übertragen.[558]

Ferner ist zu erwähnen, dass der BGH im Fall einer Publikumskommanditgesellschaft entschieden hat, dass Verpflichtungen, die der Gesellschaft gegenüber Gründungsgesellschaftern auferlegt werden (etwa Tätigkeitsvergütungen, Tantiemen, Verträge zu besonderen Konditionen etc.), entweder in einen schriftlich festgelegten Gesellschaftsvertrag oder in einen ordnungsgemäß zustande gekommenen und protokollierten Gesellschafterbeschluss aufgenommen

553 Zu den verschiedenen Zwecken *Altmeppen*, GmbHG, § 2 Rn. 16.
554 Henssler/Strohn/*Servatius*, § 705 BGB Rn. 27.
555 Oetker/*Lieder*, HGB, § 105 Rn. 13.
556 Oetker/*Oetker*, HGB, § 161 Rn. 22.
557 BT-Drucks. 17/12294 S. 242; *Freitag*, NZG 2013, 329, 333; EBJS/*Paefgen*, HGB, § 125 KAGB Rn. 1
558 Oetker/*Lieder*, HGB, § 105 Rn. 13.

§ 24 GmbHG das kapitalaufbringungsrechtliche Spiegelbild zur kapitalerhaltenden Norm des § 31 Abs. 3 GmbHG dar.

Jeden Gesellschafter trifft die Ausfallhaftung *pro rata*, also im Verhältnis seines Geschäftsanteils. Ist von einem ausfallhaftenden Gesellschafter keine Befriedigung zu erlangen, so verteilt sich der auf ihn entfallende Haftungsanteil auf die übrigen Gesellschafter *pro rata*.[565] Hinsichtlich des Umfangs ist auch hier umstritten, ob die Ausfallhaftung summenmäßig begrenzt werden sollte, weil anderenfalls unkalkulierbare Haftungsrisiken drohen.[566] Während weite Teile der Literatur eine solche Begrenzung befürworten,[567] wurde die Frage bislang höchstrichterlich noch nicht entschieden und an anderer Stelle abgelehnt.[568]

Zum näheren Vergleich mit § 31 Abs. 3 GmbHG ist auf die gefundenen Parameter der Subsidiarität und der Haftung für (wirtschaftlich) fremde Schuld zurückzugreifen. Nachdem festgestellt werden konnte, dass Subsidiarität vorliegt, stellt sich nun die Frage, ob es sich bei § 24 GmbHG um eine Haftung für (wirtschaftlich) fremde oder eigene Schulden handelt. Hierbei ist, wie gezeigt, entscheidend darauf abzustellen, ob dem Haftenden im Innenverhältnis ein Regressanspruch gegen den Hauptschuldner zusteht, also ob dieser im Ergebnis für die Schuld einstehen soll. In diesen Fällen ist der Schuldner als schutzwürdig anzusehen. Vorliegend ist ein solcher Regressanspruch zu bejahen: Der kaduzierte Gesellschafter bleibt den Mitgesellschaftern, welche infolge der Ausfallhaftung leisten müssen, zum Regress verpflichtet.[569] Damit handelt es sich um eine subsidiäre Haftung für eine fremde Schuld, ebenso wie im Falle des § 31 Abs. 3 GmbH. Mithin ist, ebenso wie oben[570] herausgearbeitet, ein warnendes Formerfordernis

---

565 Baumbach/Hueck/*Kersting*, GmbHG, § 24 Rn. 8; MüKo GmbHG/*Schütz*, § 24 Rn. 60 ff.

566 Siehe zum Streitstand ausführlich *K. Schmidt*, FS Raiser, 2005, 312, 315 f.

567 Statt vieler Baumbach/Hueck/*Kersting*, GmbHG, § 24 Rn. 7 m.w.N.

568 Lutter/Hommelhoff/*Bayer*, GmbHG, § 24 Rn. 8; *Bayer/Scholz*, GmbHR 2016, 89, 93.

569 Lediglich umstritten ist, auf welche Norm der Regressanspruch zu stützen ist, siehe zur Parallelproblematik bei § 31 Abs. 3 GmbHG oben unter B.I.2.b)bb); vgl. auch Scholz/*Emmerich*, GmbHG, § 24 Rn. 24 m.w.N. *Dass* es einen Regressanspruch geben muss, dürfte unstrittig sein. So weist bereits die Begründung zum Gesetzentwurf betreffend die Gesellschaften mit beschränkter Haftung, Stenographische Berichte über die Verhandlungen des Reichstags, 8. Legislaturperiode, 1. Session 1890/1892, Reichstagsaktenstück Nr. 660, S. 3742 auf einen Regressanspruch hin: „Daß den Gesellschaftern, welche Beiträge für einen Mitgesellschafter entrichten müssen, der Rückgriff gegen den letzteren zusteht, ergiebt sich aus allgemeinen Rechtsgrundsätzen und bedarf keiner besonderen Anerkennung im Gesetz."

570 Siehe oben unter D.

notwendig. Ein solches besteht in der Anordnung der notariellen Form gemäß §§ 2, 15 GmbHG. Nach überwiegender Ansicht soll im Rahmen der notariellen Beurkundung explizit auf die den Gründern meist unbekannte Ausfallhaftung des § 24 GmbHG hingewiesen werden.[571] Dieser Befund der herrschenden Meinung deckt sich mit dem im Rahmen dieser Untersuchung gefundenen Ergebnis zur Schutzwürdigkeit des ausfallhaftenden Gesellschafters.

### *b) Vor-GmbH*

Zum Bereich der Kapitalaufbringung kann im weitesten Sinne auch die Gesellschafterhaftung für Verluste im Stadium der Vor-GmbH gezählt werden, also in dem Zeitraum zwischen Errichtung der GmbH und ihrer Eintragung im Handelsregister.[572] Dies kann infolge der Aufnahme einer Geschäftstätigkeit bereits vor der Eintragung der Gesellschaft im Handelsregister relevant werden. Um sicherzustellen, dass die Gesellschaft im Zeitpunkt ihrer Eintragung ein Vermögen besitzt, welches zumindest den Stammkapitalbetrag erreicht (sog. Unversehrtheitsgrundsatz),[573] entwickelte der BGH nach Aufgabe des sog. Vorbelastungsverbots[574] die Unterbilanzhaftung.[575] Sofern alle Gründer dem frühzeitigen Geschäftsbeginn zugestimmt haben,[576] haften sie für die durch Aufnahme der Geschäfte bis zur Eintragung entstandenen Verluste persönlich, anteilig und unbeschränkt.[577]

Kommt es nie zur Eintragung der Gesellschaft, so greift mit der vom BGH entwickelten Verlustdeckungshaftung eine persönliche, anteilige und unbeschränkte Innenhaftung.[578] Auch die Verlustdeckungshaftung erfordert die allseitige Zustimmung der Gesellschafter zur Aufnahme des Geschäftsbetriebs.[579] Die Verlustdeckungshaftung umfasst lediglich die angelaufenen Verluste, wohingegen das Stammkapital nicht aufgebracht werden muss.[580] Dieses zuvor in der

---

571 Siehe oben unter D.II.1.

572 *Altmeppen*, GmbHG, § 11 Rn. 15.

573 *Altmeppen*, GmbHG, § 11 Rn. 28, 59; Henssler/Strohn/*C. Schäfer*, § 11 GmbHG Rn. 45 ff.

574 Siehe hierzu etwa *Altmeppen*, GmbHG, § 11 Rn. 28 ff.; *A. Meyer*, GmbHR 2002, 1176, 1176 f.

575 BGHZ 80, 129.

576 Hierzu sogleich, vgl. auch die Nachweise in Fn. 587.

577 BGHZ 80, 129, 140 ff. *Altmeppen*, GmbHG, § 11 Rn. 56; BeckOGK AktG/*Heidinger*, § 41 Rn. 81 ff.

578 BGHZ 134, 333.

579 Hierzu sogleich, vgl. die Nachweise in Fn. 587.

580 BGHZ 134, 333, 334.

zieht, formfrei vollzogen werden[593] und damit keine Warnung beinhalten. Ein solches Ergebnis lässt sich schwerlich mit den hier gefundenen Ergebnissen vereinbaren: Die Begründung einer subsidiären Einstandspflicht für eine fremde Schuld erfordert mindestens die schriftliche Form, um den Haftenden vor Übereilung zu bewahren und ihm die Tragweite seiner Entscheidung vor Augen zu führen. Die Zustimmung eines Gesellschafters zur Geschäftsaufnahme im Stadium der Vorgesellschaft und damit die Erweiterung der Vertretungsmacht des Geschäftsführers ist haftungsrechtlich von enormer Tragweite: Fallen mehrere Mitgesellschafter aus, so muss der verbleibende unterbilanz-ausfallhaftende Gesellschafter ggf. ein Vielfaches seines Unterbilanzhaftungsanteils aufbringen.

Nimmt man die Warnfunktion von § 2 Abs. 1 GmbHG ernst, so sollte die Erweiterung der Vertretungsmacht und damit eine die Ausfallhaftung auslösende Zustimmung zur Geschäftsaufnahme an die Beachtung einer warnenden Formvorschrift geknüpft werden.[594] In der Änderung der Vertretungsmacht des Geschäftsführers liegt eine Erweiterung des Gesellschaftszwecks. Dies stellt eine beurkundungsbedürftige Satzungsänderung der (Vor)Gesellschaft dar.[595] Die allseitige Zustimmung zur Geschäftsaufnahme vor Eintragung sollte ggf. bereits in der Satzung erteilt werden – in dem Fall hätte der Notar die Gesellschafter gemäß § 17 BeurkG über die Gefahren der Unterbilanzhaftung und einer etwaigen Unterbilanz-Ausfallhaftung gemäß § 24 GmbHG analog zu belehren. Anderenfalls ist die Zustimmung als Satzungsänderung zu beurkunden. Damit ist festzuhalten, dass ohne eine notariell beurkundete Zustimmung der Gesellschafter zum frühzeitigen Geschäftsbeginn jedenfalls eine Unterbilanz-Ausfallhaftung gemäß § 24 GmbHG analog ausscheiden muss.

### *bb) Verlustdeckungs-Ausfallhaftung*

Im Rahmen der Verlustdeckungshaftung bzw. der Verlustdeckungs-Ausfallhaftung sind die Ausgangslage und der Meinungsstand im Wesentlichen mit der Unterbilanz-Ausfallhaftung vergleichbar. Mit dem BGH[596] geht die allgemeine

---

593 BGHZ 80, 129, 139; Lutter/Hommelhoff/*Bayer*, GmbHG, § 11 Rn. 17; Baumbach/Hueck/*Fastrich*, GmbHG, § 11 Rn. 20; MüKo GmbHG/*Merkt*, § 11 Rn. 65; HCL/*Ulmer/Habersack*, GmbHG, § 11 Rn. 36; *Zöllner*, FS Wiedemann, 2002, 1383, 1417.

594 So auch *Ulmer*, ZGR 1981, 593, 597 ff., 600 f.; *Lergon*, RNotZ 2003, 214, 217 f.; in diese Richtung auch BeckOGK AktG/*Heidinger*, § 41 Rn. 61; *Heidinger*, GmbHR 2003, 189, 194 f.; Hüffer/Koch/*Koch*, AktG, § 41 Rn. 6; für die Gegenansicht vgl. die Nachweise in Fn. 593.

595 *Lergon*, RNotZ 2003, 214, 218.

596 BGHZ 134, 333, 340.

Literaturansicht davon aus, dass eine Verlustdeckungs-Ausfallhaftung der Gesellschafter analog § 24 GmbHG in Betracht kommt.[597]

Im Ergebnis lassen sich auch hier die oben hinsichtlich der generellen Anwendbarkeit einer Unterbilanz-Ausfallhaftung angestellten Überlegungen anbringen – auch hinsichtlich der dort vertretenen Formbedürftigkeit. Insbesondere im Hinblick auf den gesellschaftsrechtlichen Unversehrtheitsgrundsatz[598] ist eine Verlustdeckungs-Ausfallhaftung an sich zu befürworten. Der wesentliche Unterschied zur Unterbilanz-Ausfallhaftung liegt in dem Umstand, dass § 24 GmbHG nicht auf den Anwendungsbereich der Verlustdeckungs-Ausfallhaftung passt: Die Verlustdeckungshaftung umfasst gerade nicht die Einlageverpflichtung der Mitgesellschafter (auf die § 24 GmbHG zugeschnitten ist). Vielmehr ist lediglich der Fehlbetrag „bis auf Null" auszugleichen.[599] Mithin ist die Verlustdeckungs-Ausfallhaftung im Gegensatz zur Unterbilanz-Ausfallhaftung nicht auf die Basis des § 24 GmbHG zu stellen, sondern sollte mit dem gesellschaftsrechtlichen Unversehrtheitsgrundsatz begründet werden.[600]

### *c) Vor-AG*

Die vom BGH zum GmbH-Recht entwickelten Grundsätze zur Unterbilanzhaftung gelten gleichermaßen für die Gesellschaft im Stadium der Vor-AG.[601] Im Rahmen der Vor-AG stellt sich allerdings verstärkt die Frage, ob bei Zahlungsunfähigkeit eines Gründers die Mitgründer *pro rata* für dessen Ausfall haften müssen. Denn die hierfür im GmbH-Recht zum Teil analog heranzuziehende Vorschrift des § 24 GmbHG hat kein Pendant im Aktienrecht.[602] Die Rechtsprechung verneint eine Unterbilanz-Ausfallhaftung bzw. eine Verlustdeckungs-Ausfallhaftung aus diesem Grund: Das ausdifferenzierte Kaduzierungsverfahren gemäß §§ 63 ff. AktG und die Anordnung der Ausfallhaftung nur bei Kenntnis (§ 46 Abs. 4 AktG)[603] zeigen, dass das AktG keine solche Einstandspflicht für

597 Baumbach/Hueck/*Fastrich*, GmbHG, § 11 Rn. 25; BeckOK GmbHG/*Jaeger*, § 11 Rn. 26; *Lergon*, RNotZ 2003, 214, 219; MüKo GmbHG/*Merkt*, § 11 Rn. 91; Scholz/*K. Schmidt*, GmbHG, § 11 Rn. 88.

598 Siehe die Nachweise in Fn. 573.

599 So auch *Görner/Kling*, GmbHR 2004, 714, 722.

600 So überzeugend *Görner/Kling*, GmbHR 2004, 714, 722.

601 OLG München ZIP 2008, 1635; BeckOGK AktG/*Heidinger*, § 41 Rn. 77.

602 Zum Streitstand BeckOGK AktG/*Heidinger*, § 41 Rn. 103.

603 Siehe sogleich unter D.V.2.c)cc).

fremde Unterbilanzhaftungsanteile kennt.[604] Dagegen bejaht die überwiegende Literaturansicht eine solche Ausfallhaftung der Mitgründer für einen zahlungsunfähigen Gründer.[605] Hierfür wird der Zweck der Sicherung eines effektiven Gläubigerschutzes angeführt sowie auf die Möglichkeit verwiesen, dass jeder Gründer sich der Haftung durch Verweigerung der Zustimmung zum Geschäftsbeginn im Stadium der Vor-AG entziehen könne.[606]

Da die Unterbilanz-Ausfallhaftung und die Verlustdeckungs-Ausfallhaftung sich auch im GmbH-Recht nicht vollkommen bruchlos mit § 24 GmbHG erklären lassen, ist eine Ausfallhaftung der Gründer der Vor-AG jedenfalls nicht von vornherein ausgeschlossen. Die Überlegungen, die auf den Gläubigerschutzaspekt und insbesondere darauf abzielen, dass das Mindestkapital der AG prinzipiell zum Zeitpunkt der Eintragung „unversehrt" sein soll, beanspruchen grundsätzlich für die Vor-GmbH wie auch für die Vor-AG gleichermaßen Geltung. Eine solche Ausfallhaftung könnte mangels eines Pendants im Aktienrecht allerdings nicht auf § 24 GmbHG analog gestützt werden, sondern müsste an den Unversehrtheitsgrundsatz angeknüpft werden. Außerdem muss auch im Rahmen der Vor-AG die Zustimmung zum frühzeitigen Geschäftsbeginn der Satzungsform entsprechen (§ 23 Abs. 1 AktG), da in der Erweiterung der Vertretungsmacht des Vorstands eine Satzungsänderung liegt und mit der Ausfallhaftung eine subsidiäre Haftung für fremde Schuld statuiert wird. Anderenfalls liegt zumindest in Ansehung der Ausfallhaftung keine wirksame Zustimmung zum Geschäftsbeginn vor – eine Ausfallhaftung muss dann ausscheiden.

### *d) Zwischenergebnis*

Als subsidiäre (Erfüllungs)Haftung für (wirtschaftlich) fremde Schuld lassen sich im Zivilrecht ausschließlich die Bürgschaft[607] sowie Anwendungsfälle der Ausfallhaftung des § 24 GmbHG einordnen – diese weisen damit besondere Ähnlichkeit zu § 31 Abs. 3 GmbHG auf. Wie oben[608] in Bezug auf die Bürgschaft

604 OLG Karlsruhe AG 1999, 131, 132; LG Heidelberg AG 1998, 197, 198 f.; zustimmend *Wiedenmann*, ZIP 1997, 2029, 2033 f.

605 BeckOGK AktG/*Heidinger*, § 41 Rn. 103; Hüffer/Koch/*Koch*, AktG, § 41 Rn. 9b; Bürgers/Körber/Lieder/*Körber*, AktG, § 41 Rn. 34; MüKo AktG/*Pentz*, § 41 Rn. 116; Hölters/*Solveen*, AktG, § 41 Rn. 14.

606 Mit der Argumentation BeckOGK AktG/*Heidinger*, § 41 Rn. 103; Hüffer/Koch/*Koch*, AktG, § 41 Rn. 9b; *Ulmer*, ZGR 1981, 593, 597 f.

607 Siehe hierzu schon oben unter D.I.5.

608 Siehe oben unter D.I.5.

herausgearbeitet, unterliegen Fälle der echten Ausfallhaftung aufgrund ihrer Struktur, die eine Unterschätzung der Haftungsgefahr auf Seiten des Schuldners begünstigt, einer warnenden Formvorschrift.

## 2. Unechte Ausfallhaftung

Im Folgenden sind zivilrechtliche Tatbestände, welche bisweilen ebenfalls als „Ausfallhaftung" bezeichnet werden, zu untersuchen. Diese Ausfallhaftungstatbestände, welche sich strukturell von § 31 Abs. 3 GmbHG unterscheiden oder infolge einer Einordung in die gefundenen Abgrenzungskriterien der Einstandspflicht für fremde Schuld sowie der Subsidiarität nicht mit der Ausfallhaftung des § 31 Abs. 3 GmbHG vergleichbar sind, sollen hier als Fälle der *unechten Ausfallhaftung* bezeichnet werden.

### *a) Gesamtschuld*

Bei näherer Betrachtung scheint die Ausfallhaftung gemäß § 31 Abs. 3 GmbHG einer gesamtschuldnerischen Haftung gemäß § 421 BGB zu ähneln. Die Gesamtschuld nach § 421 BGB setzt begrifflich eine Schuldnermehrheit bezüglich einer Leistung voraus, im Rahmen derer jeden Schuldner die volle Leistungspflicht trifft. Ferner ist der Gläubiger die ganze Leistung nur einmal zu fordern berechtigt. Im Folgenden sind die weiteren Merkmale der gesamtschuldnerischen Haftung mit der Systematik der Ausfallhaftung zu vergleichen.

#### *aa) Gesamtschuld und Ausfallhaftung gemäß § 31 Abs. 3 GmbHG*

Die Gesamtschuld erfordert eine Schuldnermehrheit, also ein unbedingtes Nebeneinander mehrerer Schuldner.[609] Hieraus ergibt sich bereits, dass die gesamtschuldnerische Verpflichtung der einzelnen Gesamtschuldner nach außen hin stets primär, also nicht subsidiär erfolgt. Die Ausfallhaftung gemäß § 31 Abs. 3 GmbHG hingegen weist kein unbedingtes Nebeneinander von Ausfallhaftendem und Primärschuldner auf – vielmehr ist die Ausfallhaftung in ihrem Bestand an die Hauptschuld geknüpft und greift lediglich subsidiär ein.[610]

Fraglich ist, ob die Gesamtschuld eine Haftung des einzelnen Gesamtschuldners für (wirtschaftlich) fremde Schulden darstellt. Dies wäre denkbar, wenn ein Gesamtschuldner etwa nur einen Bruchteil eines Grundstückes erwirbt, sich als Gesamtschuldner jedoch zur Zahlung des Kaufpreises für das gesamte

609 MüKo BGB/*Heinemeyer*, § 421 Rn. 12; Staudinger/*Looschelders*, BGB, § 421 Rn. 14.

610 Siehe oben unter C.II.6.

Grundstück verpflichtet.[611] Legt man die hier herausgearbeiteten Merkmale[612] an, welche entscheidend auf die alleinige Übernahme einer Verpflichtung nach außen hin bei gleichzeitigem Regressanspruch im Innenverhältnis unter den Schuldnern abstellen, so ist die Übernahme einer gesamtschuldnerischen Verpflichtung auch eine (teilweise) Übernahme einer (wirtschaftlich) fremden Schuld.[613] Mithin handelt es sich bei der Übernahme einer gesamtschuldnerischen Verpflichtung häufig um eine *nicht subsidiäre* Haftung für eine *teilweise* (wirtschaftlich) fremde Schuld, während § 31 Abs. 3 GmbHG eine *subsidiäre* Haftung für (wirtschaftlich) fremde Schuld darstellt.

Somit grenzt sich die Ausfallhaftung gemäß § 31 Abs. 3 GmbHG rechtstechnisch zu der im Gesellschaftsrecht sonst üblichen gesamtschuldnerischen Haftung ab. Diesbezüglich ist insbesondere § 128 Abs. 1 HGB zu erwähnen, welcher die gesamtschuldnerische Haftung der persönlich haftenden Gesellschafter von OHG und KG (i.V.m. § 161 Abs. 2 HGB) anordnet und auch auf die GbR analog Anwendung findet.[614]

#### *bb) Ausfallhaftung gemäß § 426 Abs. 1 S. 2 BGB*

Im Folgenden soll sich nun einem Fall ausdrücklich normierter Ausfallhaftung gewidmet werden. Ausdrücklich normierte Fälle der Ausfallhaftung finden sich unter anderem in Verbindung mit einer gesamtschuldnerischen Einstandspflicht mehrerer, so etwa auch in § 735 S. 2 BGB.[615]

§ 426 Abs. 1 S. 2 BGB ordnet eine subsidiäre Ausfallhaftung unter Gesamtschuldnern an. Diese Vorschrift sieht in Abs. 1 S. 1 einen Ausgleichsanspruch des leistenden Gesamtschuldners im Innenverhältnis gegen die übrigen Gesamtschuldner vor.[616] Abs. 1 S. 2 ergänzt diesen Regressanspruch und stützt ihn im Falle des Ausfalls eines Regresspflichtigen durch eine proratarische[617] Ausfallhaftung der übrigen Gesamtschuldner ab. Der leistende Gesamtschuldner soll bei Zahlungsunfähigkeit eines nach Abs. 1 S. 1 ausgleichspflichtigen

---

611 Siehe Staudinger/*Veit*, BGB, § 1822 Rn. 172.

612 Siehe oben unter C.II.4.a).

613 MüKo BGB/*Kroll-Ludwigs*, § 1822 Rn. 66; Staudinger/*Veit*, BGB, § 1822 Rn. 172.

614 MüKo BGB/*C. Schäfer*, § 714 Rn. 35 f.

615 Siehe sogleich unter D.V.2.a)cc).

616 HK-BGB/*Schulze*, § 426 Rn. 1.

617 So die überwiegende Ansicht, vgl. Erman/*Böttcher*, BGB, § 426 Rn. 2; MüKo BGB/*Heinemeyer*, § 426 Rn. 33 f.; Staudinger/*Looschelders*, BGB, § 426 Rn. 38; *Meier*, Gesamtschulden, S. 288 ff.; dagegen für einen gesamtschuldnerischen Rückgriff, einen sog. Kaskadenregress MüKo BGB/*Bydlinski*, 7. Aufl. 2016, § 426 Rn. 30 f.

Gesamtschuldners nicht dessen Anteil und damit dessen gesamtes Insolvenzrisiko tragen müssen. Dieses Risiko weist das Gesetz durch die Ausfallhaftung der Gesamtschuldnergesamtheit aufgrund ihrer gesamtschuldnerischen Verbundenheit im Innenverhältnis zu.[618]

Fraglich ist, ob § 426 Abs. 1 S. 2 BGB eine Haftung für (wirtschaftlich) fremde Schuld darstellt. Es handelt sich hierbei um die Regressschuld eines weiteren nicht leistenden Gesamtschuldners. Der ausfallende Gesamtschuldner wird infolge der Ausfallhaftung seitens weiterer für ihn eingetretener Gesamtschuldner nicht von seiner Regresspflicht frei. Er bleibt den ausfallhaftenden Gesamtschuldnern weiterhin verpflichtet, sollte er wieder zu Vermögen kommen.[619] Mithin handelt es sich bei § 426 Abs. 1 S. 2 BGB definitionsgemäß um eine (subsidiäre) Haftung für fremde Schuld.

Zu beachten ist allerdings, dass das Fundament einer jeden auf § 426 Abs. 1 BGB basierenden Regressschuld die gesamtschuldnerische Verpflichtung im Außenverhältnis bildet, welche jeden einzelnen Gesamtschuldner primär und in voller Höhe trifft. Jeder Gesamtschuldner übernimmt bei Eingehung der gesamtschuldnerischen Verpflichtung das Risiko, dass er im Falle der Vermögenslosigkeit aller ihm regresspflichtigen Gesamtschuldner im Ergebnis den vollen Betrag im Außenverhältnis wie im Innenverhältnis zu tragen hat. Das Risiko der Nichteinbringlichkeit der Ausgleichsansprüche im zweiten Schritt, im Innenverhältnis, ist der Eingehung einer unmittelbaren, auf die volle Höhe gerichteten Schuld im Außenverhältnis immanent. Leistet ein anderer Gesamtschuldner, so ist die eigene Regressschuld sowie die fremde Regressschuld eines dritten, nicht leistenden Gesamtschuldners, für die er eventuell ausfallhaften muss, mit der vertraglich oder gesetzlich festgelegten Risikotragung im Einklang und lediglich als Substitut der im Außenverhältnis bestehenden primären Haftung in voller Höhe zu begreifen.

Dieser Fall zeigt, dass von der Annahme, dass subsidiäre Haftung für eine definitionsgemäß (wirtschaftlich) fremde Schuld stets zu einer formvorschriftsauslösenden Schutzwürdigkeit führt, eine Ausnahme zu machen ist: Handelt es sich bei der Haftung für (wirtschaftlich) fremde Schuld lediglich um ein inhaltsgleiches Substitut für eine unter Schutzwürdigkeitsaspekten unbedenkliche Haftung des Schuldners, so ruft diese kein erhöhtes, eine Form erforderndes Unterschätzungspotenzial hervor.

618 Vgl. Staudinger/*Looschelders*, BGB, § 426 Rn. 126 ff.
619 BeckOGK BGB/*Kreße*, § 426 Rn. 84.

### cc) *Ausfallhaftung gemäß § 735 S. 2 BGB*

Einen weiteren Fall gesetzlich normierter Ausfallhaftung stellt § 735 S. 2 BGB dar. Die Norm regelt in S. 1 eine Nachschusspflicht der Gesellschafter im Falle von Verlusten im Rahmen der Auseinandersetzung der Gesellschaft bürgerlichen Rechts. Diese Verpflichtung trifft jeden verlustausgleichspflichtigen Gesellschafter *pro rata* gegenüber der Gesellschaft.[620] § 735 S. 2 BGB steht auf den ersten Blick im Widerspruch zu § 707 BGB, welcher das Verbot der Nachschusspflicht statuiert. § 707 BGB gilt allerdings lediglich während des Bestehens der werbenden Gesellschaft. Für die Auseinandersetzungsgesellschaft dagegen gilt das Verbot der Nachschusspflicht nicht, da zwischen der Beitragspflicht gemäß § 705 BGB und der Verpflichtung zur Ausgleichung eines Fehlbetrages unterschieden werden muss.[621] Die Nachschusspflicht entsteht daher erst mit der Auflösung der Gesellschaft[622] und richtet sich nach dem Verteilungsschlüssel für Gewinn und Verlust gemäß §§ 722, 734 BGB.[623]

Für den Fall, dass Nachschussbeiträge von einzelnen Gesellschaftern nicht zu erlangen sind, haben den Ausfall die übrigen Gesellschafter gemäß S. 2 nach gleichen Verteilungsmaßstäben wie in S. 1 zu tragen. § 735 S. 2 BGB regelt damit eine subsidiäre Ausfallhaftung für Nachschusspflichten eines Mitgesellschafters. Diese Ausfallhaftung umfasst nicht nur den nicht zu erlangenden Fehlbetrag, sondern sämtliche gegen den ausgleichspflichtigen Gesellschafter gerichteten Sozialansprüche.[624] Ihren Anwendungsbereich findet die Norm nicht nur im Recht der GbR, sondern über § 105 Abs. 3 HGB auch bei der OHG und (i.V.m. § 161 Abs. 2 HGB) bei der KG.[625]

Fraglich ist, ob es sich hierbei um eine Haftung für fremde Schuld im Sinne der Definition handelt. Grundsätzlich handelt es sich bei der Schuld um eine *pro rata*-Haftung. Steht nun der ausfallhaftende Mitgesellschafter für eine Verlusttragungspflicht des ausfallenden Mitgesellschafters ein, so wird diese Schuld nicht zu der (wirtschaftlich) eigenen Schuld des ausfallhaftenden Mitgesellschafters. Denn dieser muss für die Ausfallhaftung gemäß § 735 S. 2 BGB Regress bei

620 Soergel/*Hadding/Kießling*, BGB, § 735 Rn. 5.

621 BGHZ 191, 293, 301 f.; Erman/*Westermann*, BGB, § 735 Rn. 1; MüKo BGB/*C. Schäfer*, § 735 Rn. 1; BeckOK BGB/*Schöne*, § 735 Rn. 1.

622 Soergel/*Hadding/Kießling*, BGB, § 735 Rn. 6.

623 Erman/*Westermann*, BGB, § 735 Rn. 1.

624 Staudinger/*Habermeier*, BGB, § 735 Rn. 5; Dauner-Lieb/Langen/*Hanke*, BGB, § 735 Rn. 6.

625 Vgl. BGH NZG 2010, 1184.

dem ausfallenden Mitgesellschafter nehmen können.[626] Die Haftungsstruktur des § 735 S. 2 BGB, welcher eine Ausfallhaftung für proratarische Verlustbeteiligungen festlegt, ähnelt der des § 426 Abs. 1 S. 2 BGB. In beiden Fällen handelt es sich definitionsgemäß um eine (subsidiäre) Haftung für (wirtschaftlich) fremde Schuld, während jedoch eine latent bestehende, primäre gesamtschuldnerische Haftung über den Ausfallhaftenden schwebt. § 426 Abs. 1 S. 2 BGB stellt das Substitut für die Gesamtschuldverpflichtung nach außen hin dar; § 735 S. 2 BGB das Substitut für die latent bestehende gesamtschuldnerische Haftung eines jeden Gesellschafters für Gesellschaftsverbindlichkeiten gemäß § 128 HGB (analog), welche auch im Abwicklungsstadium noch fortbesteht.[627]

Damit überlagert hier die primäre Haftung für Gesellschaftsverbindlichkeiten aus § 128 HGB (analog) sowie § 735 S. 1 BGB die versteckte und aufgrund ihrer Subsidiarität und der (wirtschaftlichen) Fremdheit der Schuld grundsätzlich Schuldnerschutz[628] bedürfende Vorschrift des § 735 S. 2 BGB. Dafür, dass die subsidiäre Ausfallhaftung vor dem Hintergrund des § 128 HGB als Substitut einer latent bestehenden (aus Schuldnerschutzaspekten unbedenklichen) Verpflichtung gesehen werden muss, spricht auch der Umstand, dass die Existenz der gesamtschuldnerischen Außenhaftung für Gesellschaftsverbindlichkeiten gemäß § 128 HGB zur Begründung der Abdingbarkeit von § 735 BGB insgesamt herangezogen wird: Weil den Gesellschaftsgläubigern noch immer die direkte Außenhaftung der Gesellschafter verbleibt, können die Gesellschafter im Innenverhältnis von § 735 BGB abweichende Regelungen treffen.[629] Die Gesellschafter haben allerdings häufig ein eigenes Interesse an der (anteiligen) Nachschusspflicht für Verluste gemäß § 735 S. 1 BGB, da sich hiermit die Risiken der persönlichen Inanspruchnahme aufgrund der persönlichen Mithaftung für Gesellschaftsverbindlichkeiten (§ 128 HGB) reduzieren.[630] Damit wird in dem Zusammenhang (aus Gläubigerschutzsicht) die Wertung getroffen, dass § 735 S. 2 BGB inhaltlich von der persönlichen Haftung für Gesellschaftsverbindlichkeiten gemäß § 128 HGB umfasst ist und § 735 S. 2 BGB daher im Gesellschaftsvertrag abbedungen werden kann. Dieser Gedanke kann weiterentwickelt

626 Soweit ersichtlich, wird diese Frage im Schrifttum nicht erörtert. Lediglich MüKo BGB/*C. Schäfer*, § 735 Rn. 7 verweist generell hinsichtlich der Voraussetzungen und des Umfangs des § 735 S. 2 BGB auf § 426 Abs. 1 S. 2 BGB.

627 Henssler/Strohn/*Kilian*, § 730 BGB Rn. 6 ff.

628 Vgl. oben unter D.IV.

629 Soergel/*Hadding/Kießling*, BGB, § 735 Rn. 2.

630 So auch Staudinger/*Habermeier*, BGB, § 735 Rn. 1.

werden, sodass dieser Zusammenhang auch im Hinblick auf die Schutzwürdigkeit des Gesellschafters gilt: Ist § 128 HGB hinsichtlich der Schutzwürdigkeit des Gesellschafters unbedenklich, so gilt das auch für den hiervon im Ergebnis umfassten § 735 S. 2 BGB.

### *dd) Zwischenergebnis*

Als entscheidender Unterschied zwischen den hier betrachteten Ausfallhaftungstatbeständen und § 31 Abs. 3 GmbHG hat sich herausgestellt, dass erstere eine Ausfallhaftung für die Regressschuld eines dritten Gesamtschuldners im Innenverhältnis darstellt. Diese ist in der Gesamtschau von der persönlichen, unmittelbaren Haftung eines jeden Gesamtschuldners im Außenverhältnis mit umfasst. Daher ruft die Ausfallhaftung für die Regressschuld eines dritten Gesamtschuldners keine erhöhte Schutzwürdigkeit des Ausfallhaftenden hervor. Der Ausfallhaftungstatbestand im Innenverhältnis ist Destillat der Verpflichtung des Gesamtschuldners im Außenverhältnis.

Anders präsentiert sich die Gemengelage im Rahmen des § 31 Abs. 3 GmbHG. Eine Leistungspflicht des Ausfallhaftenden entsteht erst mit verbotswidriger Auszahlung an den Empfänger, der Nichterlangbarkeit der Erstattung sowie der Erforderlichkeit zur Gläubigerbefriedigung. Die Ausfallhaftung gemäß § 31 Abs. 3 GmbHG zeigt sich daher in ihrem Entstehen untrennbar verknüpft mit der (fremden) Erstattungspflicht gemäß § 31 Abs. 1 GmbHG.

Der Vergleich zeigt, dass sich beide Haftungsmodelle, ungeachtet der in beiden Fällen üblichen Bezeichnung als „Ausfallhaftung“ und der scheinbaren Ähnlichkeit in der Wirkungsweise, bereits grundverschiedenen Ausgangslagen ausgesetzt sehen. Die vom Gesetzgeber selbst erkannte besondere „Strenge“ des § 31 Abs. 3 GmbHG[631] spiegelt sich bei der gesamtschuldnerischen Ausfallhaftung nicht wider – hat sich der Gesamtschuldner doch nach außen ohnehin primär und in voller Höhe verpflichtet.

---

631 Begründung zum Gesetzentwurf betreffend die Gesellschaften mit beschränkter Haftung, Stenographische Berichte über die Verhandlungen des Reichstags, 8. Legislaturperiode, 1. Session 1890/1892, Reichstagsaktenstück Nr. 660, S. 3745; vgl. auch den Kommissionsbericht zur Vorberatung des Entwurfs eines Gesetzes betreffend die Gesellschaften mit beschränkter Haftung, Stenographische Berichte über die Verhandlungen des Reichstags, 8. Legislaturperiode, 1. Session 1890/1892, Reichstagsaktenstück Nr. 744, S. 4009.

### b) *Fälle der gesetzlich angeordneten Bürgenhaftung*

Das BGB ordnet hinsichtlich verschiedener Rechtsgeschäfte im BGB – zum Teil ausdrücklich – eine bürgengleiche Haftung an. Somit ist in verschiedenen Rechtsbereichen des BGB eine Haftung eingeführt, die – wie gezeigt – strukturell auch der Ausfallhaftung des § 31 Abs. 3 GmbHG ähneln kann. Im Folgenden sind diese Fälle genauer zu untersuchen.

#### aa) *Die Haftung des bisherigen Pfandgläubigers, § 1251 Abs. 2 S. 2 BGB*

Die Norm legt fest, dass infolge des Pfandrechtsübergangs der neue Pfandgläubiger in die mit dem Pfandrecht verbundenen Verpflichtungen gegen den Verpfänder eintritt. Erfüllt der neue Pfandgläubiger seine Pflichten gegenüber dem Verpfänder nicht und wird er hierdurch schadensersatzpflichtig, so haftet der bisherige Pfandgläubiger wie ein selbstschuldnerischer Bürge.

Es gelten für den bisherigen Pfandgläubiger somit weitgehend die Bürgschaftsvorschriften mit Ausnahme der Einrede der Vorausklage gemäß § 771 BGB.[632] Diese Anordnung der Bürgenhaftung für den bisherigen Pfandgläubiger trägt dem Interesse des Verpfänders Rechnung, welcher sich infolge des Pfandrechtsübergangs ohne sein Zutun einem anderen Vertragspartner ausgesetzt sieht, den er sich nicht aussuchen und dessen Zuverlässigkeit er nicht prüfen konnte. Entsprechend den Wertungen des allgemeinen Schuldrechts[633] kann dem Verpfänder nicht ohne sein Mitwirken das Insolvenzrisiko eines Dritten aufgebürdet werden.[634] Eine lediglich subsidiäre Einstandspflicht durch die Möglichkeit der Erhebung der Einrede der Vorausklage ist hier nicht angezeigt, da diese Möglichkeit auch dem bisherigen Pfandgläubiger nicht zustand und sich die Rechtsposition des Verpfänders nicht verschlechtern soll.[635]

Ein Vergleich zur Ausfallhaftung des § 31 Abs. 3 GmbHG ist anhand der herausgearbeiteten Kriterien der Fremdheit der Schuld sowie der Subsidiarität durchzuführen. Fraglich ist, ob es sich hier um die Übernahme einer fremden Schuld handelt, also um die Übernahme einer Verbindlichkeit eines Dritten, die dem Übernehmenden wirtschaftlich fremd bleibt, weil der Hauptschuldner im Ergebnis die Schuld selbst zu tragen hat. Grundsätzlich tritt der neue Pfandgläubiger gemäß § 1251 Abs. 2 S. 1 BGB in die mit dem Pfandrecht verbundenen

632 BeckOGK BGB/*Förster*, § 1251 Rn. 12.
633 Vgl. § 415 BGB; gleicher Gedanke bei MüKo BGB/*Häublein*, § 566a Rn. 1.
634 BeckOGK BGB/*Förster*, § 1251 Rn. 13; BeckOK BGB/*Schärtl*, § 1251 Rn. 4.
635 BeckOGK BGB/*Förster*, § 1251 Rn. 12.

Verpflichtungen gegen den Verpfänder ein. Im Falle der Verletzung dieser Verpflichtungen und einer daraus resultierenden Schadensersatzhaftung ist diese somit ausschließlich dem neuen Pfandgläubiger zuzuordnen. § 1251 Abs. 2 S. 2 BGB ordnet an, dass der bisherige Pfandgläubiger für diese Schuld wie ein selbstschuldnerischer Bürge haftet. Da diesem gemäß § 774 BGB ein voller Regressanspruch durch die *cessio legis* zusteht, haftet der bisherige Pfandgläubiger damit für eine fremde Schuld. Damit gleicht die Haftung des bisherigen Pfandgläubigers in Bezug auf die Fremdheit der Schuld der Ausfallhaftung gemäß § 31 Abs. 3 GmbHG. Allerdings ergibt sich in diesem Fall aus der Fremdheit der Schuld kein sonst übliches Schutzbedürfnis, da der frühere Pfandgläubiger seinerzeit inhaltsgleich verpflichtet war.

Auch ist die Haftung des bisherigen Pfandgläubigers durch den Ausschluss der Einrede der Vorausklage gemäß § 771 BGB nicht subsidiär ausgestaltet, womit eine besondere Schutzwürdigkeit ebenfalls ausscheidet. Damit unterscheidet sich § 1251 Abs. 2 S. 2 BGB von der Ausfallhaftung des § 31 Abs. 3 GmbHG.

#### *bb) Die Haftung des Veräußerers des vermieteten Wohnraums, § 566 Abs. 2 BGB*

Parallel stellt sich die Lage im Fall des § 566 Abs. 2 BGB dar, einem weiteren Fall der gesetzlichen Bürgschaft im BGB. Die Norm, welche die Veräußerung von vermietetem Wohnraum seitens des Vermieters an einen Dritten betrifft, verfolgt den Zweck, einen Gleichlauf von Eigentum und Vermieterstellung herbeizuführen. § 566 Abs. 1 BGB bewirkt daher, dass im Augenblick des Eigentumsübergangs kraft Gesetzes ein neues Mietverhältnis zwischen dem Erwerber des Grundstücks und dem Mieter entsteht, und zwar mit demselben Inhalt, den es zuvor mit dem Veräußerer hatte.[636]

Abs. 2 der Norm ordnet für den (bisherigen) Vermieter eine selbstschuldnerische und damit nicht subsidiäre Bürgenhaftung hinsichtlich Schäden an, die aus der Verletzung der Vermieterpflichten seitens des Erwerbers resultieren.[637] Als Hintergrund fungiert auch hier der Gedanke, dass der Mieter nicht ohne sein Zutun den Vertragspartner verlieren soll, den er sich ausgesucht hat.[638] Mithin wird – wie im Falle des § 1251 Abs. 2 S. 2 BGB – für den ehemaligen Vermieter eine selbstschuldnerische Bürgenhaftung angeordnet, also eine unmittelbare

636 BGH NZM 2016, 467; BGH NZM 2008, 519; BeckOGK BGB/*Harke*, § 566 Rn. 41.

637 Siehe zur Vorgängerregelung *Koban*, Gesetzliche Bürgschaft, S. 13 ff.

638 Vgl. auch hier den Rechtsgedanken aus § 415 BGB; siehe auch BeckOGK BGB/*Harke*, § 566 Rn. 75.

Haftung für fremde Schuld. Hinsichtlich des Schutzbedürfnisses des bisherigen Vermieters gilt auch hier das oben zu § 1251 Abs. 2 S. 2 BGB gesagte.

### *cc) Die Forthaftung des früheren Vermieters für die Mietsicherheit, § 566a S. 2 BGB*

Eine ähnliche Haftungssituation ist in § 566a S. 2 BGB vorzufinden. Die Vorschrift stellt in S. 1 klar, dass der Erwerber in die Rechte und Pflichten des Veräußerers aus der Vereinbarung über eine vom Mieter zu leistende Mietsicherheit eintritt. S. 2 legt zudem fest, dass der Veräußerer („Vermieter") weiterhin subsidiär zur Rückgewähr der Mietsicherheit verpflichtet ist.[639] Vorliegend ist insbesondere S. 2 von Interesse, da dieser eine subsidiäre Haftung des Veräußerers anordnet, die mit § 31 Abs. 3 GmbHG vergleichbar sein könnte.

Zur weiteren Vergleichbarkeit ist fraglich, ob es sich auch hier um eine subsidiäre Haftung für (wirtschaftlich) fremde Schuld handelt wie im Falle der Ausfallhaftung und der Bürgschaft. Auf den ersten Blick liegt die Annahme einer (wirtschaftlich) fremden Schuld für den Veräußerer nahe: S. 1 der Vorschrift legt fest, dass der Erwerber bei Überleitung des Mietverhältnisses in die Rechte und Pflichten des Veräußerers in Bezug auf die Mietsicherheit eintritt. Der Veräußerer ist gemäß S. 2 noch immer zur Rückgewähr der Mietsicherheit verpflichtet, während ihm jedoch ein Ausgleichsanspruch gegen den Erwerber zusteht.[640] Mithin steht der Veräußerer zwar für die Rückgewährverpflichtung ein; im Ergebnis hat aber der Erwerber für diese Schuld aufzukommen – es handelt sich somit für den Veräußerer grundsätzlich um eine (wirtschaftlich) fremde Schuld.

Rechtstechnisch ordnet der Gesetzgeber in § 566a S. 2 BGB keine gesetzliche Bürgenhaftung für einen nach Eintritt der neuen Vertragspartei entstehenden Rückgewähranspruch an, sondern vielmehr eine „Forthaftung"[641] des früheren Vermieters für die von ihm (als wirtschaftlich eigene) begründete Rückgewährverpflichtung hinsichtlich der Mietsicherheit. Die Vorschrift kann daher auch als eine Art partielle Rückausnahme von § 566a S. 1 BGB angesehen werden: Während S. 1 festlegt, dass der Erwerber grundsätzlich hinsichtlich der Mietsicherheit in die Rechte und Pflichten des Veräußerers eintritt (und damit den Veräußerer aus diesen verdrängt), bestimmt S. 2, dass dies in Bezug auf die Rückgewährpflicht der Mietsicherheit bei Nichterlangbarkeit nicht gilt. Es liegt

639 Schmidt-Futterer/*Streyl*, § 566a BGB Rn. 1 ff.

640 Staudinger/*Emmerich*, BGB, § 566a Rn. 17.

641 So ausdrücklich die Gesetzesbegründung, siehe BT-Drucks. 14/4553, S. 63; so auch Staudinger/*Emmerich*, BGB, § 566a Rn. 16; BeckOGK BGB/*Harke*, § 566a Rn. 12 f.

damit ein Erfüllungsanspruch aus dem Mietverhältnis vor, welcher aufschiebend auf die Nichterlangbarkeit beim Erwerber bedingt ist. Von einer (gesetzlichen) Bürgenhaftung des Veräußerers kann insbesondere mit Blick auf die vergleichbare Regelung des § 566 Abs. 2 S. 1 BGB nicht gesprochen werden. Der Mieter hat einen zweiten Schuldner hinsichtlich des Anspruchs auf Rückgewähr der Kaution.[642]

Hieraus ergibt sich, dass zwar grundsätzlich eine fremde Schuld vorliegt, weil dem Veräußerer hinsichtlich der in S. 2 festgelegten Rückerstattungspflicht in aller Regel ein Ausgleichsanspruch gegen den Erwerber zusteht. Daneben besteht jedoch eine inhaltsgleiche (wirtschaftlich) eigene Rückgewährschuld hinsichtlich der Mietsicherheit, welche bereits vor der Veräußerung bestand und durch die Anordnung des S. 2 über die Veräußerung der Mietsache hinaus inhaltsgleich fortgeführt wird. Die Begründung einer solchen Schuld zur Verwahrung der Mietsicherheit und späteren Rückgewähr bedarf unstreitig keines Formerfordernisses. In einem Fall der Forthaftung für eine unter Schutzwürdigkeitsaspekten unbedenkliche (Rückgewähr)Schuld ist die besondere Schutzwürdigkeit des Fremdschuldners zu verneinen. Die für eine Haftung für fremde Schuld typische Gefährdungslage ergibt sich nicht, wenn zwar dank des nunmehr gegebenen Regressanspruchs definitionsgemäß eine wirtschaftlich fremde Schuld vorliegt, diese aber eine bereits zuvor bestehende wirtschaftlich eigene Schuld inhaltsgleich spiegelt.

Es zeigen sich im Fall des § 566a S. 2 BGB Parallelen zum oben besprochenen Fall der Ausfallhaftung gemäß § 426 Abs. 1 S. 2 BGB. Auch hier handelt es sich grundsätzlich um eine subsidiäre Haftung für (wirtschaftlich) fremde Schuld. Hier kann der Umstand, dass die (wirtschaftlich) fremde Schuld lediglich eine Forthaftung der (wirtschaftlich) eigenen Schuld des Vermieters darstellt, kein normalerweise der (wirtschaftlich) fremden Schuld immanentes Unterschätzungspotenzial hervorrufen.

#### *dd) Der Kreditauftrag, § 778 BGB*

Ein Fall der expliziten Anordnung der Bürgenhaftung ist in § 778 BGB zu finden. Hiernach haftet der Kreditauftraggeber, der jemanden (Kreditauftragnehmer oder Darlehensgeber) beauftragt, im eigenen Namen und auf eigene Rechnung (des Darlehensgebers) einem Dritten (Darlehensnehmer) ein Darlehen oder eine Finanzierungshilfe zu gewähren, für die hieraus entstehende Verbindlichkeit des Dritten wie ein Bürge. Die Vorschrift ordnet also eine

642 Ebenso Spielbauer/Schneider/*Krenek*, § 566a BGB Rn. 14.

Bürgenhaftung für die Rückzahlungsverpflichtung an, die einen Dritten (den Darlehensnehmer) betrifft und sich damit in der (für den Kreditauftraggeber fremden) Beziehung zwischen Darlehensgeber und Darlehensnehmer abspielt. Diese Haftung ist subsidiär, da dem Kreditauftraggeber die Einrede der Vorausklage gemäß § 771 BGB zusteht.[643] Jedoch entspricht es der ganz überwiegenden Meinung, dass das Schriftformerfordernis des § 766 BGB nicht analog auf den Kreditauftrag angewendet werden kann.[644] Leistet der Kreditauftraggeber an den Darlehensgeber, so steht ihm gemäß § 774 Abs. 1 BGB ein Regressanspruch gegen den Darlehensnehmer zu. Somit lässt sich die Haftung des Kreditauftraggebers scheinbar als Haftung für (wirtschaftlich) fremde Schuld kategorisieren. Damit läge eine subsidiäre Haftung für (wirtschaftlich) fremde Schuld vor, ohne dass der Kreditauftraggeber durch eine Formvorschrift vor unterschätzungsbedingter Übereilung gewarnt würde.

Dass dieses Ergebnis im Fall des Kreditauftrags dennoch richtig ist, zeigt eine nähere rechtstechnische Betrachtung dieses Rechtsinstituts. Der Kreditauftrag steht nämlich dem Auftragsrecht gemäß §§ 662 ff. BGB näher als dem Bürgschaftsrecht. Die Haftung des Kreditauftraggebers ist daher vorrangig mit der Haftung des Auftraggebers abzugleichen: Gemäß § 670 BGB steht dem Beauftragten ein Aufwendungsersatzanspruch hinsichtlich Aufwendungen zu, die er den Umständen nach für erforderlich halten darf. Der Ersatzanspruch umfasst richtigerweise nicht nur (freiwillige) Aufwendungen, sondern auch sog. risikotypische Schäden.[645] Das Auftragsrecht sieht damit grundsätzlich eine verschuldensunabhängige Haftung des Auftraggebers insbesondere aufgrund seiner Veranlassung der Tätigkeit vor.[646]

Bei § 778 BGB fehlt es an dem für die Fremdschuldhaftung typischen Sicherungscharakter:[647] Der Kreditauftraggeber sichert durch seine Haftung nicht eine fremde, bereits bestehende oder gerade entstehende Schuld ab. Vielmehr begründet der Kreditauftraggeber durch die Auftragserteilung eine (wirtschaftlich) eigene Schuld, für die er ohnehin nach § 670 BGB haften würde,

643 MüKo BGB/*Habersack*, § 778 Rn. 9; BeckOGK BGB/*Madaus*, § 778 Rn. 25.

644 So bereits RGZ 50, 160 ff.; statt vieler Staudinger/*Horn*, BGB, § 778 Rn. 6; Erman/*Zetsche*, BGB, § 778 Rn. 2; soweit ersichtlich a.A. einzig *Reichel*, Schuldmitübernahme, S. 214.

645 So auch BeckOGK BGB/*Riesenhuber*, § 670 Rn. 62 ff.; MüKo BGB/*F. Schäfer*, § 670 Rn. 12 ff.; eingehend zum Meinungsstand und mit abweichendem Ergebnis *A. Meyer*, AcP 216 (2016), 952, 972 ff.

646 BeckOGK BGB/*Riesenhuber*, § 670 Rn. 70.

647 Erman/*Zetsche*, BGB, § 778 Rn. 2.

bestünde der modifizierende § 778 BGB nicht. Durch die Aufforderung an den Kreditauftragnehmer: „Kreditieren Sie auf meine Gefahr!“ [648] setzt der Kreditauftraggeber eine eigene Schuld aus Auftragsrecht als treibende Kraft erst in Gang.[649] § 778 BGB substituiert mithin die verschuldensunabhängige Haftung des § 670 BGB durch eine Bürgenhaftung.[650] Es erscheint daher überzeugend, unter Beachtung der Grundsätze des (formfreien) Auftragsvertrags[651] die Notwendigkeit eines den Fremdschuldner schützenden (Schrift)Formerfordernisses abzulehnen.

Vorliegend ähneln sich § 778 BGB und § 566a S. 2 BGB: Die oben gefundene Ausnahme für Fälle der Forthaftung für eine eigene, aus Schuldnerschutzaspekten unbedenkliche Haftung lässt sich auch auf den Kreditauftraggeber anwenden: Vor Darlehensgewährung haftet der Kreditauftraggeber dem Kreditauftragnehmer und Darlehensgeber für (wirtschaftlich) eigene Schuld aus Auftragsrecht.[652] Nach Darlehensgewährung haftet der Kreditauftraggeber grundsätzlich weiterhin nach Auftragsrecht, lediglich hinsichtlich seiner Haftung durch § 778 BGB modifiziert nach Bürgschaftsrecht.[653] Wie bei § 566a S. 2 BGB gilt auch hier: Obwohl eine fremde Schuld definitionsgemäß zu bejahen wäre, liegt hier weiterhin eine inhaltsgleiche Forthaftung für die (wirtschaftlich) eigene Schuld des Kreditauftraggebers aus Auftragsrecht vor.

#### *ee) Zwischenergebnis zur gesetzlichen Bürgschaft*

Vorliegend wurden drei Fälle der gesetzlich angeordneten Bürgenhaftung sowie mit § 566a S. 2 BGB ein sehr ähnlicher Fall begutachtet. Es hat sich gezeigt, dass die Fälle der angeordneten Bürgenhaftung im BGB entweder eine direkte, nicht subsidiäre Haftung für (wirtschaftlich) fremde Schuld[654] oder eine subsidiäre (Fort)Haftung für (wirtschaftlich) eigene Schuld[655] vorsehen. Einen der klassischen Bürgschaft ähnlichen Fall – eine subsidiäre Haftung für (wirtschaftlich) fremde Schuld – ordnet das BGB nicht an. Für die Fälle der gesetzlich

---

648 *Frese,* Kreditauftrag, S. 60 ff.

649 *Frese,* Kreditauftrag, S. 60 ff.

650 BeckOGK BGB/*Madaus*, § 778 Rn. 1.

651 Es handelt sich um eine bestimmte Art des Auftrags. Siehe Motive Bd. 2 S. 682: „Mandatum qualificatum“.

652 MüKo BGB/*Habersack*, § 778 Rn. 7 ff.

653 MüKo BGB/*Habersack*, § 778 Rn. 9.

654 So in § 1251 Abs. 2 S. 2 BGB und in § 566 Abs. 2 S. 1 BGB.

655 So in § 566a S. 2 BGB und in § 778 BGB.

angeordneten Bürgenhaftung ist nach richtiger und überwiegender Ansicht kein schützendes (Schrift)Formerfordernis erforderlich.[656]

### c) *Weitere Fälle unechter Ausfallhaftung*

#### aa) *Ausfallhaftung des ausgeschlossenen Gesellschafters, § 21 Abs. 3 GmbHG*

Leistet ein Gesellschafter seine Bareinlage nicht fristgerecht, so kann ihn die Gesellschaft seines Geschäftsanteils und der geleisteten Teilzahlungen zugunsten der Gesellschaft verlustig erklären, § 21 Abs. 2 S. 1 GmbHG. Infolgedessen muss die Gesellschaft die Einlageverpflichtung von einem Rechtsvorgänger des ausgeschlossenen Gesellschafters einfordern, § 22 GmbHG, und bei Nichterlangbarkeit das Verfahren zur Verwertung des Geschäftsanteils durchführen, § 23 GmbHG. Sind diese Maßnahmen zur Aufbringung des Stammkapitals erfolglos, haftet der ausgeschlossene Gesellschafter der Gesellschaft subsidiär für den Fehlbetrag, § 21 Abs. 3 GmbHG. Im letzten Schritt sind bei Erfolglosigkeit der vorangegangenen Maßnahmen die Mitgesellschafter gemäß § 24 GmbHG dazu verpflichtet, für die Einlageverpflichtung des Mitgesellschafters aufzukommen. Durch dieses Verfahren wird die Sicherung der Kapitalaufbringung bezweckt.[657]

Infolge der Kaduzierung verliert der ausgeschlossene Gesellschafter seinen Geschäftsanteil. Hieran ändert sich auch nichts, wenn es zu dessen Ausfallhaftung gemäß § 21 Abs. 3 GmbHG kommt: Der ausgeschlossene Gesellschafter erlangt hierdurch nicht etwa den Geschäftsanteil zurück.[658] Er erlangt auch keine Regressansprüche gegen die Gesellschaft oder Mitgesellschafter.[659] Die harte Rechtsfolge, dass der ausgeschlossene Gesellschafter seinen Geschäftsanteil verliert, aber gleichzeitig seine Einlage beglichen hat, ist vom Gesetzgeber vor dem Hintergrund der Sicherung der Kapitalaufbringung beabsichtigt und zeigt auch eine gewisse Straffunktion.[660]

Für den vorzunehmenden Vergleich zur Ausfallhaftung des § 31 Abs. 3 GmbHG ist abermals zu untersuchen, ob es sich bei dieser subsidiären Ausfallhaftung um eine Haftung für (wirtschaftlich) fremde Schuld handelt.

---

656 Gleichwohl ist zu beachten, dass im Falle der §§ 566 ff. BGB durch das Formerfordernis der dinglichen Übereignung von Wohnraumimmobilien ein gewisser Warnzweck erreicht wird, vgl. §§ 873, 925 Abs. 1 BGB.

657 MüKo GmbHG/*Schütz*, § 21 Rn. 2.

658 *Altmeppen*, GmbHG, § 21 Rn. 27.

659 MHLS/*Ebbing*, GmbHG, § 21 Rn. 154.

660 MüKo GmbHG/*Schütz*, § 21 Rn. 3.

Dies muss verneint werden: Dem ausgeschlossenen Gesellschafter stehen keine Regressansprüche gegen die Gesellschaft oder gegen Mitgesellschafter zu. Hierin zeigt sich, dass die Schuld eine (wirtschaftlich) eigene des Mitgesellschafters ist und bleibt, da dieser die Schuld auch im Ergebnis selbst tragen soll. Das gleiche Ergebnis zeigt auch ein Blick in den Gesetzestext des § 21 Abs. 3 GmbHG: Der ausgeschlossene Gesellschafter *bleibt* der Gesellschaft *verhaftet*. Damit handelt es sich um eine Forthaftung für die (wirtschaftlich) eigene Schuld der Einlageverpflichtung. Die Systematik dieser (unechten) Ausfallhaftung ähnelt insoweit der des § 566a S. 2 BGB.[661]

### *bb) Ausfallhaftung des ausgeschlossenen Aktionärs, § 64 Abs. 4 S. 2 AktG*

Die aktienrechtlichen Parallelvorschriften zum Kaduzierungsverfahren des GmbHG sehen ebenfalls eine Ausfallhaftung des ausgeschlossenen Aktionärs vor. Auch dieser haftet lediglich subsidiär nach erfolgloser Inanspruchnahme seiner Rechtsvorgänger und erfolgloser Verwertung. Ebenso wenig erlangt der Ausfallhaftende mit seiner Zahlung Ansprüche gegen die AG, Mitgesellschafter oder Vormänner.[662]

Die Situation stellt sich parallel zur Ausfallhaftung des § 21 Abs. 3 GmbHG dar: Es handelt sich um eine Forthaftung für (wirtschaftlich) eigene Schuld des ausgeschlossenen Aktionärs.

### *cc) Ausfallhaftung für Kapitalaufbringung, § 46 Abs. 4 AktG*

In der Literatur zur GmbH-rechtlichen Ausfallhaftung gemäß § 24 GmbHG scheint Einigkeit darüber zu bestehen, dass die Norm Ausdruck der personalistischen Ausgestaltung der GmbH ist und daher eine Besonderheit des GmbH-Rechts darstellt, welche dem Aktienrecht fernsteht.[663] Das mag grundsätzlich richtig sein, erwähnt aber nicht die Rechtsverhältnisse der Gründer einer AG untereinander. Die Ausfallhaftung der Gründer gemäß § 46 Abs. 4 AktG zeigt

---

661 In beiden Fällen handelt es sich um Forthaftung für (wirtschaftlich) eigene Schulden. In § 566a S. 2 BGB steht dem Ausfallhaftenden (Veräußerer) allerdings regelmäßig ein Regressanspruch gegen den Hauptschuldner (Erwerber) zu, siehe D.V.2.b)cc).

662 MüKo AktG/*Bayer*, § 64 Rn. 89; Hüffer/Koch/*Koch*, AktG, § 64 Rn. 9.

663 MHLS/*Ebbing*, GmbHG, § 24 Rn. 3; *K. Schmidt,* FS Raiser, 2005, 312, 322; MüKo GmbHG/*Schütz*, § 24 Rn. 4; siehe auch die Begründung zum Gesetzentwurf betreffend die Gesellschaften mit beschränkter Haftung, Stenographische Berichte über die Verhandlungen des Reichstags, 8. Legislaturperiode, 1. Session 1890/1892, Reichstagsaktenstück Nr. 660, S. 3741 am Anfang.

in ihrer Haftungssystematik eine Ähnlichkeit zu § 24 GmbHG. § 46 Abs. 4 AktG statuiert eine Ausfallhaftung der Gründer für den Fall, dass ein weiterer Gründer zahlungsunfähig oder unfähig ist, eine Sacheinlage zu leisten. In diesem Fall sind die übrigen Gründer als Gesamtschuldner für den Ausfall zum Ersatz verpflichtet, wenn diese die Beteiligung des Gründers in Kenntnis seiner Zahlungsunfähigkeit angenommen haben.

Es handelt sich damit um eine subsidiäre Haftung der Gründer, da diese erst mit Ausfall eines Gründers entsteht. Die Ausfallhaftung ist auch eine (wirtschaftlich) fremde, da die ausfallhaftenden Gründer den Einlageschuldner im Innenverhältnis in Regress nehmen können.[664] Mithin liegen auch hier die eine unterschätzungsbedingte Schutzwürdigkeit des Ausfallhaftenden begründenden Parameter grundsätzlich vor.

Als wesentlicher Unterschied zeigt sich hier – neben der gesamtschuldnerischen Verpflichtung der Ausfallhaftenden untereinander – das Verschuldenserfordernis der Ausfallhaftung. Der Ausfallhaftende muss die Beteiligung des Aktionärs in positiver Kenntnis seiner Zahlungs- oder Leistungsunfähigkeit angenommen haben.[665] Die Verschuldensvermutung des § 46 Abs. 3 AktG gilt nicht.[666] Dies ist anders als im Rahmen der GmbH-rechtlich angeordneten Ausfallhaftungstatbestände gemäß §§ 24, 31 Abs. 3 GmbHG, welche nach ganz überwiegender Ansicht verschuldensunabhängig sind, um den Gläubigerschutzzweck nicht zu gefährden.[667] § 46 Abs. 4 AktG ist damit als Schadensersatzanspruch[668] zu klassifizieren und nicht als verschuldensunabhängige Sicherungsvorschrift in Form einer objektiven Erfüllungshaftung.[669] Insoweit unterscheidet sich diese Haftungsvorschrift grundlegend von § 31 Abs. 3 GmbHG.

Die Notwendigkeit eines schützenden Formerfordernisses ist für die Begründung einer *verschuldensabhängigen* subsidiären Haftung für fremde Schuld

---

664 Hüffer/Koch/*Koch*, AktG, § 46 Rn. 19.

665 Hüffer/Koch/*Koch*, AktG, § 46 Rn. 16.

666 MüKo AktG/*Pentz*, § 46 Rn. 57.

667 Siehe hierzu ausführlich oben unter B.IV.1.

668 Umstritten, ob es sich um eine Schadensersatzhaftung oder eine Garantiehaftung handelt, siehe insgesamt Bürgers/Körber/Lieder/*Körber*, AktG, § 46 Rn. 19; ungeachtet des Gesetzeswortlauts „Ausfall“ nutzen K. Schmidt/Lutter/*Bayer*, AktG, § 46 Rn. 18; BeckOGK AktG/*Gerber*, § 46 Rn. 20; Grigoleit/*Grigoleit*, AktG, § 46 Rn. 13; Hüffer/Koch/*Koch*, AktG, § 46 Rn. 17; MüKo AktG/*Pentz*, § 46 Rn. 12, 58; Hölters/*Solveen*, AktG, § 46 Rn. 19 die Terminologie „Schadensersatz“.

669 Siehe hierzu näher oben unter B.III.2.a).

abzulehnen. Das Formerfordernis kompensiert, wie herausgearbeitet,[670] gerade das der Subsidiarität entspringende Unterschätzungspotenzial, welches die Möglichkeit, später in die Haftung zu geraten, verschleiert. Zwar mag bei Begründung der Haftung zum Zeitpunkt der Errichtung der Gesellschaft (§ 29 AktG) ein Unterschätzungspotenzial hinsichtlich einer späteren Ausfallhaftung gemäß § 46 Abs. 4 AktG bestehen. Das Schutzbedürfnis des Gründers entfällt jedoch, da der Grundstein der späteren Ausfallhaftung gemäß § 46 Abs. 4 AktG durch das Verhalten des Gründers (Aufnahme des Mitgründers trotz positiver Kenntnis seiner Zahlungsunfähigkeit) selbst gesetzt wird.

## VI. Ergebnis

Innerhalb der rechtswissenschaftlichen Auseinandersetzung mit der Ausfallhaftung des § 31 Abs. 3 GmbHG kreisen die strittigen Themengebiete hauptsächlich um die Schutzwürdigkeit des Ausfallhaftenden: Die wesentlichen Streitpunkte hinsichtlich der Vorschrift, deren besondere „Strenge" bereits dem historischen Gesetzgeber[671] bekannt war, behandeln die Einführung eines Haftungshöchstbetrags[672] und ein mögliches ungeschriebenes Verschuldenserfordernis.[673] Da die Ausfallhaftung lediglich absichernd, also subsidiär und für fremde Schuld eingreift, drängt es sich geradezu auf, dass Fragen des Schuldnerschutzes bei der Diskussion derartiger Modelle im Vordergrund stehen müssen. Die hier vorgenommene Vergleichsbetrachtung untersucht die Ausfallhaftung zivilrechtsübergreifend ebenfalls unter Schuldnerschutzaspekten. Die Schutzwürdigkeit des Haftenden schlägt sich in Fällen der echten Ausfallhaftung in einem warnenden Formerfordernis bei Übernahme dieser Haftung nieder.

Eine Vergleichbarkeit hinsichtlich der Schutzwürdigkeit erfordert die Einführung trennscharfer Abgrenzungs- und Einordnungskriterien, um mit möglichst weitem Blick auf ähnliche Haftungsinstitute konsistente Ergebnisse zu erzielen. Zunächst lassen sich ausschließlich Fälle der objektiven Erfüllungshaftung, nicht dagegen Fälle der Schadensersatzhaftung[674] mit der Ausfallhaftung gemäß

670 Siehe oben unter D.I.5.

671 Begründung zum Gesetzentwurf betreffend die Gesellschaften mit beschränkter Haftung, Stenographische Berichte über die Verhandlungen des Reichstags, 8. Legislaturperiode, 1. Session 1890/1892, Reichstagsaktenstück Nr. 660, S. 3745.

672 Siehe oben unter B.IV.2.

673 Siehe oben unter B.IV.1.

674 Hierzu zählen etwa Gefährdungshaftungstatbestände (siehe oben unter C.I.) oder die unechte Ausfallhaftung gemäß § 46 Abs. 4 AktG (siehe oben unter D.V.2.c)cc).)

§ 31 Abs. 3 GmbHG vergleichen.[675] Innerhalb der Erfüllungshaftungstatbestände haben sich die Vergleichskriterien der (wirtschaftlichen) Fremdheit der Schuld sowie die Subsidiarität der Haftung herauskristallisiert. Die Subsidiarität der Inanspruchnahme führt insbesondere im Recht der Bürgschaft entscheidend zu einem Unterschätzungspotenzial auf Seiten des Bürgen und stellt damit den tragenden Grund für die Schriftform der Bürgschaftserklärung dar. Die Subsidiarität allein kann allerdings noch keinen hinreichenden Parameter darstellen, um eine besondere Schutzwürdigkeit eines Haftenden festzustellen. So existieren Vorschriften, die eine lediglich subsidiäre Einstandspflicht festlegen, aber mangels Schutzwürdigkeit des Haftenden unstreitig kein Formerfordernis für die Begründung der Haftung nach sich ziehen.[676]

Mithin bedarf es eines zweiten Kriteriums, eines, das den Sicherungscharakter der Haftung beschreibt und das dem Gesetz keineswegs fremd ist: Die Haftung für (wirtschaftlich) fremde Schuld ist auch im Vormundschaftsrecht dazu geeignet, solche Schulden zu identifizieren, welche Vormund bzw. Mündel[677] dazu verführen könnten, aufgrund des Vertrauens auf einen Regressanspruch gegen den Hauptschuldner für den Mündel übermäßig riskante Geschäfte zu tätigen. Die Einordnung von Schulden, die lediglich vorläufig übernommen werden, während der Hauptschuldner diese im Ergebnis selbst zu tragen hat, als wirtschaftlich fremd zeugt von dem Sicherungscharakter der hierunter fallenden Rechtsgeschäfte und lässt sich auch außerhalb des Vormundschaftsrechts anwenden. Doch auch bezüglich der als wirtschaftlich fremd einzuordnenden Schulden besteht wohl Einigkeit, dass diese nicht sämtlich einem warnenden Formerfordernis unterfallen können.[678]

Aus diesen Gründen sind beide Kriterien zusammenzuführen, um eine das Formerfordernis auslösende Schutzwürdigkeit des Haftenden zu bestimmen: Die Fremdheit der Schuld, welche – bekannt aus dem Vormundschaftsrecht – bereits eine gewisse Vorfärbung der Schuld hinsichtlich der Schutzwürdigkeit des Haftenden beinhaltet, sowie die Subsidiarität, welche den Schuldner das Ausmaß der Haftungsübernahme verkennen und bisweilen hoffen lässt, dem „Worte die Tat nicht folgen lassen zu müssen".[679]

---

675 Siehe hierzu bereits oben unter B.III.

676 So etwa § 566a BGB; § 778 BGB.

677 Erman/*Schulte-Bunert*, BGB, Vor § 1821 Rn. 3.

678 Es wird zurecht nicht diskutiert, alle Fälle des § 1822 Nr. 10 BGB pauschal einem warnenden Formerfordernis zu unterwerfen.

679 *Reichel*, Schuldmitübernahme, S. 211.

Diese Kriterien erlauben es, die Ausfallhaftung des § 31 Abs. 3 GmbHG in Kontext zu weiteren Ausfallhaftungstatbeständen bzw. ähnlichen Haftungstatbeständen im Zivilrecht zu setzen. Solche Haftungssysteme, die besondere Ähnlichkeit zu § 31 Abs. 3 GmbHG aufweisen und ein vergleichbares Schuldnerschutzniveau erfordern, werden hier als Fälle *echter Ausfallhaftung* bezeichnet. Hierunter fallen die Bürgschaft gemäß § 765 BGB sowie die Ausfallhaftung für die Kapitalaufbringung gemäß § 24 GmbHG (analog). Diese sind in hohem Maße mit der Haftungssystematik der Ausfallhaftung des § 31 Abs. 3 GmbHG vergleichbar.

Dagegen sind Haftungssysteme, die nicht unter die oben aufgestellte These hinsichtlich der echten Ausfallhaftung fallen, während sie dennoch weitgehend als „Ausfallhaftung" bezeichnet werden, als *unechte Ausfallhaftung* zu kategorisieren. Diese haben gemein, dass zwar auch hier nachrangig gehaftet wird, dies aber nicht zu einer erhöhten, formvorschriftauslösenden Schutzwürdigkeit des Haftenden führt. Das liegt häufig an dem Umstand, dass dem Ausfallhaftenden die zugrundeliegende Schuld in verschiedener Weise enger anhaftet als in Fällen der echten Ausfallhaftung. Die inhaltsgleiche Forthaftung für eine ehemalige oder parallel bestehende, unter Schutzwürdigkeitsaspekten unbedenkliche Haftung begründet auch zu einem späteren Zeitpunkt, in dem die Schuld definitionsgemäß nunmehr eine fremde ist, keine Schutzwürdigkeit. Diese Fälle unechter Ausfallhaftung sind aufgrund ihrer unterschiedlichen Haftungssystematik nicht mit § 31 Abs. 3 GmbHG vergleichbar. Es bedarf keines schützenden Formerfordernisses.

Thesenartig lässt sich damit festhalten: Die Begründung einer subsidiären (Erfüllungs-)Haftung für (wirtschaftlich) fremde Schuld bringt grundsätzlich eine formvorschriftauslösende Schutzwürdigkeit mit sich. Eine Schutzwürdigkeit ist in Fällen zu verneinen, in denen eine inhaltsgleiche (Fort-)Haftung für eine Schuld besteht, die nicht unter die o.g. Kategorisierung fällt.

## VII. Einordnung der analogen Anwendung der Ausfallhaftung gemäß § 31 Abs. 3 GmbHG auf den Nur-Kommanditisten

Fraglich ist, wie sich die verschiedentlich vorgeschlagene analoge Anwendung der Ausfallhaftung auf den Nur-Kommanditisten vor dem Hintergrund der oben gefundenen Ergebnisse einordnen lässt und welche Folgerungen dies nach sich zieht.

Im Fall der GmbH & Co. KG wird der Nur-Kommanditist Gesellschafter, ohne bei Vertragsschluss ein Formerfordernis beachten zu müssen. Sowohl der Gesellschaftsvertrag als auch die den Gesellschaftsvertrag ändernde Beitrittsvereinbarung eines nach der Gründung beitretenden Kommanditisten sind aus den oben[680] erläuterten Gründen formfrei.[681] Der potenziell ausfallhaftende GmbH-Gesellschafter dagegen ist sowohl bei Gründung als auch bei späterem Beitritt zur GmbH durch die warnende und aufklärende notarielle Form der §§ 2, 15 GmbHG geschützt. Eine analoge Anwendung der Ausfallhaftung würde die Haftung des Nur-Kommanditisten, welcher er sich vertraglich unterworfen hat, erheblich erweitern: Er haftet nach dem gesetzlichen Leitbild im Außenverhältnis den KG-Gläubigern gegenüber lediglich in Höhe seiner Hafteinlage unmittelbar; nicht jedoch, soweit die Hafteinlage geleistet ist, § 171 Abs. 1 HGB.[682] Eine weitere Erhöhung der Beitragspflichten verstößt gegen das „verbandsrechtliche Grundrecht"[683] des § 707 BGB, welcher ein grundsätzliches Verbot der Nachschusspflicht statuiert. Auch im Innenverhältnis nimmt der Kommanditist an der Verlusttragung nur bis zum Betrag seines Kapitalanteils teil, § 167 Abs. 3 HGB.

Befürwortet man eine analoge Anwendung des § 31 Abs. 3 GmbHG auf den Nur-Kommanditisten, so unterwirft man den formlos beigetretenen Nur-Kommanditisten im Falle der Stammkapitalschmälerung in der Komplementärgesellschaft einer subsidiären Haftung für (wirtschaftlich) fremde Schuld – mithin einer *echten Ausfallhaftung*. Die Schuld ist für den Nur-Kommanditisten wirtschaftlich fremd, da im Ergebnis der Empfänger der Einlagenrückgewähr für die Schuld aufkommen soll, weshalb dem Nur-Kommanditisten auch ein Regressanspruch aus dem Gesellschaftsverhältnis bzw. nach herrschender Meinung aus § 31 Abs. 1 GmbHG i.V.m. § 774 BGB analog zustehen müsste.[684] Damit würde auf den Nur-Kommanditisten nach herrschender Meinung sowohl eine bürgschaftsgleiche Haftung (§ 31 Abs. 3 GmbHG analog) als auch ein Bürgenregressanspruch analog angewandt. Ein weiteres, die Bürgschaft prägendes Element, das warnende Schriftformerfordernis, wird dagegen nicht zur Anwendung erwogen, obwohl die Interessenlage und die dogmatischen Strukturen gleichlaufen. Der Blick auf den Zweck des Formerfordernisses der Bürgschaftserklärung gemäß § 766 BGB zeigt, dass das geltende Recht der subsidiären Haftung für (wirtschaftlich) fremde Schuld ein Unterschätzungspotenzial beimisst, vor

680 Siehe oben unter D.III.
681 MHdB GesR II/*Jaletzke*, § 62 Rn. 12.
682 Siehe hierzu oben unter B.II.3.
683 MüKo BGB/*C. Schäfer*, § 707 Rn. 1; *Wertenbruch*, DStR 2007, 1680.
684 Siehe zum Regressanspruch oben unter B.I.2.b)bb).

dem gewarnt werden soll. Auch hinsichtlich des Formerfordernisses der §§ 2, 15 GmbHG nimmt die herrschende Ansicht an, dass insbesondere vor der Ausfallhaftung zu warnen ist, welche den Gesellschaftern häufig – wohl aufgrund der Subsidiarität – nicht hinreichend geläufig ist. Diese Wertungen geben – sofern man die Ausfallhaftung analog auf den Nur-Kommanditisten anwenden möchte – die Beachtung einer warnenden Formvorschrift für dessen Beitritt zur GmbH & Co. KG vor.

Fraglich ist, welche Konsequenz dieses Ergebnis praktisch nach sich zieht; nämlich, ob etwa neben § 31 Abs. 3 GmbHG auch § 766 BGB oder § 2 GmbHG bzw. § 15 GmbHG auf den Nur-Kommanditisten analog angewandt werden sollte. Diesbezüglich ist zu beachten, dass die analoge Anwendung von Formerfordernissen aus Verkehrssicherheitsgründen grundsätzlich äußerster Vorsicht unterliegen muss.[685] Befürwortete man die analoge Anwendung des § 31 Abs. 3 GmbHG auf den Nur-Kommanditisten und konsequenterweise auch die analoge Anwendung eines schützenden Formerfordernisses, so würde die Nichtbeachtung des Formerfordernisses jedenfalls nicht die Nichtigkeit des Gesellschaftsvertrags bzw. des Beitrittsvertrags mit dem Nur-Kommanditisten nach sich ziehen: Die Grundsätze der fehlerhaften Gesellschaft kämen zur Geltung.[686] Demnach wird die fehlerhafte Gesellschaft nach innen und außen aus Bestandsschutz- und Verkehrsschutzgesichtspunkten voll wirksam.[687] Allerdings stellt die Fehlerhaftigkeit des Gesellschaftsverhältnisses einen wichtigen Grund zur Auflösung der Gesellschaft dar, wobei zumutbare, den Mangel behebende Vertragsanpassungen Vorrang haben (etwa die außerordentliche Kündigung).[688] Damit würde sich – bei analoger Anwendung von § 31 Abs. 3 GmbHG auf den Nur-Kommanditisten und konsequenter analoger Anwendung eines Formerfordernisses – eine erhebliche Rechtsunsicherheit einstellen. Somit ist – in Ergänzung zu den Ergebnissen aus der obigen Stellungnahme[689] – aus den hier gefundenen Ergebnissen zu schließen, dass nur die gesamte Nichtanwendbarkeit der Ausfallhaftung des § 31 Abs. 3 GmbHG auf den Nur-Kommanditisten als Lösung in Frage kommt.

Sollte man dennoch eine analoge Ausdehnung der Ausfallhaftung auf den Nur-Kommanditisten rechtspolitisch für wünschenswert erachten, so muss der

---

685 Staudinger/*Horn*, BGB, § 766 Rn. 4.
686 Siehe zum Ganzen ausführlich MüKo HGB/*K. Schmidt*, HGB, § 105 Rn. 229 ff.
687 MüKo HGB/*K. Schmidt*, HGB, § 105 Rn. 232, 244.
688 MüKo HGB/*K. Schmidt*, HGB, § 105 Rn. 246.
689 Siehe oben unter B.V.2.b)cc)(iii).

Gesetzgeber tätig werden, die Kapitalerhaltung innerhalb der GmbH & Co. KG im Ganzen regeln und hierbei ein entsprechendes, den Ausfallhaftenden schützendes Formerfordernis festlegen.

# E. Das Partizipationsprinzip als Grund und Grenze der Ausfallhaftung

In Kapitel D. hat sich im Wege einer vergleichsweisen Einordnung der Ausfallhaftung die Voraussetzung des Formerfordernisses für Fälle der echten Ausfallhaftung und damit auch für § 31 Abs. 3 GmbHG herauskristallisiert. Es wurde gezeigt, dass die Ausfallhaftung des § 31 Abs. 3 GmbHG aufgrund der Merkmale der Subsidiarität der Einstandspflicht und der Fremdheit der Schuld einer mindestens schriftlichen Grundlage bedarf. Dies muss auch im Hinblick auf die hier untersuchte und seitens der herrschenden Literaturansicht vorgeschlagene analoge Anwendung der Vorschrift auf den Nur-Kommanditisten einer GmbH & Co. KG gelten.

Im Folgenden wird mit dem Partizipationsprinzip eine zusätzliche Voraussetzung der Ausfallhaftung des § 31 Abs. 3 GmbHG herausgearbeitet. Durch diese Untersuchung der Ausgangslage der Ausfallhaftung lassen sich weitere Rückschlüsse auf die Ausfallhaftung des § 31 Abs. 3 GmbHG und insbesondere auf deren analoge Anwendung auf den Nur-Kommanditisten ziehen.

## I. Das „Näheprinzip“ als Rechtfertigung der Ausfallhaftung?

Die subsidiäre Haftung für fremde Schuld stellt an sich ein atypisches und gefahrenträchtiges Haftungssystem dar. Dieser Umstand war dem Gesetzgeber durchaus bekannt, wenn er von einer besonderen „Strenge“ der Ausfallhaftung sprach.[690] Der Zweck der Einführung der Ausfallhaftung ist der Gläubigerschutz,[691] welchem aufgrund des im Vergleich zur Aktiengesellschaft niedrigeren Regelungsniveaus an Kapitalschutzvorschriften besondere Rechnung getragen werden muss.[692] Zur Rechtfertigung der Anwendung dieses Rechtsinstituts

690 Kommissionsbericht zur Vorberatung des Entwurfs eines Gesetzes betreffend die Gesellschaften mit beschränkter Haftung, Stenographische Berichte über die Verhandlungen des Reichstags, 8. Legislaturperiode, 1. Session 1890/1892, Reichstagsaktenstück Nr. 744, S. 4009 sowie Begründung zum Gesetzentwurf betreffend die Gesellschaften mit beschränkter Haftung, Stenographische Berichte über die Verhandlungen des Reichstags, 8. Legislaturperiode, 1. Session 1890/1892, Reichstagsaktenstück Nr. 660, S. 3745.

691 Siehe hierzu oben unter B.III.1.

692 *Bayer*, ZGR 2007, 220, 224.

bedarf es jedoch weiterer Voraussetzungen, welche über einen pauschalen Verweis auf den Gläubigerschutzzweck hinausgehen.[693] Das entspricht auch der Konzeption des historischen Gesetzgebers.[694]

Die dogmatische Rechtfertigung der Ausfallhaftung wird in der Literatur nur oberflächlich behandelt. Lediglich vereinzelt findet sich der Hinweis, dass die Ausfallhaftung dem *Näheprinzip* entspringe.[695] Diese Nähe schlägt sich in zweierlei Gestalt nieder: Im Vorfeld der Auszahlung steht der Ausfallhaftende in seiner Position als Gesellschafter der infolge der verbotswidrigen Auszahlung entstehenden Schuld nach § 31 Abs. 1 GmbHG relativ nahe, da er versuchen kann, dieser entgegenzuwirken.[696] Aber auch in dem Stadium, in dem die verbotswidrige Auszahlung bereits getätigt wurde, steht der Gesellschafter im Vergleich zu den Gesellschaftsgläubigern näher am Verlust des Stammkapitals und soll daher eher hierfür einstehen.[697]

Fraglich ist allerdings, was genau unter der der Ausfallhaftung zugrundeliegenden Nähe zu verstehen ist. Um das Untersuchungsobjekt der „Nähe" greifbarer zu machen, ist zunächst diese eher untechnische Bezeichnung zu konkretisieren.

## 1. Gewinnbeteiligung als „Nähe"?

Denkbar wäre es, bereits die Gewinnbeteiligung des Gesellschafters als Nähe ausreichen zu lassen, um dessen Ausfallhaftung zu begründen. Aufgrund von seiner Gewinnbeteiligung an der GmbH könnte dem Gesellschafter auch die Bürde auferlegt worden sein, gegenüber den Gläubigern vorrangig für Verluste infolge von verbotener Einlagenrückgewähr einstehen zu müssen.

Ein solcher Schluss von der Gewinnbeteiligung eines Gesellschafters auf eine (Ausfall-)Haftung, welche die eigene Einlagesumme des Gesellschafters

---

693 Dagegen scheint die wohl herrschende Meinung die analoge Anwendung regelmäßig allein mit dem Verweis auf eine konsequente Einhaltung des Gläubigerschutzzwecks zu bejahen, vgl. die Nachweise in Fn. 332.

694 Siehe ausführlich unter E.III.2.b).

695 MüKo GmbHG/*Ekkenga*, § 31 Rn. 52; MHLS/*Heidinger*, GmbHG, § 31 Rn. 60; Rowedder/Schmidt-Leithoff/*Pentz*, GmbHG, § 31 Rn. 35.

696 In diese Richtung MHLS/*Heidinger*, GmbHG, § 31 Rn. 60; *Lüdicke/Schneeweiß*, WiB 1996, 969, 973; *Reemann*, ZIP 1990, 1309, 1311 ff.; *Röder*, ZHR 184 (2020), 457, 485; zweifelnd MüKo GmbHG/*Ekkenga*, § 31 Rn. 52; *Joost*, GmbHR 1983, 285, 288; Rowedder/Schmidt-Leithoff/*Pentz*, GmbHG, § 31 Rn. 35.

697 BGHZ 150, 61, 65; MüKo GmbHG/*Ekkenga*, § 31 Rn. 52; *Ulmer*, FS 100 Jahre GmbHG, 1992, 363, 370.

weit übersteigen kann, ist dem Gesellschaftsrecht jedoch fremd. Im Rahmen der Aktiengesellschaft, in der sich die Beziehung des Gesellschafters zur Gesellschaft typischerweise auf ein rein kapitalistisches, weitgehend unpersönliches Anlegerinteresse beschränkt,[698] ist eine Ausfallhaftung gerade nicht vorgesehen. Vielmehr beschränkt sich der Kapitalerhaltungsmechanismus im Aktienrecht mangels hinreichender Nähe auf die Erstattungspflicht ausschließlich des entnehmenden Gesellschafters gemäß § 62 Abs. 1 AktG.

Darüber hinaus dürfte sich eine solche Korrelation auch in tatsächlicher Hinsicht verbieten: Nähme man an, dass die Ausfallhaftung im Kern auf dem Aspekt der Gewinnbeteiligung basiert, so gliche diese Beteiligung einem Lotteriespiel mit der Gefahr, ein Vielfaches seines Spieleinsatzes zu verlieren. Mithin kann die Gewinnbeteiligung nicht den tragenden Grund der Ausfallhaftung darstellen.

## 2. Partizipation innerhalb der Gesellschaft als „Nähe“

Im Folgenden ist der Blick auf die Partizipationsmöglichkeiten des ausfallhaftenden Gesellschafters innerhalb der Gesellschaft zu richten. In der GmbH bestehen gesetzlich vorgesehene Partizipationsmöglichkeiten des Gesellschafters hinsichtlich der Geschäftsführung der GmbH. Dieser hat also gewisse Einwirkungsmöglichkeiten hinsichtlich der verbotenen Einlagenrückgewähr und damit hinsichtlich der Entstehung der Schuld, für deren Ausfall gehaftet werden soll. Es erscheint daher lohnend, die „Nähe“ des ausfallhaftenden Gesellschafters zur Schuld in Richtung der Partizipationsmöglichkeiten hinsichtlich der Entstehung der Schuld zu konkretisieren[699] und unter diesem Aspekt näher zu untersuchen. Das „Näheprinzip“ wird damit im Folgenden als *Partizipationsprinzip* bezeichnet.

Bevor sogleich hinsichtlich der einzelnen Gesellschaftsformen überprüft wird, ob eine solche Korrelation zwischen den Partizipationsmöglichkeiten eines Gesellschafters und dessen (Ausfall-)Haftung besteht, ist zunächst zu untersuchen, ob eine grundlegendere Korrelation zwischen der Partizipation eines Gesellschafters und dessen (Ausfall-)Haftung existiert.

---

698 Vgl. *Bayer*, ZGR 2007, 220, 224; siehe auch oben unter B.II.2.

699 In diese Richtung MHLS/*Heidinger*, GmbHG, § 31 Rn. 60; *Lüdicke/Schneeweiß*, WiB 1996, 969, 973; *Reemann*, ZIP 1990, 1309, 1311 ff.; *Röder*, ZHR 184 (2020), 457, 485; *Westermann*, FS 50 Jahre BGH, 2000, 245, 269; *Zacher*, Kapitalsicherung und Haftung, S. 215 ff.; zweifelnd MüKo GmbHG/*Ekkenga*, § 31 Rn. 52.

## II. Korrelation von Haftung und Herrschaft

Bevor der Frage nachgegangen wird, ob mit der beschriebenen Haftungssituation des Ausfallhaftenden gewisse „Herrschaftsbefugnisse" einhergehen müssen, ist zunächst auf den deutlich häufiger besprochenen, umgekehrten Zusammenhang einzugehen.

### 1. Die alte These: Herrschaft erfordert Haftung

Die Suche nach einem übergeordneten ökonomischen wie rechtlichen Leitprinzip[700] des Inhalts, dass die Herrschaft eines Gesellschafters über die Gesellschaft auch eine Haftung desselben erfordert, geht bis in die Zeit des frühen 20. Jahrhunderts zurück.[701] Die Diskussion eines solchen Prinzips ist untrennbar mit dem Grundsatz der unbeschränkten Gesellschafterhaftung in der Personengesellschaft verknüpft.[702] Ausgehend von dieser Grundannahme wird zum Teil ein zwingender Zusammenhang zwischen Herrschaft und Haftung abgeleitet.[703] Die unbeschränkte Haftung des Wirtschaftsakteurs bewirke dessen vorsichtigen Kapitaleinsatz sowie langfristig die Entfernung untüchtiger Marktteilnehmer aus dem Wirtschaftsprozess.[704] Dieser Zusammenhang stehe in der Rechtstradition des 19. Jahrhunderts sowie im Einklang mit geltendem Recht.[705] Daher wird dieser Zusammenhang teilweise gar als „wirtschaftsverfassungsrechtlicher Grundsatz" eingestuft.[706] Begründungslinien eines solchen Zusammenhangs entspringen überwiegend der ökonomischen Theorie des Ordoliberalismus,[707] jedoch auch rechtspolitischen Erwägungen.[708] Der Ökonom

---

700 So und mit umfassender Darstellung verschiedener Denkansätze *Mossmann,* Haftung des Kommanditisten, S. 25.

701 Siehe *Müller-Erzbach,* Deutsches Handelsrecht, S. 180 ff.

702 Hierzu ausführlich *Immenga,* Kapitalgesellschaft, S. 118 ff.; *A. Meyer,* Verbandsmitgliederhaftung, S. 104 f.; *K. Schmidt,* Stellung der oHG, S. 103 ff.

703 *Immenga,* Kapitalgesellschaft, S. 117 ff.; *Reuter,* ZGR 1978, 633, 640; siehe zum Streitstand *Fleischer/Hahn,* NZG 2018, 1281, 1283 f.

704 So *Immenga,* Kapitalgesellschaft, S. 118.

705 *Immenga,* Kapitalgesellschaft, S. 118 f.

706 *Eucken,* Grundsätze der Wirtschaftspolitik, S. 279; siehe zum Streitstand auch *Fleischer/Hahn,* NZG 2018, 1281, 1283 f.

707 *A. Meyer,* Verbandsmitgliederhaftung, S. 105; *J. Meyer,* Haftungsbeschränkung, S. 988 ff.; *Wiedemann,* Gesellschaftsrecht I, S. 543.

708 Siehe überblicksartig *Fleischer/Hahn,* NZG 2018, 1281, 1283; *Immenga,* Kapitalgesellschaft, S. 118 f.; *Müller-Erzbach,* Deutsches Handelsrecht, S. 180.

*Eucken* formuliert seine These prägnant: „Wer den Nutzen hat, soll auch den Schaden tragen".[709]

Praktisch knüpfen diese Versuche im Wesentlichen an die Fallgruppe des an der Geschäftsführung der KG teilnehmenden Kommanditisten an.[710] Der Kommanditist bleibt nach der Konzeption des Gesetzes im Genuss seiner Haftungsbeschränkung, auch wenn dieser (faktisch) die Geschicke der Gesellschaft leitet. Hierin erblickte man einen Konflikt mit dem behaupteten Grundprinzip und befürwortete teilweise eine Durchgriffshaftung auf den herrschenden Kommanditisten unter dem Gesichtspunkt des Rechtsmissbrauchs.[711]

Der Anwendung des Prinzips der Einheit von Herrschaft und Haftung in diesem Fall erteilte der BGH jedoch eine Absage.[712] In dem der Entscheidung zugrunde liegenden Fall handelte es sich um einen Rektor, welcher aufgrund seiner beruflichen Stellung nicht unmittelbar kaufmännisch tätig werden durfte. Dieser gründete als Kommanditist eine KG, deren einziger Komplementär eine vermögenslose, „ungelernte Zuschneiderin" war. Während die Komplementärin lediglich ihre Arbeitskraft in die Gesellschaft einbrachte, stattete der Kommanditist die Gesellschaft mit erheblichen Geldbeträgen aus. Als die Gesellschaft in Vermögensverfall geriet, nahm der Kläger den Kommanditisten mit der Begründung in Anspruch, dass er sich unter diesen Voraussetzungen nicht auf seine Haftungsbeschränkung berufen könne. Der BGH stellte klar, dass die Vorschriften des Personengesellschaftsrechts, welche auf einen solchen o.g. wirtschaftsverfassungsrechtlichen Grundsatz schließen lassen könnten, dispositiver Natur seien und damit keinen überspannenden Zusammenhang von Herrschaft und Haftung zu rechtfertigen vermögen. Der Kommanditist hafte nicht schon dann unbeschränkt, wenn er bei mittellosem Komplementär wirtschaftlich gesehen der alleinige Inhaber des Handelsgeschäftes ist. Zur Begründung wird auch auf die „Rechtsentwicklung der letzten 50-60 Jahre" und insbesondere auf die Rechtsfiguren der Einmanngesellschaft und der GmbH & Co. KG verwiesen.

In der Folge dieses im Schrifttum weithin positiv aufgenommenen Urteils steht die neuere Literatur einer derartigen „Großtheorie"[713] in dieser Pauschalität

---

709 *Eucken,* Grundsätze der Wirtschaftspolitik, S. 279 ff.; zur Terminologie kritisch *A. Meyer,* Verbandsmitgliederhaftung, S. 109 Fn. 590.

710 *Klingberg,* Mitarbeitende Kommanditisten, S. 62 ff.

711 In diese Richtung *Lehmann,* Gesellschaftsrecht, S. 331 ff.

712 BGHZ 45, 204 („Rektor").

713 *Fleischer/Hahn,* NZG 2018, 1281, 1284.

geradezu geschlossen ablehnend gegenüber.[714] Im Wesentlichen wird diese Haltung damit begründet, dass eine solche Korrelation zwar wirtschaftspolitisch erstrebenswert sein mag, aber über eine ideologische Wunschvorstellung[715] hinaus keine hinreichende Basis für die Darlegung eines Rechtsprinzips darstellen kann.[716]

Es lässt sich freilich nicht leugnen, dass das geltende Gesellschaftsrecht in manchen Fällen einen solchen Zusammenhang andeutet. Diesbezüglich sei nur auf den beschränkt haftenden Kommanditisten verwiesen, welchem im Gegenzug die Geschäftsführung grundsätzlich versagt bleibt (§ 171 HGB und §§ 170, 164 HGB).[717] Hieraus jedoch zu folgern, dass diese Korrelation grundlegender Bestandteil des geltenden Rechts sei, geht zu weit. Ein derart umspannendes Rechtsprinzip wäre so unklar und damit konkretisierungsbedürftig, dass in seiner praktischen Anwendung die Rechtssicherheit erheblich gefährdet wäre.[718] Es würde aufgrund seiner fehlenden Präzision der Vielfalt der gesellschaftsrechtlichen Problemlagen nicht gerecht.[719]

Des Weiteren wird überzeugend vorgebracht, dass die Rechtsentwicklung der vergangenen 100 Jahre, insbesondere die Entwicklung von Gesellschafterkonstruktionen mit Haftungsbeschränkung oder Fremdverwaltung einer Gesellschaft, gegen eine zwingende Korrelation von Herrschaft und Haftung spricht.[720]

---

714 *Elsing,* Kommanditistenhaftung, S. 62 ff.; *Fleischer/Hahn*, NZG 2018, 1281, 1285; *Klingberg,* Mitarbeitende Kommanditisten, S. 60 ff.; *Limbach,* Theorie und Wirklichkeit, S. 108 ff.; *A. Meyer,* Verbandsmitgliederhaftung, S. 108 ff.; *Mossmann,* Haftung des Kommanditisten, S. 25 ff., 49; *Oldenburg,* Fremdgeschäftsführung, S. 113 ff.; *Potsch,* Kommanditistenhaftung, S. 109 ff.; *Weber,* Privatautonomie, S. 182 ff.; *Wiedemann,* Gesellschaftsrecht I, S. 543 ff.; *Wiedemann,* Mitgliedschaftsrechte, S. 327 ff.; *Wiedemann,* Die Haftung des Gesellschafters in der GmbH, 1968, 5, 49 ff.

715 *Fleischer/Hahn*, NZG 2018, 1281, 1285 eingehend *Limbach,* Theorie und Wirklichkeit, S. 113 ff.

716 *A. Meyer,* Verbandsmitgliederhaftung, S. 110 ff.; *Potsch,* Kommanditistenhaftung, S. 109 ff.

717 BGHZ 45, 204 („Rektor"); vgl. auch *Immenga,* Kapitalgesellschaft, S. 119 f.; *Potsch,* Kommanditistenhaftung, S. 109 f.

718 *A. Meyer,* Verbandsmitgliederhaftung, S. 113.

719 *Fleischer/Hahn*, NZG 2018, 1281, 1285; *K. Schmidt,* Stellung der oHG, S. 116 ff.

720 *Klingberg,* Mitarbeitende Kommanditisten, S. 64 m.w.N.; *Weber,* Privatautonomie, S. 182 ff.; *Wiedemann,* Mitgliedschaftsrechte, S. 328.

Bereits die Existenz gesetzlich angeordneter Haftungsbeschränkungen[721] verdeutlicht, dass jedenfalls im Rahmen einer Vergleichsbetrachtung innerhalb des deutschen Rechts ein solches Prinzip kaum nachzuweisen wäre.[722]

## 2. Haftung erfordert Herrschaft bzw. Partizipationsmöglichkeiten

### *a) Anwendungsbereich und Trennbarkeit von der obigen These*

Die Problemlagen der Korrelationen „Herrschaft erfordert Haftung" und „Haftung erfordert Herrschaft" sind grundsätzlich kongruent: In beiden Fällen wird versucht, eine Lösung für die Fälle zu finden, in denen Haftung und Herrschaft nicht in derselben Person vereint sind.

Während die oben angesprochene Korrelation „Herrschaft erfordert Haftung" in den vergangenen Jahrzehnten Gegenstand andauernder Kontroversen war, wurde dem „umgekehrten" Prinzip – „Haftung erfordert Herrschaft" – vergleichsweise wenig Aufmerksamkeit zuteil. Trotz augenscheinlicher Ähnlichkeit beider Korrelationen werden diese in unterschiedlichem Kontext diskutiert. Die Korrelation „Herrschaft erfordert Haftung" ist Ausdruck des Versuchs, aus einer wirtschaftspolitischen Vorstellung ein allgemeines Prinzip für das Funktionieren der Wirtschaftsordnung abzuleiten. Vertretern dieser Ansicht geht es darum, mit einer zwingenden Haftung ein steuerndes und sanktionierendes Element als Ausgleich für Herrschaftsbefugnisse einzuführen. Im Gegensatz hierzu zielt die Korrelation „Haftung erfordert Herrschaft" darauf ab, die Grenzen der Gestaltungsfreiheit im Gesellschaftsrecht auszuloten und festzulegen, welches Mindestrepertoire an „Herrschaft" ein Gesellschafter zu seinem Selbstschutz behalten muss.[723] Diese Diskussion ist damit zum Teil eng mit dem Prinzip der Selbstorganschaft verbunden.[724]

---

721 Vgl. beispielsweise die Kapitalgesellschaft und Co. KG, die Einmannkapitalgesellschaft oder den geschäftsführenden Kommanditisten, siehe hierzu *A. Meyer*, Verbandsmitgliederhaftung, S. 112 ff.

722 In diese Richtung *A. Meyer*, Verbandsmitgliederhaftung, S. 113 Fn. 615.

723 *A. Meyer*, Verbandsmitgliederhaftung, S. 109 f.

724 *A. Meyer*, Verbandsmitgliederhaftung, S. 109 f.; *Weber*, Privatautonomie, S. 81, 188 ff. Die Diskussion um das Prinzip der Selbstorganschaft hat zum Inhalt, die Grenzen von gesellschaftsfremdem *Dritt*einfluss auf die Geschäftsführung festzulegen. Da es im Folgenden aber um die Bestimmung von gesellschaftsinternem Mindesteinfluss geht, ist das Prinzip der Selbstorganschaft hier nur entfernt relevant.

Da beide Sätze somit nur entfernt miteinander verbunden und Ausfluss unterschiedlicher rechtspolitischer Bestrebungen sind, müssen diese getrennt voneinander untersucht werden.[725] Insbesondere ist der im Folgenden zu diskutierende Satz „Haftung erfordert Herrschaft“ nicht in dem Sinne zu verstehen, dass ein solches Prinzip auch bedeute, dass die Haftung eines Gesellschafters entfiele, wenn entsprechende Herrschaftsbefugnisse fehlten.[726] Stehen einmal Herrschaft und Haftung außer Verhältnis, indem notwendige Partizipationsrechte fehlen, so wäre es auch denkbar, einen Ausgleich allein durch Verstärkung der Mitwirkung zu bewirken.[727]

Zudem ist zu betonen, dass sowohl der Haftungs- als auch der Herrschaftsbegriff näher zu konkretisieren sind, wodurch die augenscheinliche Gleichheit der Korrelationen weiter entschärft wird.[728] Während Vertreter des abzulehnenden Zusammenhangs „Herrschaft erfordert Haftung“ unter „Herrschaft“ offenbar „Leitungsmacht“ in der Gesellschaft verstehen,[729] ist es denkbar, dass der „umgekehrte“ Satz unter einem hiervon unterschiedlichen Herrschaftsbegriff zu bejahen ist. Der abzulehnende Zusammenhang „Herrschaft (= Leitungsmacht) erfordert Haftung“ gibt damit noch kein Ergebnis für den – noch näher zu konkretisierenden – Zusammenhang „Haftung erfordert Herrschaft“ vor.

### *b) Begründung seitens der Befürworter und Stellungnahme*

Während ein pauschaler Gleichlauf von Herrschaft und Haftung überwiegend abgelehnt wird,[730] stehen Stimmen in der Literatur, welche den Zusammenhang „Haftung erfordert Herrschaft“ isoliert untersuchen, diesem nahezu durchweg offen gegenüber.[731] Schon früh vertraten *Wiedemann* und *Siebert*, dass im

725 *Fleischer/Hahn*, NZG 2018, 1281; *A. Meyer*, Verbandsmitgliederhaftung, S. 109 f.; *K. Schmidt*, Stellung der oHG, S. 103 f.; *Wiedemann*, Gesellschaftsrecht I, S. 544; *Wiedemann*, Mitgliedschaftsrechte, S. 327, 329; a.A. wohl *Immenga*, Kapitalgesellschaft, S. 119 f.

726 Mit diesem Argument gegen den Satz „Herrschaft erfordert Haftung“ *Potsch*, Kommanditistenhaftung, S. 110; vgl. auch BGHZ 45, 204 („Rektor“).

727 So *Wiedemann*, Gesellschaftsrecht I, S. 547.

728 *Wiedemann*, Gesellschaftsrecht I, S. 544.

729 Siehe *Wiedemann*, Gesellschaftsrecht I, S. 543; *Immenga*, Kapitalgesellschaft, S. 118 ff.

730 Statt vieler *Weber*, Privatautonomie, S. 81 m.w.N.; für einen Gleichlauf dagegen etwa *Immenga*, Kapitalgesellschaft, S. 119.

731 *Hunscha*, GmbHR 1973, 257, 260; *Nitschke*, Personengesellschaft, S. 217 ff.; *Siebert*, FS Hueck, 1959, 321, 335; *Wiedemann*, Mitgliedschaftsrechte, S. 327 ff.; *Wiedemann*, Gesellschaftsrecht I, S. 546 ff.; kritisch *Weber*, Privatautonomie, S. 81 ff., 188 ff.; a.A.

Gegensatz zur o.g.[732] Theorie dem Zusammenhang von Haftung und Herrschaft eine „rechtsethische Vorstellung tatsächlich zugrunde" liege.[733] Eine persönliche Haftung sei nur gerechtfertigt, wenn der Haftende auf die Umstände, die zu seiner Haftung führen, Einfluss habe.[734] Die Wurzeln eines solchen Zusammenhangs lägen bereits im Gesellschaftsrecht vor 1892. Dieses zeigt, dass die Rechtsformen, welche eine unpersönliche, reine Anlagebeteiligung ermöglichten – dies waren etwa die Aktiengesellschaft und die Erwerbs- und Wirtschaftsgenossenschaft – eine auf die Einlage beschränkte Haftung jener Gesellschafter vorsahen.[735] Die beschränkte Haftung wurde als Korrelat der unpersönlichen Beteiligung am Unternehmen angesehen und erschien als unabweisbares Gebot der Billigkeit.[736] Ist ein Gesellschafter lediglich unpersönlich am Unternehmen beteiligt, so haftet er auch nur beschränkt. Umgekehrt erfordert die unbeschränkte Haftung eine mehr als nur unpersönliche Beteiligung.

Diese Regel setze sich zudem weitgehend selbst durch, da sich wohl kein Anlagegesellschafter finden würde, welcher ohne Einfluss auf die Geschäftsführung eine Haftung über seine Einlage hinaus annehmen würde.[737] Es entspreche dem einleuchtenden „ökonomischen Sachzwang",[738] dass der Anlagegesellschafter, welcher keinen Einfluss auf die Verwaltung des von ihm eingebrachten Kapitals hat, nicht mit seinem übrigen Vermögen in unkalkulierbarer Höhe haften, sondern ein begrenztes Risiko eingehen möchte. Die auf die Einlage beschränkte Haftung gehöre damit zum Wesen der Beteiligung als Anlagegesellschafter.[739]

Kritik an einem Zusammenhang in diese Richtung findet sich vereinzelt.[740] Diese konzentriert sich berechtigterweise auf den Umstand, dass auch eine Korrelation in dieser Richtung wohl keine undifferenzierte Allgemeingültigkeit beanspruchen kann.[741] Bereits die vielfältigen Erscheinungsformen der unter

---

*Armbrüster*, ZIP 2009, 1885, 1888; *Beyerle*, Kommanditist, S. 82 ff.; *A. Teichmann*, Gestaltungsfreiheit, S. 125 f.

732 Siehe oben unter E.II.1.

733 *Wiedemann*, Mitgliedschaftsrechte, S. 329; ähnlich auch *Siebert*, FS Hueck, 1959, 321, 334 f.

734 *Wiedemann*, Mitgliedschaftsrechte, S. 329.

735 *Wieland*, Handelsrecht II, S. 336.

736 *Wiedemann*, Gesellschaftsrecht I, S. 547; *Wieland*, Handelsrecht II, S. 336.

737 *Wiedemann*, Gesellschaftsrecht I, S. 546 f.

738 *Wiedemann*, Gesellschaftsrecht I, S. 547.

739 *Wiedemann*, Gesellschaftsrecht I, S. 547.

740 *Armbrüster*, ZIP 2009, 1885, 1888; *Beyerle*, Kommanditist, S. 82 ff.; *A. Teichmann*, Gestaltungsfreiheit, S. 125 f.; *Weber*, Privatautonomie, S. 81 ff.; 188 ff.

741 Ausführlich *Weber*, Privatautonomie, S. 188 ff.

den Oberbegriff „Herrschaft“ fassbaren Mitwirkungsbefugnisse und der unter „Haftung“ denkbaren Einstandspflichten zeigen, dass die pauschale Annahme einer solchen Korrelation zwingend von Unschärfen geprägt wäre.[742]

Richtigerweise kann es sich damit bei „Haftung erfordert Herrschaft“ nur um einen Rechts*gedanken* handeln, welchem allerdings für die praktische Anwendung konkrete Rechts*sätze* abgewonnen werden müssen.[743] Allein in diese Richtung soll hier ein Versuch unternommen werden. Im Folgenden sollen Ausprägungen dieses abstrakten Rechtsgedankens in verschiedenen Bereichen des Gesellschaftsrechts nachgewiesen werden.

### *c) Konkretisierung des zu untersuchenden Kontextes und der zu untersuchenden Begriffe*

#### *aa) Kontext*

Die folgende Untersuchung erfordert zunächst, die wesentlichen hierfür zugrunde gelegten Parameter zu konkretisieren. Zunächst ist nochmals an den abstrakten Kontext zu erinnern, welcher den Rechtsgedanken des Namens „Haftung erfordert Herrschaft“ heraufbeschwört: Dieser wird von den Problemlagen hervorgerufen, die entstehen, wenn die herrschende Person und die haftende Person nicht personenidentisch sind. Es geht darum, die Grenzen der privatautonomen Unterwerfung unter die Entscheidungsmacht anderer Gesellschafter auszuloten.[744] Denn der Beitritt zu einem Verband schränkt stets die Handlungsmöglichkeiten des Gesellschafters ein und begründet ein Über- und Unterordnungsverhältnis. Dessen Legitimationsgrundlage besteht in der privatautonomen Beitrittserklärung des Gesellschafters.[745] Aus diesem Kontext heraus stellt sich zwangsläufig die Frage nach den Grenzen der Kollektivmacht und einem unentziehbaren individuellen Freiheitsraum des Gesellschafters.[746]

Im Folgenden sind die weiten und unscharfen Begriffe der *Herrschaft* und der *Haftung* näher zu bestimmen.

---

742 In diese Richtung *Fleischer/Hahn*, NZG 2018, 1281, 1285 m.w.N.

743 *Wiedemann*, Gesellschaftsrecht I, S. 547.

744 *Reuter*, FS Steindorff, 1990, 229, 229 ff.

745 *Wiedemann*, Gesellschaftsrecht I, 357 f.

746 *Wiedemann*, Gesellschaftsrecht I, 357 f.

### *bb) Konkretisierung des Begriffs der Herrschaft*

Vertreter des abzulehnenden Zusammenhangs „Herrschaft erfordert Haftung“ verstehen unter dem Begriff der *Herrschaft* offenbar „Leitungsmacht“ in der Gesellschaft.[747] Herrschaft wird mithin im Sinne von Einfluss auf die Geschäftsführung *in entscheidender Weise* verstanden.

Dagegen kann in dem hier zu untersuchenden Zusammenhang „Haftung erfordert Herrschaft“ unter *Herrschaft* nicht Einfluss auf die Geschäftsführung *in entscheidender Weise* – etwa Einzelgeschäftsführungsbefugnis – verstanden werden. Dies würde den Kreis der haftenden Gesellschafter entgegen den vorzufindenden gesetzlichen Wertungen eingrenzen. Vielmehr ist im Einklang mit der o.g. Ansicht im Schrifttum[748] unter dem in diesem Zusammenhang verwendeten, unscharfen Schlagwort der *Herrschaft* lediglich die *rechtliche Einwirkungsmöglichkeit* auf die Geschäftsführung und damit auf die Entstehung der Schuld, für die der Haftende wird einstehen müssen, zu verstehen. Im Folgenden wird diese Einwirkungsmöglichkeit auf die Geschäftsführung auch als Partizipationsmöglichkeit bezeichnet. Der zu untersuchende Zusammenhang ist im Folgenden also als *„Haftung erfordert Partizipationsmöglichkeiten“* zu bezeichnen.

### *cc) Konkretisierung des Begriffs der Haftung*

Ferner ist der Begriff der Haftung im Kontext dieses Rechtsgedankens genauer zu betrachten. Literaturstimmen, die sich mit dem Zusammenhang in abstrakter Weise befassen, diskutieren diesen Rechtsgedanken namens „Haftung erfordert Herrschaft“ stets unter der unbeschränkten, persönlichen Haftung.[749]

Die Formulierung dieser Korrelation wird im Wege einer Abgrenzung zwischen persönlich haftendem Gesellschafter einerseits und begrenzt haftendem Anlagegesellschafter[750] andererseits bewerkstelligt.[751] Im Gegensatz zum persönlich haftenden Gesellschafter beteiligt sich der Anlagegesellschafter lediglich mit einer bestimmten Anlagesumme an der Gesellschaft. Diese Anlagesumme sucht er einerseits durch geschickte Auswahl des Anlageobjekts zu vermehren – auf die weitere Verwendung seiner Anlagesumme hat der Gesellschafter nur geringen bis keinen Einfluss. Andererseits ist dem Anlagegesellschafter auch

747 Siehe etwa *Wiedemann,* Gesellschaftsrecht I, S. 543.

748 So auch *Wiedemann,* Mitgliedschaftsrechte, S. 329.

749 Siehe insbesondere *Siebert,* FS Hueck, 1959, 321, S. 334 f.; *Wiedemann,* Gesellschaftsrecht I, S. 546 f.

750 Beispielsweise der Aktionär oder der (Publikums-)Kommanditist.

751 *Wiedemann,* Gesellschaftsrecht I, S. 546 f.

bewusst, dass im Falle eines Totalausfalls seine Anlagesumme – aber auch nur diese Anlagesumme – komplett verwirtschaftet und damit verloren sein kann. Vom persönlichen Ruin infolge einer über die Anlagesumme hinausgehenden persönlichen Haftung möchte der Anlagegesellschafter verschont bleiben. Diese rein tatsächliche ökonomische Überlegung des Anlagegesellschafters lässt sich abermals anhand des Vergleichs mit einem Lotteriespiel verdeutlichen: Der Spieler legt eine gewisse Geldsumme fest, welche er zur möglichen Erreichung des Jackpots einsetzen möchte. Auf die weiteren Vorgänge der Jackpot-Ziehung und der Gewinnverteilung hat der Spieler keinen Einfluss. Im Falle eines Misserfolgs ist lediglich die von ihm eingesetzte, designierte Spielsumme verloren. Angesichts einer solch kalkulierbaren Haftung gibt sich der Spieler auch mit fehlenden Einwirkungsmöglichkeiten auf Erfolg und Misserfolg zufrieden. Eine über die Spielsumme hinausgehende, persönliche Haftung (etwa für die Finanzierbarkeit der Gewinnsumme eines fremden Spielers) trifft den Spieler nicht – auf eine solche hätte er sich gerade mangels Einwirkungsmöglichkeiten auf die Entstehung der Schuld niemals eingelassen.

Diese Überlegungen aus der Perspektive des Anlagegesellschafters stellen einen rein tatsächlichen, ökonomischen Sachzwang dar,[752] welcher bereits im ausgehenden 19. Jahrhundert Eingang in das Gesellschaftsrecht gefunden hat. Die Grundgedanken der Gesellschafterstellung des (Publikums)Kommanditisten bzw. des klassischen Aktionärs setzen dieses Bedürfnis der Haftungsbeschränkung desjenigen um, welcher sich lediglich als Anlagegesellschafter beteiligen möchte.

Wenn nun der Satz „Haftung erfordert Partizipation" ergründet werden soll, so kann es nicht um den (in aller Regel) begrenzt haftenden Anlagegesellschafter gehen, welchem Einwirkungsmöglichkeiten auf die Geschäftsführung bzw. die Entstehung der Schuld unstreitig weitgehend verwehrt bleiben.[753] Die zu untersuchende Haftung, welche gewisse Einwirkungsmöglichkeiten auf die Geschäftsführung auslöst, muss eine über einen designierten Anlagebetrag hinausgehende Haftung sein.

---

752 *Wiedemann*, Gesellschaftsrecht I, S. 547.

753 Siehe hierzu die nachfolgende Vergleichsbetrachtung der Einwirkungsmöglichkeiten in verschiedenen Gesellschaftsformen.

## III. Ausprägungen des Partizipationsprinzips in verschiedenen Gesellschaftsformen

### 1. Betrachtungsmaßstab und Vorgehensweise

In der folgenden Untersuchung ist zu ergründen, ob oder inwiefern Ausprägungen des Satzes „Haftung erfordert Partizipationsmöglichkeiten" in den verschiedenen Gesellschaftsformen wiederzufinden sind. Hierbei werden jeweils die Partizipationsrechte herausgearbeitet und diese in Zusammenhang mit der vorzufindenden (über die Einlage hinausgehenden)[754] Haftung gebracht.

Untersucht man den Zusammenhang „Haftung erfordert Partizipationsmöglichkeiten", dann stellen die Partizipationsmöglichkeiten gewissermaßen das Fundament dar, welches die unbeschränkte Haftung des Gesellschafters rechtfertigt. Im Folgenden soll erarbeitet werden, wie dieses Fundament in verschiedenen Gesellschaftsformen mindestens beschaffen ist, um dem Schutz des Gesellschafters Genüge zu tun. Somit sind die *zwingenden*, zum Schutz des Gesellschafters *unentziehbaren* Partizipationsrechte zu identifizieren, welche ihm zum Ausgleich für dessen Haftung als absolutes Ausstattungsminimum erhalten bleiben müssen. Die Betrachtung dieses notwendigen Minimums an Partizipationsrechten kann im Einzelfall dazu führen, dass nicht der gesetzliche Regelfall, sondern – aus rein tatsächlicher Sicht – der die kautelarjuristischen Möglichkeiten ausnutzende Ausnahmefall betrachtet wird. Nur hierdurch können die Grenzen der Gestaltungsmöglichkeiten aufgezeigt und einheitliche Kriterien hinsichtlich notwendiger Partizipationsrechte gefunden werden.

Sobald für die jeweiligen Gesellschaftsformen ein die Haftung stützendes Minimum an Partizipationsrechten herausgearbeitet wurde, kann mit Blick auf die GmbH & Co. KG und den Nur-Kommanditisten festgestellt werden, ob dieser über ein hinreichendes Minimum an Partizipationsrechten verfügt, welches eine Ausfallhaftung gemäß § 31 Abs. 3 GmbHG analog zu stützen vermag.

### 2. Ausprägung des Rechtsgedankens im GmbH-Recht

Wie bereits festgestellt, ist die auf eine Einlage beschränkte (Anlage-)Haftung nicht der zu besprechende Anwendungsfall, da dort die Einwirkungsmöglichkeiten auf die Geschäftsführung ohnehin in aller Regel eingeschränkt sind und solche wohl auch nicht gefordert werden. Die Haftung des GmbH-Gesellschafters ist jedoch im Grundsatz eine solche begrenzte Haftung: Er kann lediglich seine

754 Siehe oben unter E.II.2.c)cc).

Einlage verlieren, während eine darüberhinausgehende persönliche Haftung grundsätzlich ausgeschlossen ist.

Fraglich ist, wie demgegenüber die Ausfallhaftung gemäß § 31 Abs. 3 GmbHG einzuordnen ist: Um der Ausfallhaftungsvorschrift etwas Schärfe zu nehmen, ist diese höhenmäßig auf das Stammkapital zu begrenzen.[755] Diese höhenmäßige Begrenzung führt allerdings weder zu einer wirklichen Haftungsbeschränkung noch zu einer gewissen Kalkulierbarkeit einer möglichen Ausfallhaftung: Die Ausfallhaftung des einzelnen Gesellschafters kann dessen Einlage um ein bei Vertragsschluss nicht überschaubares Vielfaches übersteigen. Hinzu kommt, dass sich der Höchstbetrag der Ausfallhaftung erhöhen würde, wenn die Gesellschafter zwischenzeitlich eine Stammkapitalerhöhung durchführten.[756] Zudem ist ungeklärt, wie mit mehrfachen verbotswidrigen Ausschüttungen, Sukzessiv- oder Simultanausschüttungen an mehrere oder denselben Gesellschafter mit oder ohne zeitlichen und sachlichen Zusammenhang umzugehen ist.[757] Fest steht jedenfalls, dass mehrere Verstöße gegen § 30 Abs. 1 GmbHG auch mehrfach eine Ausfallhaftung nach sich ziehen können.[758] Ließe sich ein Gesellschafter über einen längeren Zeitraum hinweg mehrfach verbotene Einlagenrückgewähr zukommen, welche jeweils den Stammkapitalbetrag übersteigt, so besteht eine Ausfallhaftung der Mitgesellschafter für *jede einzelne* Einlagenrückgewähr in Höhe der Stammkapitalziffer.[759] Den einzigen Schutz der Mitgesellschafter gegen eine Vervielfältigung der Haftungshöchstgrenze bietet die Verjährung.[760]

Damit stellt sich die Ausfallhaftung gemäß § 31 Abs. 3 GmbHG[761] *de facto* als potenziell höhenmäßig unbeschränkte Haftung dar und entfernt sich von der hiervon zu unterscheidenden, höhenmäßig begrenzten (Anlage)Haftung etwa des Aktionärs oder des Kommanditisten. Im Folgenden wird daher die

---

755 Siehe oben unter B.IV.2.

756 Siehe hierzu statt vieler MüKo GmbHG/*Ekkenga*, § 31 Rn. 57a, der sich in diesem Fall allerdings für ein sofortiges Austrittsrecht des sich der Kapitalerhöhung widersetzenden Gesellschafters ausspricht.

757 *Bayer*, FS Röhricht, 2005, 25, 38; *Cahn*, ZGR 2003, 298, 306 f.; MüKo GmbHG/*Ekkenga*, § 31 Rn. 63; *Joost*, GmbHR 1983, 285, 290; *Jungmann*, DStR 2004, 688, 693 f.; Scholz/*Verse*, GmbHG, § 31 Rn. 62; *K. Schmidt*, FS Raiser, 2005, 312, 330 f.

758 *Bayer*, FS Röhricht, 2005, 25, 38; *K. Schmidt*, FS Raiser, 2005, 312, 330 f.

759 Vgl. *K. Schmidt*, FS Raiser, 2005, 312, 331.

760 *K. Schmidt*, FS Raiser, 2005, 312, 331.

761 Hingegen ist die Ausfallhaftung gemäß § 24 GmbHG stets höhenmäßig auf das Stammkapital begrenzt – eine „mehrfach" auftretende Ausfallhaftung gemäß § 24 GmbHG ist nicht denkbar.

Ausfallhaftung gemäß § 31 Abs. 3 GmbHG unter die Kategorie der unbeschränkten Haftung gefasst. Mithin lohnt sich bezüglich der GmbH eine Untersuchung des Grundsatzes „Haftung erfordert Partizipationsmöglichkeiten" allein hinsichtlich der Ausfallhaftung.

### *a) Unentziehbare Partizipationsrechte*

Im Folgenden ist ein Blick auf die eingangs bereits angedeuteten Partizipationsmöglichkeiten im Sinne des Einflusses des GmbH-Gesellschafters auf die Geschäftsführung zu werfen. Die Geschäftsführung steuert die Entstehung der Schuld, für deren Ausfall der GmbH-Gesellschafter ggf. gemäß § 31 Abs. 3 GmbHG haften muss. Der Geschäftsführer hat die Durchführung verbotswidriger Auszahlungen in der Hand – er ist Verbotsadressat des § 30 Abs. 1 GmbHG.[762]

Hierbei fällt zunächst auf, dass das GmbH-Recht der Gesamtheit der Gesellschafter weitreichende Einflussmöglichkeiten auf die Geschäftsführung gewährt. Der Gesellschafterversammlung steht gegenüber den Geschäftsführern ein Weisungsrecht zu. Diese sind gemäß § 37 Abs. 1 GmbHG dazu verpflichtet, den Anordnungen der Gesellschafter Folge zu leisten. Die Geschäftsführung ist das Primat der Gesellschafter.[763] Die Reichweite der Sachverhalte, welche der Kompetenz der Gesellschafterversammlung unterfallen, ist umfassend. Die Gesellschafterversammlung entscheidet nicht nur bezüglich der ihr explizit in § 46 GmbHG zugewiesenen Gegenstände, sondern kann aufgrund ihrer Allzuständigkeit auch hinsichtlich solcher Gegenstände, für die grundsätzlich die Geschäftsführer zuständig sind, Weisungen erteilen und Beschlüsse fassen. Dies ist Ausfluss der sog. Omnipotenz der Gesellschafterversammlung.[764]

Die umfassende Zuständigkeit der Gesellschafterversammlung wird flankiert von zahlreichen verwaltungsbezogenen Rechten jedes einzelnen Gesellschafters in Bezug auf die Gesellschafterversammlung, auch Partizipationsrechte[765] genannt. Diesbezüglich sind die unentziehbaren Verwaltungsrechte zu nennen: Trotz des in § 45 GmbHG festgelegten Grundsatzes der Satzungsautonomie, welcher als wesentliches Strukturelement der GmbH gilt,[766] werden gewisse Rechte zum Schutz der Gesellschafter als unentziehbar betrachtet. Betreffen

762 BGHZ 148, 167, 169 ff.; MüKo GmbHG/*Ekkenga*, § 30 Rn. 4.
763 MüKo GmbHG/*Stephan*/*Tieves*, § 37 Rn. 1.
764 MüKo GmbHG/*Liebscher*, § 46 Rn. 2.
765 Mit dieser Terminologie auch MüKo GmbHG/*Liebscher*, § 45 Rn. 12.
766 MüKo GmbHG/*Liebscher*, § 45 Rn. 2 m.w.N.

diese den unantastbaren Kernbereich[767] der Mitgliedschaft, so sind diese satzungsfest und unterliegen somit nicht der Disposition der Satzung oder der Gesellschafterversammlung.[768] Solche Rechte dürfen durch die Satzung lediglich modifiziert werden, solange der Kernbereich gewahrt bleibt.

Insbesondere ist das unentziehbare Teilnahmerecht jedes Gesellschafters zu erwähnen. Während ein Gesellschafter etwa vom Stimmrecht ausgeschlossen sein kann, betrifft das Teilnahmerecht den Kernbereich der Mitgliedschaft und ist unentziehbar.[769] Das Teilnahmerecht umfasst das Recht auf Anwesenheit und das Recht auf Teilhabe an der Beratung.[770] Letzteres umfasst insbesondere ein Rederecht: Jeder Gesellschafter hat das Recht, seine Auffassung in angemessener Weise darzulegen und um Unterstützung zu werben.[771] Des Weiteren hat jeder Gesellschafter das Recht, Beschlussanträge zu stellen.[772]

Außerdem steht jedem GmbH-Gesellschafter gemäß § 51a GmbHG ein uneinschränkbares Auskunfts- und Einsichtsrecht hinsichtlich der Angelegenheiten der Geschäftsführung zu. Dieses Recht erweitert das der Gesellschafterversammlung in § 45 Nr. 6 GmbHG vorbehaltene Kontrollrecht zu einem auch dem einzelnen Gesellschafter zustehenden Kontrollrecht.

Neben diese Rechte, die jedem Gesellschafter zustehen, tritt das Minderheitsrecht gemäß § 50 GmbHG. Dieses betrifft das Recht zur Einberufung der Gesellschafterversammlung und der Ankündigung von Tagesordnungspunkten, welches einer 10 %-Minderheit zusteht.[773] Diese Vorschrift beinhaltet einen Anspruch auf materielle Beschlussfassung über die angekündigten

767 Näher zur Kernbereichslehre sogleich unter E.IV.2.c).

768 Siehe näher hierzu die nachfolgend aufgeführten (absolut) unentziehbaren Verwaltungsrechte; allgemein hierzu MHLS/*Ebbing*, GmbHG, § 14 Rn. 59 ff.; MüKo GmbHG/*Liebscher*, § 45 Rn. 129 ff.

769 RGZ 167, 65, 73; BGH GmbHR 1989, 120; OLG Dresden GmbHR 2016, 1149 Rn. 12; *Altmeppen*, GmbHG, § 48 Rn. 4; Lutter/Hommelhoff/*Bayer*, GmbHG, § 48 Rn. 3; HCL/*Hüffer/C. Schäfer*, GmbHG, § 48 Rn. 21; MüKo GmbHG/*Liebscher*, § 48 Rn. 12; MHLS/*Römermann*, GmbHG, § 48 Rn. 74; Scholz/*Seibt*, GmbHG, § 48 Rn. 18; *Vogel*, Gesellschafterbeschlüsse und Gesellschafterversammlung, S. 137 f.; Baumbach/Hueck/*Zöllner/Noack*, GmbHG, § 48 Rn. 6.

770 HCL/*Hüffer/C. Schäfer*, GmbHG, § 48 Rn. 12.

771 *Altmeppen*, GmbHG, § 48 Rn. 4; MüKo GmbHG/*Liebscher*, § 46 Rn. 9.

772 Baumbach/Hueck/*Zöllner/Noack*, GmbHG, § 48 Rn. 20.

773 Baumbach/Hueck/*Zöllner/Noack*, GmbHG, § 50 Rn. 1.

Tagesordnungspunkte.[774] Diese Vorschrift soll der Minderheit einen gewissen Schutz gewähren[775] und ist deshalb nach überwiegender Ansicht nicht einschränkbar.[776]

Die hier aufgeführten Partizipationsrechte geben jedem Gesellschafter, der nicht zugleich Geschäftsführer ist, gewisse indirekte Einwirkungsmöglichkeiten auf die Geschäftsführung: Auch wenn Gesellschafter nicht die Geschäfte der Gesellschaft führen, kommt jedem einzelnen über dessen unentziehbare Verwaltungsrechte in Bezug auf die Gesellschafterversammlung, welche wiederum mittels des umfassenden Weisungsrechts wesentlichen Einfluss auf die Geschäftsführung ausüben kann, ein gewisser Einfluss auf die Geschäftsführung zu. Bei diesen Partizipationsrechten handelt es sich um den Kern des gesellschaftsrechtlichen Herrschaftsrechts, welches dem Gesellschafter als Mindestausstattung nicht genommen werden kann.[777]

Zwar schützen diese Partizipationsrechte in Bezug auf die weisunggebende Gesellschafterversammlung nicht vor weisungswidrigem Handeln des Geschäftsführers. Allerdings ist der Geschäftsführer im Fall von weisungswidrigem Verhalten den Gesellschaftern zum Schadensersatz gemäß § 43 GmbHG verpflichtet[778] – im Falle einer weisungswidrig durchgeführten, verbotenen Einlagenrückgewähr ergibt sich die Schadensersatzpflicht aus § 43 Abs. 3 GmbHG.[779] Hinzu kommt die Rückgriffshaftung für Ausfallhaftungsbeiträge aus § 31 Abs. 6 GmbHG.[780] Diesbezüglich kann der Geschäftsführer bei Ausführung

774 Die früher herrschende Meinung, welche einen Anspruch auf materielle Beschlussfassung ablehnte, verwies auf die Möglichkeit des Minderheitsgesellschafters, den Nichtbefassungs- oder Vertagungsbeschluss hinsichtlich des von ihm eingebrachten Tagesordnungspunktes anzufechten; siehe zum Streitstand Lutter/Hommelhoff/*Bayer*, GmbHG, § 50 Rn. 2; MüKo GmbHG/*Liebscher*, § 50 Rn. 30 f.; Scholz/*Seibt*, GmbHG, § 50 Rn. 4.

775 Siehe hierzu exemplarisch OLG Hamburg, GmbHR 2016, 1039; hierzu auch Lutter/Hommelhoff/*Bayer*, GmbHG, § 50 Rn. 1.

776 Lutter/Hommelhoff/*Bayer*, GmbHG, § 50 Rn. 4; Scholz/*Seibt*, GmbHG, § 50 Rn. 6.

777 So auch *Vogel*, Gesellschafterbeschlüsse und Gesellschafterversammlung, S. 138. Siehe zu der denkbaren Kritik, welche an der fehlenden Durchschlagskraft der hier aufgeführten Partizipationsrechte des einzelnen Gesellschafters anknüpft, sogleich unter E.III.2.b).

778 MüKo GmbHG/*Stephan/Tieves*, § 37 Rn. 147 ff.

779 *Altmeppen*, GmbHG, § 43 Rn. 120.

780 *Altmeppen*, GmbHG, § 31 Rn. 42. Diese Rückgriffshaftung umfasst richtigerweise nicht nur die Ausfallhaftungsbeiträge, sondern den gesamten Schaden der ausfallhaftenden Mitgesellschafter wie etwa Refinanzierungskosten und Zinsverluste, vgl. auch MüKo GmbHG/*Ekkenga*, § 31 Rn. 87.

einer Weisung der Gesellschafterversammlung dem ausfallhaftenden Mitgesellschafter ggf. den Einwand unzulässiger Rechtsausübung entgegenhalten, wenn dieser etwa bei einer Beschlussfassung für die verbotswidrige Auszahlung gestimmt hat.[781]

### *b) Zusammenhang zwischen Partizipation und der Ausfallhaftung*

Fraglich ist im Folgenden, ob sich ein Zusammenhang zwischen den o.g. Einflussmöglichkeiten eines jeden Gesellschafters und seiner möglichen Ausfallhaftung herstellen lässt.

Aufschluss hierüber bietet ein Blick in die Gesetzesmaterialien des GmbHG: Der historische Gesetzgeber geht von einer solchen Verknüpfung aus.[782] Ausweislich der Gesetzesbegründung steht die Ausfallhaftungsvorschrift „mit der allgemeinen Tendenz des Entwurfs im Einklang, […] die Verbindung der Gesellschafter fester zu gestalten, denn jeder einzelne Theilnehmer erhält dadurch ein besonderes Interesse, persönlich auf solide Geschäftsführung und vorsichtige Aufstellung der Bilanzen hinzuwirken".[783] Dem schloss sich die XXV. Kommission an und stellte fest, es entspreche „der Billigkeit mehr, [für die Ausfallhaftung] die Gesellschafter heranzuziehen, da diese immerhin eine Einwirkung auf die Angelegenheiten der Gesellschaft auszuüben vermögen".[784]

---

781 *Altmeppen*, GmbHG, § 31 Rn. 42; MHLS/*Heidinger*, GmbHG, § 31 Rn. 110.

782 Siehe hierzu bereits oben unter B.III.2.b).

783 Begründung zum Gesetzentwurf betreffend die Gesellschaften mit beschränkter Haftung, Stenographische Berichte über die Verhandlungen des Reichstags, 8. Legislaturperiode, 1. Session 1890/1892, Reichstagsaktenstück Nr. 660, S. 3745; siehe auch die Einleitung zu §§ 24, 31 GmbHG, Begründung zum Gesetzentwurf betreffend die Gesellschaften mit beschränkter Haftung, Stenographische Berichte über die Verhandlungen des Reichstags, 8. Legislaturperiode, 1. Session 1890/1892, Reichstagsaktenstück Nr. 660, S. 3730: „Eine so konstruierte Gesammthaftung der Gesellschafter für etwaige Schmälerungen des Stammkapitals entspricht einerseits dem Grundgedanken der neuen Gesellschaftsform, indem sie nothwendig dazu beitragen muss, die Verbindung der Mitglieder mit der Gesellschaft fester zu knüpfen […]."

784 Kommissionsbericht zur Vorberatung des Entwurfs eines Gesetzes betreffend die Gesellschaften mit beschränkter Haftung, Stenographische Berichte über die Verhandlungen des Reichstags, 8. Legislaturperiode, 1. Session 1890/1892, Reichstagsaktenstück Nr. 744, S. 4009.

Mit dem Verweis auf diese „allgemeine Tendenz des Entwurfs […], die Verbindung der Gesellschafter fester zu gestalten",[785] ist die im Vergleich zur Aktiengesellschaft engere persönliche Bindung zwischen den Gesellschaftern angesprochen, welche eine für Kapitalgesellschaften atypische Vorschrift wie die Ausfallhaftung rechtfertigen soll. Das Recht der Aktiengesellschaften kennt eine Ausfallhaftung ähnlich der des § 31 Abs. 3 GmbHG nicht, weil es eine weniger persönliche Gesellschafterverbindung festlegt.[786] Im GmbH-Recht dagegen schlägt sich die persönlichere Verbindung gerade darin nieder, dass jedem GmbH-Gesellschafter die o.g. Verwaltungsrechte in Bezug auf die Gesellschafterversammlung zustehen. Der Gesellschafter kann über seine Partizipationsrechte auf die Gesellschafterversammlung einwirken, welche wiederum über ihr Weisungsrecht Geschäftsführungsmaßnahmen steuern kann. Damit kann der Gesellschafter etwa auf Rechtsgeschäfte der GmbH, welche sich als verbotswidrige Auszahlung gemäß § 30 Abs. 1 GmbHG darstellen, einen gewissen Einfluss ausüben und diese ggf. verhindern. Die Gesetzesbegründung des GmbHG[787] stellt den Konnex zwischen der Ausfallhaftung als Ausfluss enger persönlicher Gesellschafterverbindung und den Einwirkungsmöglichkeiten auf die Geschäftsführung explizit her. Die Ausfallhaftungsvorschrift fußt damit auf der vom Gesetzgeber vorausgesetzten Möglichkeit des einzelnen Gesellschafters, durch Einwirkung auf die Geschäftsführung einer verbotswidrigen Auszahlung schon im Voraus entgegenzuwirken.

Diese Anreizfunktion[788] der Ausfallhaftung beinhaltet, dass „jeder einzelne Theilnehmer"[789] vor dem Hintergrund der lauernden, über die eigene Einlage hinausgehenden Ausfallhaftung im eigenen Interesse zu einer gewissen Kontrolle der Geschäftsführung angespornt wird. Diese Funktion setzt denklogisch voraus, dass dem Gesellschafter gewisse Einflussmöglichkeiten innerhalb der GmbH zustehen, welche die theoretische Möglichkeit der Hinwirkung auf „solide

785 Begründung zum Gesetzentwurf betreffend die Gesellschaften mit beschränkter Haftung, Stenographische Berichte über die Verhandlungen des Reichstags, 8. Legislaturperiode, 1. Session 1890/1892, Reichstagsaktenstück Nr. 660, S. 3745.

786 Siehe hierzu sogleich unter E.III.5.

787 Begründung zum Gesetzentwurf betreffend die Gesellschaften mit beschränkter Haftung, Stenographische Berichte über die Verhandlungen des Reichstags, 8. Legislaturperiode, 1. Session 1890/1892, Reichstagsaktenstück Nr. 660, S. 3745.

788 Siehe hierzu bereits oben unter B.III.2.b).

789 Begründung zum Gesetzentwurf betreffend die Gesellschaften mit beschränkter Haftung, Stenographische Berichte über die Verhandlungen des Reichstags, 8. Legislaturperiode, 1. Session 1890/1892, Reichstagsaktenstück Nr. 660, S. 3745.

Geschäftsführung"[790] mit sich bringen.[791] Die XXV. Kommission begründet die Entscheidung, anstatt den Gläubigern vielmehr den Gesellschaftern den Ausfall aufzuerlegen, gerade mit den Gesellschaftern zustehenden „Schutzmittel[n]"[792] der „Einwirkung auf die Angelegenheiten der Gesellschaft".[793]

Auch der Umstand, dass hinsichtlich des Anteils der zu übernehmenden Ausfallhaftung auf das Verhältnis der Geschäftsanteile abzustellen ist, spricht für die Anknüpfung der Ausfallhaftung an die Partizipationsmöglichkeiten innerhalb der GmbH: Der Geschäftsanteil ist nicht nur eine reine Rechengröße, sondern direkter Ausdruck des Umfangs der Einflussmöglichkeiten innerhalb der GmbH.[794] Aus der Anknüpfung an das Verhältnis der Geschäftsanteile ergibt sich daher, dass Gesellschafter grundsätzlich[795] nur soweit ausfallhaften sollen, wie sie Einfluss in der GmbH haben.

Damit besteht ein Zusammenhang zwischen den genannten Einwirkungsmöglichkeiten und der Ausfallhaftung. Hieran ändert auch der vereinzelt geäußerte Befund nichts, dass in tatsächlicher Hinsicht insbesondere der Minderheitsgesellschafter ungeachtet seiner zwingenden Einwirkungsrechte auf die Gesellschafterversammlung nur selten eine verbotswidrige Auszahlung verhindern könne.[796] Die Gesellschafterversammlung kann mit einfacher

---

790 Begründung zum Gesetzentwurf betreffend die Gesellschaften mit beschränkter Haftung, Stenographische Berichte über die Verhandlungen des Reichstags, 8. Legislaturperiode, 1. Session 1890/1892, Reichstagsaktenstück Nr. 660, S. 3745.

791 *Lüdicke/Schneeweiß*, WiB 1996, 969, 973: „Die Solidarhaftung steht [...] in direktem Verhältnis zu den Einflußmöglichkeiten des Gesellschafters innerhalb der GmbH"; ähnlich auch *Reemann*, ZIP 1990, 1309, 1311; *Zacher*, Kapitalsicherung und Haftung, S. 218; anders dagegen *Joost*, GmbHR 1983, 285, 288 f.

792 Kommissionsbericht zur Vorberatung des Entwurfs eines Gesetzes betreffend die Gesellschaften mit beschränkter Haftung, Stenographische Berichte über die Verhandlungen des Reichstags, 8. Legislaturperiode, 1. Session 1890/1892, Reichstagsaktenstück Nr. 744, S. 4009.

793 Kommissionsbericht zur Vorberatung des Entwurfs eines Gesetzes betreffend die Gesellschaften mit beschränkter Haftung, Stenographische Berichte über die Verhandlungen des Reichstags, 8. Legislaturperiode, 1. Session 1890/1892, Reichstagsaktenstück Nr. 744, S. 4009.

794 *Lüdicke/Schneeweiß*, WiB 1996, 969, 973; *Schnelle*, GmbHR 1995, 853, 854 f.

795 Vorbehaltlich der Ausfälle weiterer (ausfallhaftender) Gesellschafter, vgl. § 31 Abs. 3 S. 2 GmbHG. Doch auch hier wird hinsichtlich der Verteilung der Haftungsanteile an den jeweiligen Geschäftsanteil angeknüpft.

796 *Joost*, GmbHR 1983, 285, 288 ff. etwa stellt auf die unzureichende Durchschlagskraft einiger in den Gesetzesmaterialien erwähnten Einwirkungsmöglichkeiten ab und schließt hieraus auf eine (auch hier unter B.IV.2. befürwortete) höhenmäßige

Mehrheit der abgegebenen Stimmen (§ 47 Abs. 1 GmbHG) Weisungen an die Geschäftsführung erteilen bzw. Geschäftsführungsbereiche sämtlich an sich ziehen. Dies dürfte für Gesellschafter jedenfalls keine unerreichbare Hürde darstellen. Unabhängig davon kommt es für die Einordnung der Bedeutung der Einwirkungsmöglichkeiten als „Mindestausstattung" des Gesellschafters auf die tatsächliche Verhinderungsmöglichkeit nicht an. Die Einwirkungsmöglichkeiten erschöpfen sich nicht in einer ggf. die Auszahlung verhindernden Ausübung des Stimmrechts. Die unentziehbaren Partizipationsrechte dienen dem Schutz des einzelnen Gesellschafters, auch wenn sie einen absoluten Schutz im Sinne einer tatsächlichen Verhinderungsmöglichkeit systembedingt nicht bieten können: Aus dem grundsätzlich für die Beschlussfassung geltenden Mehrheitsprinzip gemäß § 47 Abs. 1 GmbHG ergibt sich, dass die vom Gesetzgeber als Fundament der Ausfallhaftung angesehenen Einwirkungsmöglichkeiten auch „nur" als Einwirkung mit begrenzter Durchschlagskraft zu verstehen sind. Nach der Konzeption des Gesetzes kommt einzelnen Gesellschaftern eine Art „Vetorecht" bei der Beschlussfassung gerade nicht zu – mithin kann eine fehlende tatsächliche Verhinderungsmöglichkeit auch nicht gegen die Bedeutung der o.g. Einwirkungsmöglichkeiten als „Mindestausstattung" in Anschlag gebracht werden.

Im Rahmen der Gesellschafterversammlung geht es um mehr als um eine aus der Ausübung von Stimmrechten resultierende, absolute Verhinderungsmöglichkeit: Es geht um die generelle Möglichkeit der Einflussnahme auf die Geschicke der Gesellschaft.[797] Der einzelne Gesellschafter soll in der Gesellschafterversammlung seiner Meinung und seinen Bedenken Gehör verschaffen und um Unterstützung werben können.[798] Die Treuepflicht der Mitgesellschafter gebietet es, diese Äußerungen zur Kenntnis zu nehmen[799] und sich auf der Basis der vorgebrachten Sachargumente mit dem Für und Wider einer Maßnahme auseinanderzusetzen.[800] Die genannten Partizipationsrechte sind damit ungeachtet ihrer im Einzelfall eher theoretischen Durchschlagskraft unentziehbar und stellen die Basis für die Ausfallhaftung dar. Nur so hat *jeder* Gesellschafter – wie

---

Begrenzung der Ausfallhaftung. Siehe in anderem Kontext auch Rowedder/Schmidt-Leithoff/*Pentz*, GmbHG, § 31 Rn. 35.

797 So auch *Vogel*, Gesellschafterbeschlüsse und Gesellschafterversammlung, S. 138.

798 *Vogel*, Gesellschafterbeschlüsse und Gesellschafterversammlung, S. 138.

799 MHLS/*Römermann*, GmbHG, § 48 Rn. 31.

800 MüKo GmbHG/*Liebscher*, § 48 Rn. 24.

seitens des historischen Gesetzgebers vorgesehen – die Möglichkeit, auf eine ordnungsgemäße Geschäftsführung „hinzuwirken".[801]

### c) *Der missverstandene historische Gesetzgeber: Die Diskussion um ein Verschuldenserfordernis*

Auf den Vorschlag von *Reemann*,[802] dem Tatbestand des § 31 Abs. 3 GmbHG eine ungeschriebene, widerlegbare Verschuldensvermutung zu entnehmen, wurde oben[803] bereits eingegangen. *Reemanns* Vorschlag basiert auf der Annahme, dass der historische Gesetzgeber vorausgesetzt habe, dass *jeder* Gesellschafter *jede* verbotene Auszahlung verhindern könne.

Dem ist nicht zu folgen. Es ist zwar richtig und im Einklang mit den Gesetzesmaterialien, dass es für die atypische Ausfallhaftung, welche das Potenzial hat, den der GmbH ureigenen Vorteil der Haftungsbeschränkung zunichte zu machen, eines gewissen „Gegengewichts" bedarf. Dieses Gegengewicht liegt aber richtigerweise – auch ausweislich der Gesetzesbegründung – in den (unentziehbaren) Verwaltungsrechten des Gesellschafters, mit denen dieser einen gewissen Einfluss auf die Geschäftsführung geltend machen und auf „solide Geschäftsführung"[804] hinwirken kann. Die Gesetzesbegründung erwähnt mit den Partizipationsmöglichkeiten die Rahmenbedingungen, welche die Einführung der Ausfallhaftung ermöglichten.[805] Diese Partizipationsmöglichkeiten sind nicht mit einem Verschuldenserfordernis zu verwechseln. Die Norm setzt lediglich die abstrakte Möglichkeit voraus, auf die Geschäftsführung Einfluss zu nehmen.

Es ginge zu weit, wenn man dem historischen Gesetzgeber unterstellte, dass nur in die Ausfallhaftung des § 31 Abs. 3 GmbHG einbezogen werden soll, wer *entscheidenden* Einfluss auf die Geschäftsführung und eine konkrete Geschäftsführungsmaßnahme hatte und wem damit auch ein Verschulden vorgeworfen werden könnte. Für eine solche Interpretation geben weder der Gesetzestext noch die Gesetzesmaterialien etwas her. Bereits die „bloße" Stellung als

801 Begründung zum Gesetzentwurf betreffend die Gesellschaften mit beschränkter Haftung, Stenographische Berichte über die Verhandlungen des Reichstags, 8. Legislaturperiode, 1. Session 1890/1892, Reichstagsaktenstück Nr. 660, S. 3745.

802 *Reemann*, ZIP 1990, 1309, 1311 f.

803 Siehe oben unter B.IV.1.

804 Begründung zum Gesetzentwurf betreffend die Gesellschaften mit beschränkter Haftung, Stenographische Berichte über die Verhandlungen des Reichstags, 8. Legislaturperiode, 1. Session 1890/1892, Reichstagsaktenstück Nr. 660, S. 3745.

805 So auch *Görner/Kling*, GmbHR 2004, 714; *Lüdicke/Schneeweiß*, WiB 1996, 969, 973.

Gesellschafter mit den inhärenten Partizipationsmöglichkeiten stellt das Fundament der Ausfallhaftung dar.

### *d) Ergebnis*

In der Literatur wird die Ausfallhaftung zum Teil auf die besondere „Nähe" der ausfallhaftenden Gesellschafter zu dem die Einlagenrückgewähr empfangenden Gesellschafter gestützt. Mit Blick auf den allgemeinen Rechtsgedanken „Haftung erfordert Herrschaft" konnte im GmbH-Recht eine Ausprägung dieses Rechtsgedankens in Form von „Haftung erfordert Partizipationsmöglichkeiten" nachgewiesen werden. Die Ausfallhaftung fußt auf den Partizipationsmöglichkeiten des einzelnen GmbH-Gesellschafters hinsichtlich der Gesellschafterversammlung und damit auch (mittelbar) hinsichtlich der Geschäftsführung, also der Entstehung der Schuld gemäß § 31 Abs. 1 GmbHG. Der historische Gesetzgeber verknüpft ausdrücklich die Ausfallhaftung mit den Partizipationsrechten des Gesellschafters hinsichtlich der Geschäftsführung.

## 3. Ausprägung des Rechtsgedankens im Recht der GbR und OHG

Fraglich ist, ob auch im Recht der Personengesellschaften eine Ausprägung des Rechtsgedankens „Haftung erfordert Partizipationsmöglichkeiten" zu finden ist. Auch im Personengesellschaftsrecht stellt sich die Problemlage, dass sämtliche Gesellschafter gemäß § 128 HGB (analog) persönlich und unbeschränkt für Gesellschaftsschulden haften, während die Geschäftsführung, also die Begründung der Schuld, ggf. in den Händen nur eines Teils der Gesellschafter liegt.

Mithin stellt sich auch hier die Frage, ob die unbeschränkte Haftung der Personengesellschafter als „Gegengewicht" gewisse Partizipationsrechte in Bezug auf die Geschäftsführung der Gesellschaft und damit auf das Zustandekommen der Schuld erfordert.

### *a) Unentziehbare Partizipationsrechte*

Sowohl in der GbR als auch in der OHG steht im Grundsatz allen Gesellschaftern die Geschäftsführung mit dem Unterschied zu, dass für die GbR grundsätzlich gemeinschaftliche Geschäftsführung und für die OHG grundsätzlich Einzelgeschäftsführung vorgesehen ist, vgl. § 709 BGB, § 114 HGB. Diese Regelungen stehen zur Disposition der Gesellschafter.[806] Mithin können im

806 MüKo HGB/*Rawert*, HGB, § 114 Rn. 14; MüKo BGB/*C. Schäfer*, § 709 Rn. 1.

Gesellschaftsvertrag abweichende Regelungen getroffen werden und etwa einzelne Gesellschafter von der Geschäftsführung ausgeschlossen werden. Es ist allerdings zu beachten, dass die Geschäftsführungsbefugnis zu den grundsätzlichen Verwaltungsrechten eines Gesellschafters gehört und damit nur auf Ebene des Gesellschaftsvertrags durch einstimmigen Gesellschafterbeschluss[807] geändert werden kann.[808] Hiervon sieht § 712 Abs. 1 BGB eine eng umgrenzte Ausnahme vor, welche den „übrigen" Mitgesellschaftern ein Entziehungsrecht aus wichtigem Grund anstelle einer Vertragsänderung zugesteht. Diese Möglichkeit ist als milderes Mittel zur Kündigung der Gesellschaft oder dem Ausschluss des betroffenen Gesellschafters anzusehen.[809] Sie tritt an die Stelle einer Änderung des Gesellschaftsvertrags und bedarf daher eines wichtigen Grundes sowie grundsätzlich eines einstimmigen Beschlusses.[810] In diesen Fällen steht dem von der Geschäftsführung ausgeschlossenen Gesellschafter insbesondere nicht das Widerspruchsrecht gemäß § 711 BGB[811] bzw. § 115 HGB[812] zu.

Unentziehbar und unverzichtbar sind weiter das Recht zur Notgeschäftsführung gemäß § 744 Abs. 2 BGB (analog)[813] und das Kontrollrecht gemäß § 716 BGB[814] bzw. § 118 HGB.[815] Daneben steht dem Gesellschafter ein Teilnahmerecht an der Gesellschafterversammlung samt Rede- und Antragsrecht[816] und Stimmrecht zu.[817] Zudem ist das Kündigungsrecht aus wichtigem Grund unentziehbar, vgl. § 723 Abs. 3 BGB.[818]

---

807 In der OHG ist ein Entzug der Geschäftsführungsbefugnis nach dem gesetzlichen Leitbild des § 117 HGB durch gerichtliche Entscheidung möglich. Jedoch ist diese Vorschrift dispositiv, weshalb das Ausschlussverfahren in der OHG gesellschaftsvertraglich an das Ausschlussverfahren des § 712 Abs. 1 BGB angenähert werden kann, vgl. Baumbach/Hopt/*Roth*, HGB, § 117 Rn. 12.

808 BeckOGK BGB/*Geibel*, § 712 Rn. 2.

809 BeckOGK BGB/*Geibel*, § 712 Rn. 2 f.

810 BeckOGK BGB/*Geibel*, § 712 Rn. 27.

811 RGZ 102, 410, 412; MüKo BGB/*C. Schäfer*, § 710 Rn. 7; BeckOK BGB/*Schöne*, § 710 Rn. 8.

812 MüKo HGB/*Rawert*, HGB, § 115 Rn. 10.

813 BeckOK BGB/*Schöne*, § 710 Rn. 9; BeckOK BGB/*Schöne*, § 709 Rn. 26.

814 MüKo BGB/*C. Schäfer*, § 710 Rn. 8; BeckOK BGB/*Schöne*, § 710 Rn. 10.

815 BGH NJW 1995, 194, 195, EBJS/*Drescher*, HGB, § 118 Rn. 32 ff.; MüKo HGB/*Enzinger*, HGB, § 118 Rn. 4.

816 MüKo HGB/*Enzinger*, HGB, § 119 Rn. 68.

817 *K. Schmidt*, GesR, § 16 III 3 b) bb).

818 Auch für die OHG, siehe MüKo HGB/*Enzinger*, HGB, § 119 Rn. 68.

Außerdem sind die außergewöhnlichen Geschäfte zu erwähnen, vgl. § 116 Abs. 2 GmbHG. Hiernach bedürfen Geschäfte, die über den gewöhnlichen Betrieb des Handelsgewerbes hinausgehen, eines einstimmig gefassten Beschlusses der Gesellschafter. Die Rechtsprechung charakterisiert außergewöhnliche Geschäfte als solche, die wegen ihres Inhalts und Zwecks oder ihrer Bedeutung und der mit ihnen verbundenen Gefahr für die Gesellschafter Ausnahmecharakter haben.[819] Allerdings wird der Anwendungsbereich der noch gewöhnlichen Geschäfte großzügig bemessen.[820] Außerdem handelt es sich hierbei um dispositives Recht. Abseits der dem Kernbereich zugehörigen Rechte[821] kann von der Schutznorm des § 116 Abs. 2 HGB abgewichen werden. Damit hält sich der aus § 116 Abs. 2 HGB ergebende Gesellschafterschutz in Grenzen.

Mit Blick auf die Partizipationsmöglichkeiten des GmbH-Gesellschafters lässt sich feststellen, dass die Einwirkungsmöglichkeiten auf die Geschäftsführung und damit auf die Schuld, für die letzten Endes gemäß § 128 HGB (analog) oder gemäß § 31 Abs. 3 GmbHG gehaftet werden soll, relativ vergleichbar sind. Während das GmbH-Recht Partizipationsmöglichkeiten des Gesellschafters auf die Gesellschafterversammlung und somit über das Weisungsrecht auf die Geschäftsführung vorsieht, besteht im Personengesellschaftsrecht ein direkter Einfluss auf die Geschäftsführung durch den Personengesellschafter. Etwas anderes kann sich für den Personengesellschafter nur mit dessen Zustimmung oder nach einer schweren Pflichtverletzung, welche auch einen Ausschluss rechtfertigen würde, ergeben.

Im Gegensatz zu den oben untersuchten Partizipationsrechten wirkt das Kontrollrecht im Hinblick auf Geschäftsführungsmaßnahmen lediglich *ex post*: Hierdurch kann sich der Gesellschafter lediglich im Nachgang zu Geschäftsführungsmaßnahmen durch Einsicht in die Geschäftsbücher und der Papiere der Gesellschaft ein Bild von den (bereits durchgeführten)[822] Geschäftsführungsmaßnahmen machen.[823] Das Kontrollrecht des Personengesellschafters dient lediglich dazu, dessen Investitionsentscheidung zu überprüfen und vermögensrechtliche Ansprüche geltend zu machen.[824] Einen Schutz vor der persönlichen

---

819 BGHZ 76, 160, 162; hierzu auch MüKo HGB/*Jickeli*, HGB, § 116 Rn. 17.

820 MüKo HGB/*Jickeli*, HGB, § 116 Rn. 8 ff.

821 Hierzu sogleich unter E.III.3.b).

822 Siehe etwa MüKo HGB/*Enzinger*, HGB, § 118 Rn. 2: „eingegangenen Verpflichtungen".

823 Ebenso *Wiedemann*, Gesellschaftsrecht I, S. 366, welcher insoweit zwischen Mitverwaltungsrechten und Kontrollrechten unterscheidet.

824 MüKo HGB/*Enzinger*, HGB, § 118 Rn. 1 ff.

und unbeschränkten Haftung kann das Kontrollrecht jedoch nicht bieten und spielt daher bei der Bestimmung der gesellschafterschützenden Mindestausstattung an Partizipationsrechten nur eine untergeordnete Rolle.

### *b) Die vorgelagerte Partizipationsmöglichkeit*

Es sind weitere Partizipationsmöglichkeiten des Personengesellschafters in den Blick zu nehmen. Betrachtet man weitere, zum Schutz des Gesellschafters unentziehbare (Partizipations-)Rechte des Personengesellschafters, so stößt man auf die den sog. Kernbereich der Mitgliedschaft betreffenden Rechte. Zum Kernbereich zählen die Rechte, die zum Schutz des betroffenen Gesellschafters nicht[825] bzw. nur mit Zustimmung desselben[826] als entziehbar angesehen werden.[827]

Der BGH stellt in seiner jüngeren Rechtsprechung allerdings nicht mehr auf einen Eingriff in den Kernbereich der Mitgliedschaft ab, sondern prüft bezogen auf die Umstände des Einzelfalls, ob eine Maßnahme die gesellschafterliche Treuepflicht verletzt.[828] Diese Änderung der Rechtsprechung, welche teilweise als Abkehr von der Kernbereichslehre verstanden wird,[829] wird in der Literatur überwiegend begrüßt,[830] vereinzelt auch kritisiert.[831] Zur Kritik wird vorgebracht, dass das Anliegen des BGH, das unscharfe Kriterium des Kernbereichs abzuschaffen und Entscheidungen auf der Basis rein begrifflicher Einordnungen zu vermeiden, durch das nunmehr ausschließliche Abstellen auf den Einzelfall nur auf Kosten der Rechtssicherheit erreicht werden könne. Die nunmehr vorzunehmende einzelfallbezogene Prüfung des Gesellschaftsinteresses und der Zumutbarkeit eines Eingriffs sei „deutlich weniger konturiert“[832] und erschwere

825 Der BGH versteht unter Kernbereichsrechten sowohl schlechthin unverzichtbare Rechte (absolut unentziehbare Rechte) als auch nur mit Zustimmung des betroffenen Gesellschafters entziehbare Rechte (relativ unentziehbare Rechte), vgl. nur BGHZ 203, 77, 90; BGH NJW 1995, 194, 195.

826 Für eine solche Einordnung *Priester*, NZG 2015, 529, 530; *C. Schäfer*, ZGR 2013, 237, 251 f.

827 Oetker/*Lieder*, HGB, § 109 Rn. 35 ff.; MüKo BGB/*C. Schäfer*, § 709 Rn. 91 f.

828 BGHZ 203, 77, 83 ff.; BGHZ 179, 13, 20 ff.; BGHZ 170, 283.

829 *Altmeppen*, NJW 2015, 2065; *Priester*, NZG 2015, 529; *Ulmer*, ZIP 2015, 657, 658 f.; dagegen MüKo BGB/*C. Schäfer*, § 709 Rn. 92 ff.

830 Siehe etwa *W. Goette/M. Goette*, DStR 2016, 74, 75 ff.; *C. Schäfer*, NZG 2014, 1401, 1403; *Wertenbruch*, NZG 2014, 2875, 2877 f.; hierzu auch *C. Schäfer*, ZGR 2013, 237.

831 *Altmeppen*, NJW 2015, 2065; *Priester*, NZG 2015, 529.

832 *Priester*, NZG 2015, 529, 530.

dem Betroffenen eine Einschätzung seiner Chancen im Voraus.[833] Dem BGH wird vorgeworfen, die Vertragsgestaltung der rechtsgeschäftlichen Erklärung des (Minderheits)Gesellschafters zu entziehen und nunmehr über das Prüfinstrument des Treuepflichtverstoßes zur „Sache des Richters" zu machen.[834]

Auf die Diskussion ist zum Zweck dieser Untersuchung nicht weiter einzugehen. Auch wenn der BGH die Terminologie und das Prüfprogramm leicht verändert hat, ist der Umfang der nunmehr als „relativ unentziehbar" bzw. „absolut unentziehbar" bezeichneten Rechte deckungsgleich mit den traditionell dem Kernbereich der Mitgliedschaft zugeordneten Gesellschafterrechten.[835] Da es sich bei der Terminologie des Kernbereichs um eine verständliche und noch immer übliche[836] Einordnung handelt, wird für die hier vorzunehmende Untersuchung an diesem Begriff festgehalten.

Aus dem Blickwinkel der hier untersuchten Partizipationsmöglichkeiten eines Gesellschafters interessiert insbesondere das Recht, an Änderungen im Bestand und der Zusammensetzung der Verbandsmitglieder mitzuwirken. Dieses Recht zählt zum unentziehbaren Kernbereich der Mitgliedschaft.[837] Eine Änderung im Bestand der Verbandsmitglieder ist – unabhängig davon, ob dies im Wege einer Vertragsänderung oder einer Anteilsabtretung erfolgt[838] – ein Geschäft, welches die Grundlagen der Gesellschaft betrifft.[839] Aus dem persönlichen Charakter des Zusammenschlusses der Mitglieder der Personengesellschaft folgt, dass die Vertragsänderung bzw. die Anteilsabtretung der Zustimmung aller Mitgesellschafter bedarf.[840] Bereits Art. 98 Abs. 1 ADHGB legte fest: „Ein Gesellschafter kann

833 *Göz/Pauw*, NZG 2014, 2759, 2760; *Priester*, NZG 2015, 529, 530; *Priester*, EWiR 2015, 71, 72.

834 So *Altmeppen*, NJW 2015, 2065, 2066 ff.

835 MüKo BGB/*C. Schäfer*, § 709 Rn. 92 ff.; siehe auch BGHZ 179, 13, 21 f.

836 Vgl. die Kommentarliteratur hierzu, etwa MüKo BGB/*C. Schäfer*, § 709 Rn. 91 ff.; BeckOK BGB/*Schöne*, § 709 Rn. 35.

837 BGHZ 203, 77, 90; MüKo BGB/*C. Schäfer*, § 719 Rn. 27 ff.; MüKo BGB/*C. Schäfer*, § 709 Rn. 93 ff.; *C. Schäfer*, ZGR 2013, 237, 256 f.

838 MüKo BGB/*C. Schäfer*, § 709 Rn. 93 ff.

839 So der BGH auch nach seiner „Abkehr" von der Kernbereichslehre, vgl. BGHZ 203, 77, 90.

840 So trotz unterschiedlicher Begründung die allgemeine Meinung, siehe BGHZ 203, 77, 90; Staudinger/*Habermeier*, BGB, § 719 Rn. 8 ff.; MüKo BGB/*C. Schäfer*, § 719 Rn. 27 f.; Erman/*Westermann*, BGB, § 719 Rn. 8; *Wiedemann*, Mitgliedschaftsrechte, S. 58; vgl. auch Soergel/*Hadding/Kießling*, BGB, § 719 Rn. 14 f., welche das Zustimmungserfordernis bereits dem Recht der Vertragsübernahme entnehmen.

ohne Einwilligung der übrigen Gesellschafter keinen Dritten in die Gesellschaft aufnehmen".[841] Da es sich bei der Personengesellschaft um eine Arbeits- und Haftungsgemeinschaft handelt, deren Zusammenschluss auf besonderem gegenseitigen Vertrauen basiert, ist die Gesellschaftereigenschaft mit einer konkreten Person verbunden. Die persönlichen Eigenschaften lassen sich nicht ohne allseitige Zustimmung übertragen.[842]

Diese – vorgelagerte – Partizipationsmöglichkeit in Bezug auf die Zusammensetzung des Gesellschafterkreises ist besonders geschützt und unterliegt insbesondere nicht der Mehrheitsmacht[843] der Gesellschafter, was sich aus der universalen Wertung des § 707 BGB ergibt.[844] Zwar kann die Partizipationsmöglichkeit in Bezug auf die Zusammensetzung des Gesellschafterkreises bereits antizipiert im Gesellschaftsvertrag ausgeübt werden, indem eine antizipierte Zustimmung abgegeben und die Änderung des Gesellschafterbestandes von der Zustimmung der Mehrheit abhängig gemacht wird.[845] Dies ist insbesondere in Publikumsgesellschaften eine häufig anzutreffende Vertragsgestaltung.[846] Doch an eine solche antizipierte Zustimmung sind strenge Voraussetzungen zu knüpfen: Eine Generaleinwilligung in ein unentziehbares Recht ist nicht möglich, da dies einer Abbedingung gleichkäme.[847] Der BGH geht davon aus, dass im Falle einer antizipierten Zustimmung in ein Kernbereichsrecht nicht nur der Anwendungsbereich der Klausel, sondern auch eine Obergrenze oder andere Kriterien, die eine Eingrenzung des Risikos ermöglichen, zur Wirksamkeit der antizipierten Zustimmung angegeben werden müssen.[848] Denn auch wenn die gesellschafterliche Unterwerfung unter die kollektive Handlungsmacht ihre Grundlage in

---

841 Siehe in *Wiedemann,* Mitgliedschaftsrechte, S. 58.

842 *Wiedemann,* Mitgliedschaftsrechte, S. 58.

843 Staub/*C. Schäfer*, HGB, § 109 Rn. 35; *K. Schmidt,* GesR, § 16 III 3 b).

844 *Armbrüster*, ZGR 2014, 333, 348; *C. Schäfer*, ZGR 2013, 237, 252; *K. Schmidt*, ZHR 158 (1994), 205, 225.

845 BGHZ 85, 350, 365; *Altmeppen*, NJW 2015, 2065, 2070; MüKo BGB/*C. Schäfer*, § 709 Rn. 92; *C. Schäfer*, ZGR 2013, 237, 251 ff.; Erman/*Westermann*, BGB, § 719 Rn. 8; einschränkend *Ulmer*, ZIP 2015, 657, 659 f.; a.A. MüKo HGB/*Enzinger*, HGB, § 119 Rn. 66.

846 *C. Schäfer*, ZGR 2013, 237, 259 f.; siehe zur antizipierten Zustimmung bei Publikumsgesellschaften mit Beispielen aus der Rechtsprechung *K. Schmidt*, ZHR 158 (1994), 205, 220 ff.; siehe sogleich unter E.III.3.d).

847 *Altmeppen*, NJW 2015, 2065, 2070; *C. Schäfer*, ZGR 2013, 237, 253.

848 BGH NJW-RR 2009, 753, 754 (für eine Publikumsgesellschaft); BGH NJW-RR 2006, 827.

der Privatautonomie findet, gelten zwangsläufig immanente Grenzen der privatautonomen Auslagerung von Rechten.[849] Ein zu weitgehendes Freiheitsopfer kann in eine sittenwidrige Selbstentmachtung des Gesellschafters münden, welche von der Privatautonomie nicht mehr gedeckt ist.[850] Art und Ausmaß des Eingriffs müssen daher zum Schutz des betroffenen Gesellschafters zwingend erkennbar sein.[851] Diese Anforderungen sind generell auf Eingriffe in Kernbereichsrechte anwendbar.[852]

### *c) Zusammenhang zwischen Partizipation und Haftung*

Fraglich ist, ob die zwingende Einflussmöglichkeit auf die Zusammensetzung der Gesellschafter als Kernbereichsrecht mit der unbeschränkten Gesellschafterhaftung gemäß § 128 HGB (analog) in Verbindung gebracht werden und für diese als Voraussetzung angesehen werden kann.

Die traditionelle Begründung, dass Änderungen im Bestand und der Zusammensetzung der Gesellschafter dem Kernbereich der Mitgliedschaft zuzuordnen sind, zielt auf die Einordnung des Gesellschaftsverhältnisses als Arbeits- und Haftungsgemeinschaft ab.[853] Der Zusammenschluss basiert darauf, die individuellen persönlichen Fähigkeiten der Gesellschafter, etwa kaufmännischer, technischer oder organisatorischer Art, gewinnbringend für die Gesellschaft zu nutzen.[854] Diese persönlichen Eigenschaften, auf die es sämtlichen Gesellschaftern ankommt, können sich auch in einer bloßen Geldgeberfunktion erschöpfen.

Doch es ist nicht nur die *Arbeits*gemeinschaft, die in der Personengesellschaft von besonderem Interesse für die Gesellschafter ist, sondern auch die hiermit korrespondierende *Haftungs*gemeinschaft. Nicht nur der Umstand, dass jeder Gesellschafter seinen gesellschaftsvertraglich zugesagten Beitrag zum Erfolg der Gesellschaft erbringt, erfordert „gegenseitiges Vertrauen".[855] Vielmehr wird

849 *Wiedemann,* Gesellschaftsrecht I, 357 f.

850 BGHZ 81, 263, 266; *Altmeppen,* NJW 2015, 2065, 2070; siehe allgemein hierzu *W. Goette/M. Goette,* DStR 2016, 74, 75; *Hüffer,* ZHR 151 (1987), 396, 405 f.; *Westermann,* Vertragsfreiheit, S. 177; zu einem ähnlichen Fall *Wiedemann,* Gesellschaftsrecht I, S. 362.

851 *Hüffer,* ZHR 151 (1987), 396, 408; *C. Schäfer,* ZGR 2013, 237, 253; *K. Schmidt,* ZHR 158 (1994), 205, 227 f.; in diese Richtung auch *Altmeppen,* NJW 2015, 2065, 2070.

852 *C. Schäfer,* ZGR 2013, 237, 253.

853 *Wiedemann,* Mitgliedschaftsrechte, S. 58.

854 *Wiedemann,* Mitgliedschaftsrechte, S. 58.

855 *Wiedemann,* Mitgliedschaftsrechte, S. 58.

das gegenseitige Vertrauen vor dem Hintergrund der drohenden Sanktion der unbeschränkten persönlichen Haftung eines jeden Gesellschafters verschärft. Der BGH charakterisiert die Personengesellschaft als „stets persönlichkeitsbezogene Haftungsgemeinschaft".[856] Deshalb kommt es Personengesellschaftern entscheidend auf die Einflussmöglichkeiten an, die sie im Vorfeld der Entstehung einer späteren Schuld hinsichtlich der Aufnahme der Mitgesellschafter bzw. der Zusammensetzung der Arbeits- und Haftungsgemeinschaft haben.

Eine ähnliche Diskussion wird im Bereich der Testamentsvollstreckung an Anteilen einer Personengesellschaft geführt. Setzt der Erblasser einen Testamentsvollstrecker ein, um den Nachlass zu verwalten, ergibt sich insbesondere die Problematik, dass ein gesellschaftsfremder Testamentsvollstrecker den Geschäftsanteil des Erben verwaltet. Diesbezüglich geht die allgemeine Meinung davon aus, dass eine solche Fremdverwaltung durch den Testamentsvollstrecker vor dem Hintergrund der Interessen der Mitgesellschafter nur zulässig sein kann, wenn die Mitgesellschafter dem zustimmen.[857] Dies wird auch in diesem Zusammenhang mit der Natur der Personengesellschaft als personenbezogenem Zusammenschluss begründet.

Damit stellt die vorgelagerte Partizipationsmöglichkeit in Form des Einflusses auf die Zusammensetzung des Gesellschafterkreises eine notwendige, gesellschafterschützende Voraussetzung der unbeschränkten Haftung dar.

### *d) Publikumsgesellschaft*

Die übliche gesellschaftsvertragliche Ausgestaltung der Publikumsgesellschaft spricht auf den ersten Blick gegen den hier gefundenen Zusammenhang zwischen vorgelagerter Partizipationsmöglichkeit und der unbeschränkten Gesellschafterhaftung. Denn die Rechtsprechung erlaubt es, dass die Publikumsgesellschafter einzelne Gesellschafter oder die Gesellschaft im Gesellschaftsvertrag bevollmächtigen, einen Aufnahmevertrag mit neu eintretenden Gesellschaftern zu schließen.[858] Das könnte *de facto* als Einschränkung der vorgelagerten Partizipationsmöglichkeiten angesehen werden.

Allerdings ist daran zu erinnern, dass es sich bei der Partizipation hinsichtlich der Zusammensetzung des Gesellschafterkreises noch immer um ein

---

856 BGHZ 22, 186, 192; BGH NJW 1981, 749, 750; siehe auch *Ulmer*, NJW 1990, 73, 75.

857 BGHZ 98, 48, 55; *Faust*, DB 2002, 189, 190 f.; *Kämper*, RNotZ 2016, 625, 632 f.; MüKo BGB/*Zimmermann*, § 2205 Rn. 34.

858 BGH BB 1976, 154; BGH NJW 1978, 1000.

Kernbereichsrecht des Publikumsgesellschafters handelt.[859] Die entsprechende Zustimmung kann zwar antizipiert abgegeben werden. Doch hieran sind dieselben sich aus allgemeinen Grundsätzen ergebenden Bestimmtheitsanforderungen wie in jeder Personengesellschaft zu stellen.[860] Die Besonderheit liegt bei der Publikumspersonengesellschaft lediglich darin, dass eine derartige antizipiert im Gesellschaftsvertrag vorgenommene Zustimmung hier üblich ist.

### *e) Ergebnis*

Es kann festgehalten werden, dass das zwingende Minimum an Partizipationsrechten des Personengesellschafters in seiner grundsätzlichen Geschäftsführungsbefugnis und seiner vorgelagerten Partizipationsmöglichkeit in Form des unentziehbaren Einflusses auf die Zusammensetzung der Mitgesellschafter besteht. Der Personengesellschafter ist im Grundsatz an der Geschäftsführung beteiligt. Die Befugnis zur Geschäftsführung kann ihm gegen seinen Willen nur bei Vorliegen eines wichtigen Grundes entzogen werden. Hinsichtlich der vorgelagerten Partizipationsmöglichkeit in Bezug auf die Zusammensetzung des Gesellschafterkreises bietet das Personengesellschaftsrecht einen weitergehenden Schutz als das GmbH-Recht.[861] Dieses sieht ein Mitwirkungsrecht des einzelnen Gesellschafters hinsichtlich der Zusammensetzung des Gesellschafterkreises nicht vor. Dieses Recht zum Schutz des Personengesellschafters und dessen Vertrauen auf die personenbezogene Haftungsgemeinschaft kann als vorgelagerte Partizipationsmöglichkeit bezeichnet werden. Die vorgelagerte Partizipationsmöglichkeit ist zum Schutz des Personengesellschafters nicht entziehbar, sondern allenfalls (antizipiert) ausgestaltbar. An eine solche Ausgestaltung der zwingenden vorgelagerten Partizipationsmöglichkeiten sind gewisse Bestimmtheitsanforderungen zu stellen, da eine Generaleinwilligung nicht möglich ist.

---

859 Henssler/Strohn/*Servatius*, Anhang A. Publikumsgesellschaft Rn. 16 ff.; anders offenbar *C. Schäfer*, ZGR 2013, 237, 259 f.; zur Anwendung der Kernbereichslehre auf Publikumsgesellschaften insgesamt LG Frankfurt, BeckRS 2009, 89322; BGH NJW 1985, 974.

860 Zu diesen Anforderungen allgemein *Altmeppen*, NJW 2015, 2065, 2070; *C. Schäfer*, ZGR 2013, 237, 252 f.; siehe zu den Anforderungen oben unter E.III.3.b).

861 *Westermann*, Vertragsfreiheit, S. 177 zählt die Kernbereichsrechte wohl begrifflich nicht zum „Minimum an Mitverwaltungsrechten". Gleichwohl stellt er fest, dass der Umstand, dass der Gesellschafter zu Grundlagenentscheidungen seine Zustimmung geben muss, dazu führt, dass dem Gesellschafter „auf lange Sicht ein nicht geringer Einfluss erhalten" bleibt.

Damit ist insoweit auch im Personengesellschaftsrecht eine dem Gesellschafterschutz dienende Ausprägung des Rechtgedankens „Haftung erfordert Partizipationsmöglichkeiten" feststellbar.

## 4. Ausprägung des Rechtsgedankens im KG-Recht

Fraglich ist, ob sich eine Ausprägung des Rechtsgedankens „Haftung erfordert Partizipationsmöglichkeiten" im Recht der Kommanditgesellschaft wiederfinden lässt. Hinsichtlich des persönlich haftenden Gesellschafters kann auf die Ausführungen oben zu GbR und OHG verwiesen werden.

Der Kommanditist ist im Gegensatz zu den sonstigen, unbeschränkt haftenden Personengesellschaftern im Grundsatz nicht zur Geschäftsführung befugt. Hinsichtlich der Kernbereichsrechte – etwa der vorgelagerten Partizipationsmöglichkeit in Bezug auf die Zusammensetzung des Gesellschafterkreises oder den Teilnahme-, Rede- und Antragsrechten hinsichtlich der Gesellschafterversammlung[862] – keine Unterschiede zum persönlich haftenden Gesellschafter. Ferner steht dem Kommanditisten das Kontrollrecht gemäß § 166 HGB zu.[863] Das Kontrollrecht umfasst die Mitteilung des Jahresabschlusses und eine Einsicht in die Geschäftsunterlagen der Gesellschaft zur Prüfung deren Richtigkeit. § 166 HGB bleibt hinter dem Informationsrecht des persönlich haftenden Gesellschafters gemäß § 118 HGB zurück, welches anlassunabhängig jederzeitige Information gewährt.[864] Außerdem steht dem Kommanditisten ein Zustimmungsvorbehalt bei außergewöhnlichen Geschäften zu.[865]

Das Gesetz sieht für den Kommanditisten allerdings im Grundsatz eine auf die Höhe der Hafteinlage begrenzte Haftung vor. Diese ist ausgeschlossen, sofern der Kommanditist seine Hafteinlage geleistet hat, vgl. § 171 Abs. 1 Hs. 2 HGB. Für den Kommanditisten existiert damit – außer im Ausnahmefall des § 176 HGB[866] – keine Haftung, die über seine Einlage hinausgeht. Mithin findet

862 MüKo HGB/*Grunewald*, § 161 Rn. 32.

863 Baumbach/Hopt/*Roth*, HGB, § 166 Rn. 18.

864 Oetker/*Oetker*, HGB, § 166 Rn. 1 ff.

865 Die Abgrenzung zwischen gewöhnlichen und ungewöhnlichen Geschäften bereitet Schwierigkeiten. Hierbei ist der Umfang der üblichen Geschäftstätigkeit der Gesellschaft heranzuziehen, vgl. EBJS/*Weipert*, HGB, § 164 Rn. 6 ff.

866 Die Norm setzt sogar explizit die Zustimmung des Kommanditisten zur Aufnahme des Geschäftsbetriebs voraus.

sich für den Kommanditisten kein möglicher Anwendungsbereich des hier untersuchten Grundsatzes „Haftung[867] erfordert Partizipationsmöglichkeiten".

## 5. Ausprägung des Rechtsgedankens im AktG

Auch das Aktienrecht sieht gewisse, den Aktionären zustehende Partizipationsrechte vor.[868] Von diesen sind aufgrund der durch § 23 Abs. 5 AktG sehr eingeschränkten Satzungsautonomie Abweichungen kaum zulässig.[869]

Insbesondere ist das Recht auf Teilnahme an der Hauptversammlung gemäß § 118 Abs. 1 AktG zu erwähnen. Dieses ist unentziehbar.[870] Ferner steht auch dem Aktionär ein Auskunftsrecht hinsichtlich der Angelegenheiten der Gesellschaft gemäß § 131 AktG zu. Dieses wird auch als „mitgliedschaftliches Grundrecht" bezeichnet, da diese Informationen für den Gesellschafter eine unerlässliche Voraussetzung für die Wahrnehmung seiner mitgliedschaftlichen Rechte darstellen. Das Auskunftsrecht hat Verfassungsrang, denn der Schutz von Art. 14 Abs. 1 GG umfasst auch das Recht eines Aktionärs, Informationen über seine Gesellschaft zu erhalten.[871] Auch das Stimmrecht gemäß § 12 AktG wird als unentziehbar angesehen. Ein vollständiger Ausschluss ist lediglich im Rahmen von Vorzugsaktien möglich.[872] Abschließend ist auch die Anfechtungsbefugnis gemäß § 245 AktG zu erwähnen, von der gemäß § 23 Abs. 5 AktG ebenfalls nicht abgewichen werden darf.[873]

Insgesamt ist allerdings festzuhalten, dass die Partizipationsmöglichkeiten des Aktionärs vergleichsweise gering sind: Anders als im GmbH-Recht steht der Hauptversammlung insbesondere gegenüber dem Vorstand kein Weisungsrecht zu, wie sich aus § 119 Abs. 2 AktG ergibt. Der Hauptversammlung kommt keine originäre Geschäftsführungskompetenz zu.[874] Diese liegt eigenverantwortlich beim Vorstand, vgl. § 76 Abs. 1 AktG. Mithin konzentrieren sich im Aktienrecht die Partizipationsmöglichkeiten auf die *ex post*-Kontrolle von Geschäftsführungsmaßnahmen.

---

867 Hiermit ist eine die Einlage übersteigende Haftung gemeint, vgl. oben unter E.II.2.c) cc).

868 Überblicksartig MüKo AktG/*Heider*, § 11 Rn. 11 ff.

869 Grigoleit/*Vedder*, AktG, § 23 Rn. 36.

870 Hüffer/Koch/*Koch*, AktG, § 118 Rn. 25; Henssler/Strohn/*Liebscher*, § 118 AktG Rn. 19.

871 BVerfG NZG 2000, 192, 193; BGHZ 86, 1, 19; MüKo AktG/*Kubis*, § 131 Rn. 104.

872 MüKo AktG/*Heider*, § 12 Rn. 30 ff.

873 Hüffer/Koch/*Koch*, AktG, § 245 Rn. 1.

874 MüKo AktG/*Kubis*, § 119 Rn. 18.

Ebenso besteht keine vorgelagerte Partizipationsmöglichkeit in Bezug auf die Zusammensetzung der Aktionäre wie im Recht der Personengesellschaften: Die Geschäftsanteile, die Aktien, sind grundsätzlich – mit Ausnahme der Vinkulierung von Namensaktien – frei übertragbar.[875]

Dieser Befund steht im Einklang mit der nicht vorhandenen persönlichen Haftung des Aktionärs, insbesondere der nicht vorgesehenen Ausfallhaftung. Eine solche wird für den Aktionär allgemein abgelehnt, was auf die im Vergleich zur GmbH geringere personalistische Prägung und die geringeren Einflussmöglichkeiten zurückgeführt wird.[876] Auch nach der hier vorgenommenen Vergleichsbetrachtung bietet das Aktienrecht kein hinreichendes Fundament an Partizipationsrechten für eine über die Einlagesumme hinausgehende verschuldensunabhängige (Erfüllungs-)Haftung.

## 6. Ergebnis

Der von *Wiedemann* abstrakt formulierte Rechtsgedanke, dass eine persönliche Haftung nur gerechtfertigt sei, wenn der Haftende auf die Umstände, die zu seiner Haftung führen, Einfluss habe,[877] wurde vorstehend anhand der Anwendung auf konkrete Rechtsformen überprüft. Bei Betrachtung verschiedener Gesellschaftsformen ist ein Zusammenhang zwischen unbeschränkter Haftung und zum Schutz des Gesellschafters zwingend ausgestalteten Partizipationsmöglichkeiten zu erkennen.

Im Recht der GmbH handelt es sich bei der Ausfallhaftung gemäß § 31 Abs. 3 GmbHG um eine Haftung in faktisch unbeschränkter und unkalkulierbarer Höhe. Das GmbH-Recht sieht zwingende Mitwirkungsbefugnisse des einzelnen Gesellschafters hinsichtlich der Gesellschafterversammlung vor. Die Gesellschafterversammlung wiederum hat – als Ausdruck der Allzuständigkeit der Gesellschafter – ein umfangreiches Weisungsrecht in Bezug auf die Geschäftsführung und kann sämtliche Geschäftsführungsvorgänge an sich ziehen und bereits im Vorfeld steuern. Dies gewährt dem GmbH-Gesellschafter gewisse Partizipationsmöglichkeiten im Hinblick auf die Entstehung einer Schuld, die ggf. als verbotswidrige Auszahlung einzustufen ist und für deren Ausfall er haften könnte. Der historische Gesetzgeber stellt die Ausfallhaftung gerade auf dieses Fundament der *ex-ante*-Partizipation, indem er davon ausgeht, dass vor dem Hintergrund der drohenden Ausfallhaftung

---

875 BeckOGK AktG/*Vatter*, § 10 Rn. 54 ff.

876 *Bayer*, ZGR 2007, 220, 224; HCL/*Habersack*, GmbHG, § 30 Rn. 21; Scholz/*Verse*, GmbHG, § 30 Rn. 9.

877 *Wiedemann*, Mitgliedschaftsrechte, S. 329.

die Gesellschafter sich darum bemühen werden, dass eine verbotswidrige Auszahlung bereits nicht stattfindet. An dieser Anreizfunktion der Ausfallhaftung[878] ändert auch der denkbare Einwand, dass der Minderheitsgesellschafter in tatsächlicher Hinsicht durch seine unentziehbaren Partizipationsrechte kaum etwas erreichen könne, nichts. Für die Bestimmung einer Minimalausstattung an Mitwirkung des haftenden Gesellschafters kommt es nämlich, wie gezeigt,[879] nicht auf die tatsächliche Verhinderungsmöglichkeit an: Da das GmbH-Recht „Veto-Rechte" einzelner Gesellschafter nicht vorsieht, stehen hinsichtlich der Bestimmung von zwingenden, gesellschafterschützenden Partizipationsrechten auch nur solche Rechte zur Verfügung, die lediglich eine theoretische, nicht aber eine tatsächliche Verhinderungsmöglichkeit zum Inhalt haben.

In der GbR, OHG und für den Komplementär einer KG ist festzustellen, dass diese über noch weitergehende Partizipationsmöglichkeiten hinsichtlich der Geschäftsführung und damit der Entstehung der Schuld verfügen, für welche die Gesellschafter gemäß § 128 HGB (analog) unbeschränkt haften. Die Personengesellschafter sind im Grundsatz direkt an der Geschäftsführung beteiligt – die Geschäftsführungsbefugnis kann ihnen gegen ihren Willen nur aus wichtigem Grund entzogen werden, welcher ebenso einen Ausschluss rechtfertigen würde. Eine weitere Form der Partizipation ist im Personengesellschaftsrecht in Form einer vorgelagerten Partizipationsmöglichkeit vorzufinden: Die Gesellschafter haben als Kernbereichsrechte stets Partizipationsmöglichkeiten in Bezug auf die personelle Zusammensetzung der Personengesellschafter, die sowohl *ad hoc* als auch antizipiert ausgeübt werden können. Die Ausgestaltung als Arbeits- und Haftungsgemeinschaft erfordert ein besonderes persönliches Vertrauen, welches sich in dem Einfluss hinsichtlich der Personen niederschlägt, die im späteren Gesellschaftsleben Gesellschaft und Gesellschafter verpflichten können.

Es fällt auf, dass sowohl das GmbH-Recht als auch das Personengesellschaftsrecht umfangreiche, unentziehbare *ex post*-Kontrollrechte hinsichtlich der Geschäftsführung vorsehen. Diese Rechte spielen für die hier vorgenommene Untersuchung von zwingenden Mindesteinflussmöglichkeiten, welche der unbeschränkten Haftung als Fundament dienen, nur eine untergeordnete Rolle. Diese *ex post*-Kontrollrechte gehören unbestritten auch zum Stamm der unentziehbaren Verwaltungsrechte eines Gesellschafters. Dies ist jedoch nur mittelbar auf die persönliche Haftung des Gesellschafters zurückzuführen. Diese dienen primär der Bildung einer Informationsgrundlage zur Verfolgung von Ansprüchen, wenn es schon „zu spät" ist; wenn

---

878 Siehe oben unter B.III.2.b).
879 Siehe oben unter E.III.2.b).

also die haftungsbegründende Geschäftsführungsmaßnahme bereits durchgeführt wurde. Ein Kontrollrecht versetzt den Gesellschafter, anders als die Möglichkeit, auf die Geschäftsführung Einfluss zu nehmen, regelmäßig nicht in die Lage, eine schädliche Geschäftsführungsmaßnahme – etwa eine verbotswidrige Auszahlung gemäß § 30 Abs. 1 GmbHG – schon zu verhindern. Für die hier zu untersuchende Frage nach den Mindesteinflussmöglichkeiten eines Gesellschaftes sind daher vordergründig die anderen untersuchten Einflussmöglichkeiten in den Blick zu nehmen.

Die Kontrollüberlegung mit Blick auf den Kommanditisten und den Aktionär, welche keiner unbeschränkten Haftung und auch keiner Ausfallhaftung unterliegen, bestätigt, dass es dort an Partizipationsmöglichkeiten, die im GmbH-Recht und im Personengesellschaftsrecht als essenzielle Voraussetzung für die unbeschränkte Haftung angesehen werden, fehlt.

Damit ist die von Teilen der Literatur[880] unter dem unscharfen Begriff des *Näheprinzips* zusammengefasste dogmatische Grundlage der Ausfallhaftung in Richtung der Partizipationsmöglichkeiten zu konkretisieren. Allgemein lässt sich für die untersuchten Gesellschaftsformen zusammenfassen: Die unbeschränkte Haftung eines Gesellschafters setzt (vorbehaltlich weiterer, zwingender (Kontroll-)Rechte) in der GmbH gewisse Partizipationsmöglichkeiten in Bezug auf die Entstehung der Schuld voraus. In der Personengesellschaft setzt die unbeschränkte Haftung die grundsätzliche Geschäftsführungsbefugnis sowie den zwingenden Einfluss auf die Zusammensetzung des Gesellschafterkreises als vorgelagerte Partizipationsmöglichkeit voraus.

Die hier vorgenommene Untersuchung zeigt, welche minimalen Partizipationsmöglichkeiten das geltende Recht als Fundament für eine unbeschränkte Haftung vorsieht. Zur Beantwortung der Frage der analogen Anwendung der Ausfallhaftung auf den Nur-Kommanditisten einer GmbH & Co. KG kann auf die hier gefundenen Ergebnisse zurückgegriffen werden.

## IV. Das Partizipationsprinzip hinsichtlich der Ausfallhaftung innerhalb der GmbH & Co. KG

Fraglich ist, was aus den gewonnenen Ergebnissen für die diskutierte analoge Anwendung der Ausfallhaftung gemäß § 31 Abs. 3 GmbHG innerhalb der GmbH & Co. KG folgt. Diesbezüglich ist zwischen den einzelnen Akteuren der GmbH & Co. KG zu differenzieren.

880 Vgl. die Nachweise in Fn. 695.

### 1. GmbH-Gesellschafter

Ein Gesellschafter, der (auch) direkt an der Komplementär-GmbH beteiligt ist, unterliegt der unmittelbaren Anwendung der Ausfallhaftung gemäß § 31 Abs. 3 GmbHG. Hinsichtlich der diese rechtfertigenden Partizipationsmöglichkeiten kann auf die Ausführungen oben[881] verwiesen werden.

### 2. Nur-Kommanditist

Wenn auch der Nur-Kommanditist der Ausfallhaftung und damit einer unbeschränkten Haftung unterworfen werden soll, ist vor dem Hintergrund des oben festgestellten Zusammenhangs zwischen der Ausfallhaftung und den Partizipationsrechten ein Blick auf die ihm zustehenden Partizipationsmöglichkeiten zu werfen.

#### *a) Partizipationsrechte*

Hinsichtlich der KG sind die oben[882] genannten Partizipationsrechte sowie die Kernbereichsrechte des Nur-Kommanditisten zu nennen.

Hinsichtlich der Komplementär-GmbH stehen dem Nur-Kommanditisten keine Partizipationsrechte zu, da er dieser nicht mitgliedschaftlich verbunden ist. Beide Gesellschaftssphären sind diesbezüglich streng zu unterscheiden.[883]

Ferner gesteht der BGH den Kommanditisten zu, die Komplementär-GmbH gemäß § 117 HGB wegen Fehlverhaltens ihrer Geschäftsführer aus der KG-Geschäftsführung abzuberufen.[884] Diese Möglichkeit, die zwar in weiten Teilen, nicht aber in ihrem Kern dispositiv ist,[885] bietet insbesondere dem Nur-Kommanditisten ein gewisses *ultima ratio*-Schutzrecht.[886] Es kann allerdings lediglich *ex-post*-Wirkung entfalten: Eine verbotswidrige Auszahlung wird der Nur-Kommanditist mit dem Abberufungsrecht nicht verhindern, sondern lediglich im Nachgang sanktionieren können.

---

881 Siehe oben unter E.III.2.

882 Siehe oben unter E.III.4.

883 MHdB GesR II/*Gummert*, § 50 Rn. 91.

884 BGH NJW 1984, 173 mit Anm. von *Westermann*, ZIP 1983, 1066, ff.

885 EBJS/*Drescher*, HGB, § 117 Rn. 34 ff.; MüKo HGB/*Jickeli*, HGB, § 117 Rn. 79 ff.

886 *Westermann*, FS 50 Jahre BGH, 2000, 245, 269.

### b) *Informationsrecht gemäß § 51a GmbHG analog?*

Vor diesem Hintergrund der beschränkten Einwirkungsmöglichkeiten des Nur-Kommanditisten spricht sich der überwiegende Teil der Ansicht, die den Nur-Kommanditisten den §§ 30 ff. GmbHG unterwerfen möchte, dafür aus, diesem ein Informationsrecht gemäß § 51a GmbHG analog einzuräumen.[887] Dieses soll dem eines GmbH-Gesellschafters gleichkommen und damit Informationen hinsichtlich der Komplementär-GmbH und der KG umfassen.[888]

Das überzeugt als Minimalvoraussetzung für die Annahme einer Ausfallhaftung im Ergebnis jedoch nicht. Das Informationsrecht gemäß § 51a GmbHG versetzt den Nur-Kommanditisten zwar in die Lage, sich umfassend über die Vorgänge innerhalb der KG und der Komplementär-GmbH zu informieren. Wie gezeigt setzen jedoch das GmbH-Recht und das KG-Recht nicht nur Informationen, sondern insbesondere Einwirkungsmöglichkeiten in Bezug auf das Zustandekommen der Schuld und auf den Gesellschafterkreis, welcher die Schuld begründet, voraus. Gesteht man dem Nur-Kommanditisten das – durchaus umfassende – Informationsrecht des GmbH-Gesellschafters zu, so macht ihn das lediglich zu einem informierten, aber weiterhin machtlosen Akteur, welcher zwar ggf. gemäß § 51a GmbHG Informationen erhält, aber keine Möglichkeit, qua rechtlicher Einflussnahme eine verbotswidrige Auszahlung und damit seine mögliche Ausfallhaftung zu verhindern.[889] Eine solche theoretische Verhinderungsmöglichkeit basierend auf zwingenden Einwirkungsrechten stellt aber im GmbH-Recht das Fundament der Ausfallhaftung dar. Mithin kann das Informationsrecht allein nicht über diese Hürde hinweghelfen.

### c) *Zusammenhang zwischen Partizipationsrechten und der Ausfallhaftung*

Fraglich ist nun vor dem Hintergrund der in den Blick genommenen Partizipationsverhältnisse des Nur-Kommanditisten, ob diese ein hinreichendes Fundament für eine analoge Anwendung der Ausfallhaftung bieten können.

---

887 *Berg*, Rechtsdogmatische Fragen, S. 166; MüKo GmbHG/*Ekkenga*, § 30 Rn. 192; HCL/*Habersack*, GmbHG, § 30 Rn. 128; MHLS/*Heidinger*, GmbHG, § 30 Rn. 171; Scholz/*Verse*, GmbHG, § 30 Rn. 131; a.A. *Altmeppen*, GmbHG, § 30 Rn. 175; Lutter/Hommelhoff/*Hommelhoff*, GmbHG, § 30 Rn. 64 ff.; *Zacher*, Kapitalsicherung und Haftung, S. 218 f.

888 Siehe oben unter B.V.2.a)aa)(iii).

889 So auch *Westermann*, FS 50 Jahre BGH, 2000, 245, 268 ff.

#### *aa) Auszahlung aus dem GmbH-Vermögen*

##### *(i) Fehlende vorgelagerte Partizipationsmöglichkeit*

Im „Normalfall" der Personengesellschaft ergibt sich die vorgelagerte Partizipationsmöglichkeit hinsichtlich der Zusammensetzung des Gesellschafterkreises aus dem Charakter der Personengesellschaft als persönlichkeitsbezogene Arbeits- und *Haftungs*gemeinschaft[890]. Aufgrund der unbeschränkten Haftung eines Gesellschafters für die Gesellschaftsverbindlichkeiten muss denjenigen, die eine solche Verbindlichkeit begründen können – den Mitgesellschaftern – ein besonderes Vertrauen der übrigen Personengesellschafter zukommen.

Im vorliegenden Fall der vorgeschlagenen analogen Anwendung des § 31 Abs. 3 GmbHG sind Außenstehende – die GmbH-Gesellschafter – gleich einem Mitgesellschafter dazu in der Lage, eine unbeschränkte Ausfallhaftung des Nur-Kommanditisten zu begründen. Nach personengesellschaftsrechtlichen Grundsätzen müsste in diesem Fall dem (unbeschränkt)[891] ausfallhaftenden Nur-Kommanditisten als Kernbereichsrecht eine Einflussmöglichkeit auch auf die Zusammensetzung der GmbH-Gesellschafter zustehen.

Dies ist jedoch nicht der Fall. In Bezug auf die Zusammensetzung des Gesellschafterkreises auf GmbH-Ebene, welcher die Schuld gemäß § 31 Abs. 1 GmbHG begründet, hat der Nur-Kommanditist keinen Einfluss.[892] Selbst der Umstand, dass dem Nur-Kommanditisten die Gesellschafter der Komplementär-Gesellschaft ggf. bekannt sind, hilft ihm kaum weiter: Ein Gesellschafterwechsel auf Ebene der GmbH vollzieht sich grundsätzlich frei von Zustimmungserfordernissen auf GmbH- und KG-Ebene allein durch Abtretung der Geschäftsanteile. Die Zusammensetzung der die verbotswidrige Auszahlung in die Wege leitenden GmbH-Gesellschafter entzieht sich dem Nur-Kommanditisten.

##### *(ii) (Antizipierte) Zustimmung des Nur-Kommanditisten denkbar?*

Fraglich ist, ob eine (antizipierte) Zustimmung des Nur-Kommanditisten in Bezug auf die Zusammensetzung der ihn verpflichtenden GmbH-Gesellschafter etwa durch seinen Beitritt zur GmbH & Co. KG denkbar wäre.

Selbst wenn man die Beitrittserklärung des Nur-Kommanditisten in Richtung einer antizipierten Zustimmung in Bezug auf die Zusammensetzung der (den Nur-Kommanditisten verpflichtenden) GmbH-Gesellschafter auslegen würde,

---

890 BGHZ 22, 186, 192.

891 Siehe oben E.III.2.

892 So auch *Zacher*, Kapitalsicherung und Haftung, S. 218 f.

ist zu beachten, dass im Falle der fehlenden Bestimmtheit[893] der Zustimmung oder einer zu weitgehenden Aufgabe des Kernbereichsrechts eine zu weitgehende Selbstentmündigung entstehen würde,[894] womit der Analogieschluss des § 31 Abs. 3 GmbHG auf den Nur-Kommanditisten unzulässig wäre. Die Möglichkeit der privatautonomen Ausgestaltung des Gesellschaftsverhältnisses stößt spätestens bei Eingriffen in den Kernbereich der Mitgliedschaft, die nicht von einer den genannten Anforderungen entsprechenden Zustimmung gedeckt sind, an ihre Grenze. Eine Generaleinwilligung hinsichtlich eines Kernbereichseingriffs ist nicht möglich.[895]

Gleiches gilt auch für den denkbaren Einwand, der Nur-Kommanditist könne schließlich privatautonom aus der Gesellschaft austreten. Das Verbot der sittenwidrigen Selbstentmündigung soll jedoch auch die Möglichkeit erhalten, sich gerade *gegen* einen Austritt zu entscheiden.[896] Das Verbot übermäßiger Freiheitsbeschränkungen gemäß § 138 BGB soll als äußerste Grenze der Privatautonomie den Betroffenen gerade auch vor eigenen Handlungen schützen,[897] die in Rechtsgeschäfte münden, welche von den ethischen Grundwertungen der Rechtsgemeinschaft abweichen und somit für sie unerträglich sind.[898] Die Sittenwidrigkeit kann als Ausdruck umspannender Ethik-, Moral-, und Sittenvorstellungen[899] denklogisch nicht durch eine Art „Einwilligung" des Einzelnen entfallen.

#### *(iii) Fehlende* ex-ante-*Partizipation in Bezug auf das Zustandekommen der Schuld*

Der Nur-Kommanditist hat auch keine Partizipationsmöglichkeit hinsichtlich der Entstehung der Schuld innerhalb der Komplementär-GmbH. Eine solche Möglichkeit stellt aber die vom Gesetzgeber vorgesehene Rechtfertigung der

893 Hiermit ist nicht der vom BGH mittlerweile aufgegebene Bestimmtheitsgrundsatz gemeint, sondern der aus dem allgemeinen Zivilrecht stammende Bestimmtheitsgrundsatz, vgl. *Altmeppen*, NJW 2015, 2065, 2070; *C. Schäfer*, ZGR 2013, 237, 254 „qualifizierte Bestimmtheitsanforderungen"; *K. Schmidt*, ZHR 158 (1994), 205, 227 f.; siehe oben unter E.III.3.b).

894 Zur Übertragung von Gesellschafterrechten auf einen Treuhänder in sittenwidriger Weise siehe bereits BGHZ 44, 159.

895 *C. Schäfer*, ZGR 2013, 237, 253; siehe oben unter E.III.3.b).

896 In einem ähnlichen Kontext *Emmerich*, ZHR 132 (1969), 297, 322 ff.

897 *Emmerich*, ZHR 132 (1969), 297, 323.

898 MüKo BGB/*Armbrüster*, § 138 Rn. 1.

899 MüKo BGB/*Armbrüster*, § 138 Rn. 11.

Ausfallhaftung im „Normalfall" der GmbH dar.[900] Auch wenn man mit der herrschenden Meinung eine entsprechende Anwendung des § 51a GmbHG befürwortet, ändert dieses Informationsrecht nichts an der fehlenden Einwirkungsmöglichkeit auf die Schuld, für deren Ausfall der Nur-Kommanditist ggf. haften soll. Die GmbH-Gesellschafter wiederum haben nicht nur die Vorgänge, die zur verbotswidrigen Auszahlung führen, in der Hand, sondern darüber hinaus auch die Höhe der potenziellen (Ausfall-)Haftung: Die GmbH-Gesellschafter können etwa eine Kapitalerhöhung beschließen und somit das durch §§ 30 ff. GmbHG geschützte Stammkapital erweitern,[901] auf welches die Ausfallhaftung höhenmäßig begrenzt wird.

*(iv) Zwischenergebnis*

Im Falle der Ausfallhaftung des Nur-Kommanditisten für Auszahlungen aus dem GmbH-Vermögen stehen dem Nur-Kommanditisten weder die dem Gesellschafterschutz dienenden vorgelagerten Partizipationsrechte eines unbeschränkt haftenden Personengesellschafters noch die *ex-ante*-Partizipationsrechte eines ausfallhaftenden GmbH-Gesellschafters zu. Dennoch soll vor dem Hintergrund des Gläubigerschutzes der Nur-Kommanditist wie ein GmbH-Gesellschafter an der (unbeschränkten) Ausfallhaftung teilnehmen. Das widerspricht nicht nur dem abstrakten Rechtsgedanken, dass dem persönlich Haftenden auf die Umstände, die zu seiner Haftung führen, Einfluss zukommen soll,[902] sondern auch den konkreten Ausgestaltungen dieses Rechtsgedankens in GmbH- und Personengesellschaftsrecht.

Die analoge Anwendung der Ausfallhaftung für Auszahlungen aus dem GmbH-Vermögen auf den Nur-Kommanditisten würde – unter Berücksichtigung der fehlenden vorgelagerten Partizipationsmöglichkeit – *de facto* einen Eingriff in ein dem Kernbereich zuzuordnendes Recht darstellen. Mithin wäre eine den allgemeinen Bestimmtheitsgrundsätzen genügende[903] (antizipierte) Zustimmung seitens des Nur-Kommanditisten in Bezug auf die Person des seine Haftung begründenden GmbH-Gesellschafters notwendig. Die allgemeine gesellschaftsvertragliche Erklärung des Nur-Kommanditisten genügt diesen Anforderungen in aller Regel nicht. Mithin würde eine analoge Anwendung der Ausfallhaftung auf den Nur-Kommanditisten in einen Rechtszustand der

---

900 Siehe oben unter E.III.2.b).

901 Siehe allgemein MüKo GmbHG/*Lieder*, § 55 Rn. 5.

902 *Wiedemann*, Mitgliedschaftsrechte, S. 329.

903 *Altmeppen*, NJW 2015, 2065, 2070; *C. Schäfer*, ZGR 2013, 237, 252 f.

sittenwidrigen Freiheitsbeschränkung münden – der Analogieschluss ist damit unzulässig.

Zur Bejahung einer Ausfallhaftung wäre anderenfalls – neben der Beachtung des hier befürworteten Formerfordernisses[904] – eine Erweiterung der Partizipationsmöglichkeiten denkbar, indem dem Nur-Kommanditisten sämtliche Partizipations- und Informationsrechte eines GmbH-Gesellschafters eingeräumt würden. Mit Blick auf den Verkehrsschutz, insbesondere auf die Vorhersehbarkeit der Haftungsverhältnisse, ist eine solche Erweiterung der Partizipationsmöglichkeiten, welche den herausgearbeiteten Voraussetzungen entspricht, jedenfalls *de lege lata* abzulehnen. Eine analoge Anwendung der Ausfallhaftung auf den Nur-Kommanditisten für Auszahlungen aus dem GmbH-Vermögen ist damit mit Blick auf das hier untersuchte Partizipationsprinzip abzulehnen.

#### *bb) Auszahlung aus dem KG-Vermögen*

Fraglich ist, ob aufgrund des herausgearbeiteten Minimums an Partizipationsrechten Bedenken dagegen bestehen, den Nur-Kommanditist für mittelbar stammkapitalschmälernde Auszahlungen aus dem KG-Vermögen der Ausfallhaftung gemäß § 31 Abs. 3 GmbHG zu unterwerfen.[905]

#### *(i) Vorhandene vorgelagerte Partizipationsmöglichkeit*

Erfolgt eine stammkapitalschmälernde Auszahlung aus dem Vermögen der Kommanditgesellschaft an einen tauglichen Auszahlungsempfänger, soll nach der wohl herrschenden Meinung[906] der Nur-Kommanditist für den Ausfall dessen Rückerstattungspflicht (§ 31 Abs. 1 GmbHG analog) haften (§ 31 Abs. 3 GmbHG analog).

Hier hat der Nur-Kommanditist als unentziehbares Recht Einfluss auf die Zusammensetzung der KG-Gesellschafter und damit auch auf die Gesellschafter, die deren Geschäfte führen und etwaige verbotswidrige Auszahlungen beschließen. Damit besteht eine vorgelagerte Partizipationsmöglichkeit.

#### *(ii) Fehlende* ex-ante-*Partizipation in Bezug auf das Zustandekommen der Schuld*

Bei einer Auszahlung aus dem Vermögen der KG hat der Nur-Kommanditist auf die Entstehung der Schuld gemäß § 31 Abs. 1 GmbHG, für deren Ausfall

---

904 Siehe oben unter D.VII.

905 Siehe hierzu oben unter B.V.2.b)aa)(ii).

906 Vgl. die Nachweise in Fn. 332.

er haften soll, grundsätzlich keine Einflussmöglichkeiten. Der Nur-Kommanditist ist nach dem gesetzlichen Leitbild von der Geschäftsführung ausgeschlossen (§ 164 HGB). Ihm stehen grundsätzlich keine rechtlichen Möglichkeiten zu, eine Auszahlung von KG-Vermögen, welche sich gleichzeitig als verbotswidrige Ausschüttung von Stammkapital der Komplementär-GmbH darstellt, zu verhindern bzw. seinen Einfluss zur Verhinderung einzusetzen. Dem Nur-Kommanditisten stehen lediglich seine Kernbereichsrechte in Bezug auf die Gesellschafterversammlung zu, nämlich die Teilnahme-, Rede-, Antrags- und Stimmrechte. Diese können jedoch für sich genommen keinen Einfluss dergestalt bieten, wie das GmbH-Recht ihn vorsieht. Denn während im GmbH-Recht die Partizipationsmöglichkeiten hinsichtlich der Gesellschafterversammlung bestehen, welche mit einfacher Stimmenmehrheit (§ 47 Abs. 1 GmbHG) Weisungen an die Geschäftsführung beschließen kann, wirken die dem (Nur-)Kommanditisten zustehenden Teilnahme-, Rede-, Antrags- und Stimmrechte auf die Gesellschafterversammlung der KG ein, welche der Geschäftsführung gegenüber nicht weisungsbefugt ist. Die geschäftsführenden Gesellschafter führen im Personengesellschaftsrecht die Geschäfte in eigener Verantwortung.[907]

Damit bleibt festzuhalten, dass dem Nur-Kommanditisten keine dem GmbH-Recht vergleichbare *ex-ante*-Partizipationsmöglichkeit zukommt.

### *(iii) Zwischenergebnis*

Vorliegend besteht zwar eine vorgelagerte Partizipationsmöglichkeit des Nur-Kommanditisten in Bezug auf die Zusammensetzung der Gesellschafter der KG. Auch wenn nach den oben herausgearbeiteten Ergebnissen die vorgelagerte Partizipation einen Teil des notwendigen Fundaments der unbeschränkten Personengesellschafterhaftung darstellt, ist im vorliegenden Fall mit Blick auf die fehlende *ex-ante*-Partizipationsmöglichkeiten des Nur-Kommanditisten auf die Entstehung der Schuld eine analoge Anwendung des § 31 Abs. 3 GmbHG abzulehnen. Das GmbH-Recht sieht zur Vermeidung von verbotener Einlagenrückgewähr mit den *ex-ante*-Partizipationsmöglichkeiten gerade die Setzung des Anreizes für den Ausfallhaftenden vor, dass bereits im Voraus durch Einflussnahme auf die Geschäftstätigkeit die konkrete verbotene Einlagenrückgewähr verhindert werden soll. Ließe man diesen Aspekt außer Acht, liefe der hierin

---

907 BGHZ 76, 160, 164; MAH PersGesR/*Plückelmann*, § 8 Rn. 25; Baumbach/Hopt/*Roth*, HGB, § 114 Rn. 9; Erman/*Westermann*, BGB, § 713 Rn. 2; abweichend Staub/*C. Schäfer*, HGB, § 119 Rn. 10.

liegende Präventionsgedanke leer, wodurch sich die Gefahr des Auftretens von verbotener Einlagenrückgewähr erhöhen würde.

Ferner ist anzumerken, dass sich die maximale Ausfallhaftungshöhe nach dem Stammkapital der Komplementär-GmbH richtet und damit aus Sicht der KG-Gesellschafter gänzlich fremdbestimmt bleibt – zu denken wäre an eine Kapitalerhöhung der Komplementär-GmbH. Damit steht die analoge Anwendung der Ausfallhaftung für Auszahlungen aus dem KG-Vermögen auch angesichts der unzureichenden Partizipationsmöglichkeiten des Nur-Kommanditisten auf tönernen Füßen.

## 3. Ergebnis und Kontext

Es wurde anhand der oben[908] herausgearbeiteten zwingenden Partizipationsmöglichkeiten im GmbH- und Personengesellschaftsrecht, welche als Ausgleich für die Fälle der unbeschränkten Haftung des Gesellschafters dienen, die analoge Anwendung der Ausfallhaftung im Rahmen der GmbH & Co. KG untersucht. Die Partizipationsmöglichkeiten gehören ausweislich der gesetzgeberischen Konzeption[909] zu den zentralen Voraussetzungen der Ausfallhaftung. Dementsprechend muss eine (analoge) Anwendung der Ausfallhaftung jedenfalls in den Fällen ausscheiden, in denen diese zugrunde gelegten Partizipationsmöglichkeiten fehlen.

Im Hinblick auf den Nur-Kommanditisten zeigt sich folgendes Bild: Eine analoge Anwendung der Ausfallhaftung auf den Nur-Kommanditisten für stammkapitalschmälernde Auszahlungen *aus dem Vermögen der GmbH* ist aufgrund nicht hinreichender Partizipationsmöglichkeiten abzulehnen.

Eine analoge Anwendung der Ausfallhaftung auf den Nur-Kommanditisten für mittelbar stammkapitalschmälernde Auszahlungen *aus dem Vermögen der KG* scheitert ungeachtet der vorgelagerten Partizipationsmöglichkeiten des Nur-Kommanditisten an dessen fehlendem Einfluss innerhalb der KG, wodurch insbesondere die von der Ausfallhaftung verfolgte Anreizfunktion leerliefe.

In der Gesamtbeurteilung stellt die Betrachtung der Partizipationsmöglichkeiten lediglich einen Mosaikstein in der Beantwortung der Frage der analogen Anwendung der Ausfallhaftung gemäß § 31 Abs. 3 GmbHG auf den Nur-Kommanditisten dar. Im Ergebnis kann eine analoge Anwendung der

908 Siehe die Zusammenfassung unter E.III.6.

909 Begründung zum Gesetzentwurf betreffend die Gesellschaften mit beschränkter Haftung, Stenographische Berichte über die Verhandlungen des Reichstags, 8. Legislaturperiode, 1. Session 1890/1892, Reichstagsaktenstück Nr. 660, S. 3745.

Ausfallhaftung auf den Nur-Kommanditisten - auch vor dem Hintergrund der bereits oben im Rahmen der Stellungnahme[910] vorgebrachten Argumente sowie des oben befürworteten Formerfordernisses[911] für die Ausfallhaftung - nicht überzeugen. Sie ist damit für den Nur-Kommanditisten insgesamt abzulehnen.

910 Siehe oben unter B.V.2.b)cc)(iii).
911 Siehe oben unter D.VII.

# F. Zusammenfassung

1. Ein Vergleich des Kapitalerhaltungssystems des GmbHG mit den Kapitalerhaltungs- und Haftungssystemen anderer Gesellschaftsformen hat gezeigt, dass die Ausfallhaftung des GmbH-Rechts eine einzigartige Haftungsvorschrift darstellt. Diese schließt Gläubigerschutzlücken in der GmbH und positioniert die GmbH aus Gläubigerschutzgesichtspunkten zwischen den entgegengesetzten Vermögensbindungs- und Haftungssystemen der Aktiengesellschaft und der Personengesellschaft. Der Gläubigerschutz ist der alleinige Zweck der Ausfallhaftung. Dieser Zweck wird durch die Ausgestaltung der Ausfallhaftung als objektive Erfüllungshaftung sowie durch ihre Anreizfunktion erreicht.[912]
2. Die Ausfallhaftung stellt im Kontext des GmbH-Rechts ein strenges Haftungsinstitut dar. Daher werden verschiedene Einschränkungen des Anwendungsbereichs diskutiert. Ein ungeschriebenes Verschuldenserfordernis ist weder mit dem Zweck der Ausfallhaftung noch mit der vom Gesetzgeber intendierten Risikoverteilung vereinbar. Ihrer Höhe nach sollte die Ausfallhaftung auf den Stammkapitalbetrag begrenzt werden, auch wenn dies der Vorschrift insbesondere aufgrund der Problematik der Ausfallhaftung für mehrfache verbotene Einlagenrückgewähr im Einzelfall kaum Schärfe nehmen kann.[913]
3. Zu den Erweiterungen des Anwendungsbereichs der Ausfallhaftung gehören insbesondere die (restriktiv zu handhabende) Anwendung auf gesellschaftsfremde Dritte sowie die Anwendung im Rahmen der GmbH & Co. KG. Diesbezüglich ist von einer grundsätzlichen analogen Anwendbarkeit des Kapitalerhaltungsregimes der Komplementär-GmbH auf Nur-Kommanditisten auszugehen. Dies beinhaltet eine Rückerstattungspflicht des Nur-Kommanditisten für von ihm empfangene Auszahlungen, die das Stammkapital der Komplementär-GmbH (mittelbar) schmälern (§ 31 Abs. 1 GmbHG analog).[914]

912 Siehe oben unter B.I. - B.III.
913 Siehe oben unter B.IV.
914 Siehe oben unter B.V.

4. Um die sich anschließende Frage nach der analogen Anwendung der Ausfallhaftung des § 31 Abs. 3 GmbHG auf den Nur-Kommanditisten beantworten zu können, wurde die Ausfallhaftungsvorschrift zivilrechtsübergreifend betrachtet. Die Ausfallhaftung stellt eine (doppelt) subsidiäre Haftung für (wirtschaftlich) fremde Schuld dar. Damit besteht hinsichtlich der Normstruktur eine weitgehende Parallelität zur Bürgenhaftung.[915]
5. Im Rahmen der Betrachtung der Bürgschaft hat sich herausgestellt, dass aus der Regelungstechnik der Subsidiarität einer Haftung für (wirtschaftlich) fremde Schuld ein Unterschätzungspotenzial hinsichtlich der Haftungsverhältnisse auf Seiten des Haftenden erwächst, weil hierdurch die Möglichkeit der Haftung für den Haftenden subjektiv in den Hintergrund tritt oder diesem im Einzelfall überhaupt nicht bewusst wird. Deshalb unterliegt die Bürgschaftserklärung einem schützenden Formerfordernis.[916] Im GmbH-Recht tragen vergleichbare Schutzwürdigkeitserwägungen dazu bei, dass auch die Gründung und der Beitritt zu einer GmbH einer warnenden Formvorschrift unterliegen. Die Formvorschrift im GmbH-Recht umfasst insbesondere die Warnung vor der Ausfallhaftung gemäß § 31 Abs. 3 GmbHG.[917]
6. Der Befund, dass Fälle der subsidiären Haftung für (wirtschaftlich) fremde Schuld eine formvorschriftauslösende Schutzwürdigkeit nach sich ziehen, bestätigt sich bei der Betrachtung von Haftungsnormen, welche der Bürgschaft und der Ausfallhaftung gemäß § 31 Abs. 3 GmbHG ähnlich sind – hierzu zählen die Anwendungsbereiche der Ausfallhaftung gemäß § 24 GmbHG (analog). Solche Ausfallhaftungstatbestände werden hier als Fälle *echter Ausfallhaftung* bezeichnet. Hingegen sind Tatbestände, die trotz der Verwendung der Begrifflichkeit „Ausfallhaftung" keine besondere Schutzwürdigkeit des Haftenden nach sich ziehen, als Fälle *unechter Ausfallhaftung* zu kategorisieren. Diese – vergleichsweise häufig anzutreffenden – Fälle ergeben sich, wenn die subsidiäre Haftung für fremde Schuld eine inhaltsgleiche, unter Schutzwürdigkeitsaspekten unbedenkliche Schuld substituiert oder spiegelt. Es lässt sich zusammenfassen: Die Begründung einer subsidiären (Erfüllungs-)Haftung für (wirtschaftlich) fremde Schuld bringt grundsätzlich eine formvorschriftauslösende Schutzwürdigkeit mit sich. Eine Schutzwürdigkeit ist jedoch in Fällen zu verneinen, in denen eine

915 Siehe oben unter C.
916 Siehe oben unter D.I.
917 Siehe oben unter D.II.

inhaltsgleiche (Fort-)Haftung für eine Schuld besteht, die nicht unter die o.g. Kategorisierung fällt.[918]

7. Aus den Erkenntnissen, dass die Ausfallhaftung gemäß § 31 Abs. 3 GmbHG aufgrund ihrer strukturellen Konzeption der Bürgschaft ähnelt, ein Unterschätzungspotenzial innehat und damit einer Formvorschrift unterliegen sollte, folgt aus Rechtssicherheitsgesichtspunkten praktisch die gesamte Nichtanwendbarkeit der Ausfallhaftung auf den Nur-Kommanditisten. Hält man eine Ausfallhaftung des Nur-Kommanditisten rechtspolitisch für richtig, so muss der Gesetzgeber eine solche regeln und mit einem warnenden Formerfordernis versehen.[919]
8. Mit dem Partizipationsprinzip wurde eine weitere Voraussetzung für die Ausfallhaftung herausgearbeitet. Bei Betrachtung der verschiedenen Rechtsformen hat sich herausgestellt, dass das Gesetz gewisse Einwirkungsmöglichkeiten eines Gesellschafters innerhalb der Gesellschaft als Fundament und Rechtfertigung für dessen Haftung vorsieht. Im GmbH-Recht stellen die zwingenden Partizipationsmöglichkeiten eines Gesellschafters hinsichtlich der grundsätzlich allzuständigen Gesellschafterversammlung und damit (mittelbar) hinsichtlich der Entstehung der (Rückgewähr-)Schuld, für deren Ausfall gehaftet werden soll, eine Voraussetzung der Ausfallhaftung dar. Im Personengesellschaftsrecht liegt neben der grundsätzlichen Geschäftsführungsbefugnis in der Partizipationsmöglichkeit des Gesellschafters hinsichtlich der Zusammensetzung des Gesellschafterkreises eine Voraussetzung für die persönliche, unbeschränkte Haftung. Insofern konnten Ausprägungen des Rechtsgedankens „Haftung erfordert Herrschaft" in den untersuchten Rechtsformen nachgewiesen werden. Mit Blick auf den Nur-Kommanditisten zeigen die Ergebnisse, dass sowohl im Fall der Einlagenrückgewähr aus dem Vermögen der KG als auch bei Einlagenrückgewähr aus dem Vermögen der Komplementär-GmbH die der Ausfallhaftung als Fundament dienenden Partizipationsrechte nicht in ausreichendem Maße vorhanden sind.[920]
9. Abschließend ist festzuhalten, dass aufgrund der in dieser Untersuchung herausgearbeiteten Ergebnisse eine analoge Anwendung der Ausfallhaftung des § 31 Abs. 3 GmbHG auf den Nur-Kommanditisten einer GmbH & Co. KG insgesamt abzulehnen ist.

918 Siehe oben unter D.V.

919 Siehe oben unter D.VII.

920 Siehe oben unter E.

# Literaturverzeichnis

*Altmeppen, Holger*, Gesetz betreffend die Gesellschaften mit beschränkter Haftung: GmbHG, Kommentar, 10. Auflage, München 2021 (zit. Altmeppen, GmbHG).

*Ders.*, Kernbereichslehre, Bestimmtheitsgrundsatz und Vertragsfreiheit in der Personengesellschaft, NJW 2015, 2065–2071.

*Ders.*, Zur Formbedürftigkeit der Veräußerung künftiger GmbH-Anteile, in: Festschrift für Harm Peter Westermann, herausgegeben von Lutz Aderhold, Barbara Grunewald, Dietgard Klingberg, Walter Paefgen, Köln 2008, S. 771–786 (zit. Altmeppen, FS Westermann).

*Ders.*, "Dritte" als Adressaten der Kapitalerhaltungs- und Kapitalersatzregeln in der GmbH, in: Aktien- und Bilanzrecht. Festschrift für Bruno Kropff, herausgegeben von Karl-Heinz Forster, Barbara Grunewald, Marcus Lutter, Johannes Semler, Düsseldorf 1997, S. 641–667 (zit. Altmeppen, FS Kropff).

*Amira, Karl von*, Nordgermanisches Obligationenrecht, Leipzig 1882-1895 (zit. Amira, Nordgermanisches Obligationenrecht).

*Armbrüster, Christian*, Grenzen der Gestaltungsfreiheit im Personengesellschaftsrecht, ZGR 2014, 333–363.

*Ders.*, Der Gesellschafter hinter dem Gesellschafter - zur Treugeberhaftung in der Personengesellschaft, Zugleich Erwiderung auf den gleichnamigen Beitrag von Kindler, ZIP 2009, 1146, ZIP 2009, 1885–1890.

*Ballerstedt, Kurt,* Kapital, Gewinn und Ausschüttung bei Kapitalgesellschaften, Eine gesellschaftsrechtliche Betrachtung, Tübingen 1949 (zit. Ballerstedt, Kapital)

*Bartlitz, David*, Die Haftung des Kommanditisten auf der Grundlage kapitalgesellschaftsrechtlicher Prinzipien, Tübingen 2016 (zit. Bartlitz, Haftung des Kommanditisten).

*Baumann, Wolfgang*, Zur Form von Schuldbeitritt und Schuldanerkenntnis, Zugleich eine Besprechung des Urt.s des BGH vom 8.12.1992 - XI ZR 96/92, ZBB 1993, 168, ZBB 1993, 171–178.

*Baumbach, Adolf/Hopt, Klaus J.*, Handelsgesetzbuch: HGB, Kommentar, 39. Auflage, München 2020 (zit. Baumbach/Hopt/*Bearbeiter*).

*Baumbach, Adolf/Hueck, Alfred*, Gesetz betreffend die Gesellschaften mit beschränkter Haftung: GmbHG, Kommentar, 22. Auflage, München 2019 (zit. Baumbach/Hueck/*Bearbeiter*).

*Bayer, Walter*, Moderner Kapitalschutz, ZGR 2007, 220–240.

*Ders.*, Die Gesamtverantwortung der Gesellschafter für das Stammkapital und die Existenz der GmbH, in: Festschrift für Volker Röhricht, herausgegeben von Georg Crezelius, Heribert Hirte, Klaus Vieweg, Köln 2005, S. 25–45 (zit. Bayer, FS Röhricht).

*Bayer, Walter/Scholz, Philipp*, Grundsätzliche und technische Fragen zur Ausfallhaftung der Mitgesellschafter nach § 24 GmbHG, GmbHR 2016, 89–99.

Beck-online Großkommentar zum Aktiengesetz, herausgegeben von Martin Henssler, Gerald Spindler und Eberhard Stilz, München 2020 (zit. BeckOGK AktG/*Bearbeiter*).

Beck-online Großkommentar zum Bürgerlichen Gesetzbuch, herausgegeben von Beate Gsell, Wolfgang Krüger, Stephan Lorenz und Christoph Reymann, München 2020 (zit. BeckOGK BGB/*Bearbeiter*).

Beck-online Großkommentar zum Produkthaftungsgesetz, herausgegeben von Beate Gsell, Wolfgang Krüger, Stephan Lorenz und Christoph Reymann, München 2020 (zit. BeckOGK ProdHaftG/*Bearbeiter*).

Beck'scher Online-Kommentar zum Bürgerlichen Gesetzbuch, herausgegeben von Heinz Georg Bamberger, Herbert Roth, Wolfgang Hau und Roman Poseck, 55. Edition, München 2020 (zit. BeckOK BGB/*Bearbeiter*).

Beck'scher Online-Kommentar zum Gesetz betreffend die Gesellschaften mit beschränkter Haftung, herausgegeben von Hildegard Ziemons, Carsten Jaeger und Moritz Pöschke, 45. Edition, München 2020 (zit. BeckOK GmbHG/*Bearbeiter*).

Beck'scher Online-Kommentar zum Handelsgesetzbuch, herausgegeben von Martin Häublein und Roland Hoffmann-Theinert, 28. Edition, München 2020 (zit. BeckOK HGB/*Bearbeiter*).

*Berg, Hans-Georg*, Rechtsdogmatische Fragen zu § 30 I GmbHG, Berlin 1995 (zit. Berg, Rechtsdogmatische Fragen).

*Beyerle, Konrad*, Der unbeschränkt haftende Kommanditist, Köln 1976 (zit. Beyerle, Kommanditist).

*Bitter, Georg*, Konzernrechtliche Durchgriffshaftung bei Personengesellschaften, Köln 2000 (zit. Bitter, Durchgriffshaftung).

*Boetius, Jan*, Der Garantievertrag, München 1966 (zit. Boetius, Garantievertrag).

*Bork, Reinhard/Schäfer, Carsten*, GmbHG, Kommentar, 4. Auflage, Köln 2019 (zit. Bork/Schäfer/*Bearbeiter*).

*Bürgers, Tobias/Körber, Torsten/Lieder, Jan*, Aktiengesetz, Kommentar, 5. Auflage, Heidelberg 2021 (zit. Bürgers/Körber/Lieder/*Bearbeiter*).

*Burmann, Michael/Heß, Rainer/Hühnermann, Katrin/Jahnke, Jürgen*, Straßenverkehrsrecht, StVG, 26. Auflage, München 2020 (zit. Burmann/*Bearbeiter*).

*Bydlinski, Peter*, Die Bürgschaft im österreichischen und deutschen Handels, Gesellschafts- und Wertpapierrecht, Wien 1991 (zit. Bydlinski, Bürgschaft).

*Cahn, Andreas*, Die Ausfallhaftung des GmbH-Gesellschafters, Besprechung der Entscheidung BGHZ 150, 61, ZGR 2003, 298–315.

*Caroni, Pio*, Zur Geschichte und Dogmatik der Gesamthaftung im schweizerischen Recht, ZBJV 103 (1967), 289–328.

*Dauner-Lieb, Barbara/Langen, Werner*, BGB, Kommentar, Band 2: Schuldrecht, 3. Auflage, Baden-Baden 2016 (zit. Dauner-Lieb/Langen/*Bearbeiter*).

*Deutsch, Erwin*, Das neue System der Gefährdungshaftungen: Gefährdungshaftung, erweiterte Gefährdungshaftung und Kausal-Vermutungshaftung, NJW 1992, 73–77.

*Drygala, Tim*, Stammkapital heute – Zum veränderten Verständnis vom System des festen Kapitals und seinen Konsequenzen, ZGR 2006, 587–637.

*Dudenhausen, Wolfgang*, Bürgschaft und Garantievertrag unter besonderer Berücksichtigung der Bankpraxis, Leipzig 1936 (zit. Dudenhausen, Bürgschaft und Garantievertrag).

*Ebenroth, Carsten Thomas, Boujong, Karlheinz/Joost, Detlev/Strohn, Lutz*, Handelsgesetzbuch, Kommentar, herausgegeben von Detlev Joost und Lutz Strohn, Band 1, 4. Auflage, München 2020 (zit. EBJS/*Bearbeiter*).

*Edenfeld, Stefan*, Offene Fragen des Beitritts zur Dauerschuld, JZ 1997, 1034–1042.

*Eisert, Georg*, Bürgschaft, Schuldbeitritt und Garantievertrag in ihrem Verhältnis, Würzburg 1925 (zit. Eisert, Bürgschaft).

*Elsing, Siegfried*, Erweiterte Kommanditistenhaftung und atypische Kommanditgesellschaft, Berlin 1977 (zit. Elsing, Kommanditistenhaftung).

*Emmerich, Volker*, Die Testamentsvollstreckung an Geschäftsanteilen, ZHR 132 (1969), 297–326.

*Enneccerus, Ludwig/Lehmann, Heinrich*, Recht der Schuldverhältnisse, 14. Auflage, Tübingen 1954 (zit. Enneccerus/Lehmann, Schuldrecht).

*Erman, Walter*, Bürgerliches Gesetzbuch, Handkommentar, herausgegeben von Harm Peter Westermann, Barbara Grunewald und Georg Maier-Reimer, 16. Auflage, Köln 2020 (zit. Erman/*Bearbeiter*).

*Eucken, Walter*, Grundsätze der Wirtschaftspolitik, Bern/Tübingen 1952 (zit. Eucken, Grundsätze der Wirtschaftspolitik).

*Fabritius, Andreas*, Vermögensbindung in AG und GmbH – tiefgreifender Unterschied oder grundsätzliche Identität?, ZHR 144 (1980), 628–641.

*Faust, Florian*, Die Testamentsvollstreckung am Anteil eines persönlich haftenden Gesellschafters, DB 2002, 189–195.

*Fleck, Hans-Joachim*, Der Grundsatz der Kapitalerhaltung - seine Ausweitung und seine Grenzen, in: Festschrift 100 Jahre GmbH-Gesetz, herausgegeben von Marcus Lutter, Peter Ulmer, Wolfgang Zöllner, Köln 1992, S. 391–419 (zit. Fleck, FS 100 Jahre GmbHG).

*Fleischer, Holger/Hahn, Jakob*, Zur unbeschränkten Haftung des herrschenden Kommanditisten, NZG 2018, 1281–1290.

*Förster, Christian*, Die Fusion von Bürgschaft und Garantie, Eine Neusystematisierung aus rechtsvergleichender Perspektive, Tübingen 2010 (zit. Förster, Bürgschaft und Garantie).

*Freitag, Robert*, Die "Investmentkommanditgesellschaft" nach dem Regierungsentwurf für ein Kapitalanlagegesetzbuch, NZG 2013, 329–335.

*Frese, Jörn*, Der Kreditauftrag, Mainz 1966 (zit. Frese, Kreditauftrag).

*Gänzle, Thomas*, Die Rechtsstellung des Kommanditisten in der nicht personengleichen GmbH & Co. KG, Frankfurt 2001 (zit. Gänzle, Rechtsstellung des Kommanditisten).

*Gehrlein, Markus/Born, Manfred/Simon, Stefan*, GmbHG, Kommentar, 4. Auflage, Köln 2019 (zit. Gehrlein/Born/Simon/*Bearbeiter*).

*v. Gerkan, Hartwin*, Schwerpunkte und Entwicklungen im Recht der kapitalersetzenden Gesellschafterdarlehen, GmbHR 1986, 218–225.

*Gernhuber, Joachim*, Das Schuldverhältnis, Begründung und Änderung, Pflichten und Strukturen, Drittwirkung, Tübingen 1989 (zit. Gernhuber, Schuldverhältnis).

*Gernhuber, Joachim/Coester-Waltjen, Dagmar*, Familienrecht, 6. Auflage, München 2010 (zit. Gernhuber/Coester-Waltjen, Familienrecht).

*Giering, Anastasia*, Risikobezogener Gläubigerschutz im Recht der GmbH, Vorschläge zur Vermögensbindung und Gesellschafterhaftung de lege ferenda, Berlin 2009 (zit. Giering, Risikobezogener Gläubigerschutz).

*Gierke, Otto von*, Schuld und Haftung, im älteren deutschen Recht, Aalen 1969, Neudruck der Ausgabe Breslau 1910 (zit. Gierke, Schuld und Haftung).

*Ders.*, Schuldrecht, München 1917 (zit. Gierke, Schuldrecht).

*Goette, Wulf*, Wo steht der BGH nach "Centros" und "Inspire Art"?, DStR 2005, 197–201.

*Ders.*, Anmerkung zu BGH, Urt. vom 13.05.1996 - II ZR 275/94, DStR 1996, 1574–1576.

*Goette, Wulf/Goette, Maximilian*, Mehrheitsklauseln im Personengesellschaftsrecht, DStR 2016, 74–84.

*Görner, André/Kling, Michael*, Die Ausfallhaftung des GmbH-Gesellschafters, ausgewählte Fragen zum Anwendungsbereich im Rahmen der Kapitalaufbringung und -erhaltung, GmbHR 2004, 714–723.

*Gosch, Dietmar*, Körperschaftsteuergesetz, Kommentar, 4. Auflage, München 2020 (zit. Gosch/*Bearbeiter*).

*Gottwald, Peter/Haas, Ulrich*, Insolvenzrechts-Handbuch, 6. Auflage, München 2020 (zit. Gottwald/Haas/*Bearbeiter*).

*Göz, Philipp/Pauw, Dominik*, Reichweite gesellschaftsvertraglicher Mehrheitsklauseln bei Personengesellschaften, NZG 2014, 2759–2760.

*Grigoleit, Hans Christoph*, AktG, Kommentar, 2. Auflage, München 2020 (zit. Grigoleit/*Bearbeiter*).

*Ders.*, Gesellschafterhaftung für interne Einflussnahme im Recht der GmbH, Dezentrale Gewinnverfolgung als Leitprinzip des dynamischen Gläubigerschutzes, München 2006 (zit. Grigoleit, Gesellschafterhaftung).

*Grimm, Michael*, Die Finanzverfassung der kleinen Kapitalgesellschaft, Eine rechtsvergleichende Untersuchung der Reformdiskussion in Europa, Berlin 2013 (zit. Grimm, Finanzverfassung).

*Gross-Langenhoff, Martin*, Vermögensbindung im Aktienrecht, 2. Auflage, Baden-Baden 2015 (zit. Gross-Langenhoff, Vermögensbindung).

*Gummert, Hans*, Münchener Anwaltshandbuch Personengesellschaftsrecht, 3. Auflage, München 2019 (zit. MAH PersGesR/*Bearbeiter*).

*Gummert, Hans/Weipert, Lutz*, Münchener Handbuch des Gesellschaftsrechts, 5. Auflage, München 2019 (zit. MHdB GesR II/*Bearbeiter*).

*Haas, Ulrich*, Mindestkapital und Gläubigerschutz in der GmbH, DStR 2006, 993–1000.

*Habersack, Mathias/Casper, Matthias/Löbbe, Marc*, GmbHG, Großkommentar,

Band 1: Einleitung, §§ 1-28, 3. Auflage, Tübingen 2019

Band 2: §§ 29-52, 3. Auflage, Tübingen 2020

(zit. HCL/*Bearbeiter*)

*Hachenburg, Max*, Gesetz betreffend die Gesellschaften mit beschränkter Haftung, Großkommentar, herausgegeben von Peter Ulmer, 8. Auflage, Berlin 1992 (zit. Hachenburg/*Bearbeiter*).

Handkommentar Bürgerliches Gesetzbuch, bearbeitet von Heinrich Dörner, Ina Ebert, Thomas Hoeren, Rainer Kemper, Ingo Saenger, Alexander Scheuch, Klaus Schreiber, Hans Schulte-Nölke, Reiner Schulze, Ansgar Staudinger und Volker Wiese, 10. Auflage, Baden-Baden 2019 (zit. HK-BGB/*Bearbeiter*).

*Hager, Johannes*, Die verdeckte Gewinnausschüttung in der GmbH, Ein Beitrag zu den gesellschaftsrechtlichen Sanktionen, ZGR 1989, 71–106.

*Heermann, Peter W.*, Geld und Geldgeschäfte, Tübingen 2003 (zit. Heermann, Geld und Geldgeschäfte).

*Heidinger, Andreas*, Die Haftung und die Vertretung in der Gründungsphase der GmbH im Vergleich zur (kleinen) Aktiengesellschaft, GmbHR 2003, 189–198.

*Heldrich, Karl*, Die Form des Vertrages, AcP 147 (1941), 89–129.

*Hennrichs, Joachim*, Kapitalschutz bei GmbH, UG (haftungsbeschränkt) und SPE, NZG 2009, 921–928.

*Henssler, Martin*, Risiko als Vertragsgegenstand, Tübingen 1994 (zit. Henssler, Risiko).

*Henssler, Martin/Strohn, Lutz*, Gesellschaftsrecht, Kommentar, 4. Auflage, München 2019 (zit. Henssler/Strohn/*Bearbeiter*).

*Henze, Hartwig*, Vermögensbindungsprinzip und Anlegerschutz, NZG 2005, 115–121.

*Hoffmann, Jan Felix*, Akzessorietät, Sicherungszweck und Haftungsrisiko - Zum Umgang mit schuldnerbezogenen Einwendungen, Einreden und Gestaltungsrechten im Kreditsicherungsrecht, ZfPW 2019, 257–282.

*Hölters, Wolfgang*, Aktiengesetz, Kommentar, 3. Auflage, München 2017 (zit. Hölters/*Bearbeiter*).

*Hommelhoff, Peter/Teichmann, Christoph*, Eine GmbH für Europa: Der Vorschlag der EU-Kommission zur Societas Privata Europea (SPE), GmbHR 2008, 897–911.

*Hüffer, Uwe*, 100 Bände BGHZ: Personengesellschaftsrecht, ZHR 151 (1987), 396–421.

*Hüffer, Uwe/Koch, Jens*, Aktiengesetz, Kommentar, 14. Auflage, München 2020 (zit. Hüffer/Koch/*Koch*).

*Hunscha, Axel*, Die Anwendung der §§ 30 Abs. 1, 31 GmbHG auf Zahlungen der GmbH & Co. KG an ihre Kommanditisten, GmbHR 1973, 257–263.

*Immenga, Ulrich*, Besprechung der Entscheidung BGHZ 60, 324, ZGR 1975, 487–492.

*Ders.*, Die Minderheitsrechte des Kommanditisten, ZGR 1974, 385–426.

*Ders.*, Die personalistische Kapitalgesellschaft, Eine rechtsvergleichende Untersuchung nach deutschem GmbH-Recht und dem Recht der Corporations in den Vereinigten Staaten, Bad Homburg 1970 (zit. Immenga, Kapitalgesellschaft).

*Isay, Hermann*, Schuldverhältnis und Haftungsverhältnis im heutigen Recht, Jherings Jahrb. 48 (1904), 187–208.

*Jäger, Axel*, Haftungsrisiken bei GmbH-Gründung und Belehrungspflichten des Notars, MDR 1996, 656–659.

*Jakobs, Horst Heinrich/Schubert, Werner*, Die Beratung des Bürgerlichen Gesetzbuchs, in systematischer Zusammenstellung der unveröffentlichten Quellen, Berlin 1983 (zit. Jakobs/Schubert, Beratung des BGB).

*Joost, Detlev*, Eigenkapitalersetzende Kommanditistendarlehen, Zugleich ein Beitrag zur Außenhaftung des Kommanditisten, ZGR 1987, 370–402.

*Ders.*, Kapitalbegriff und Reichweite der Bindung des aufgebrachten Vermögens in der GmbH, GmbHR 1983, 285–290.

*Jungmann, Carsten*, Zur bilanziellen Behandlung und summenmäßigen Begrenzung von Ansprüchen aus § 31 GmbHG, DStR 2004, 688–696.

*Kämper, Irene*, Testamentsvollstreckung an PersonenGeschäftsanteilen, RNotZ 2016, 625–648.

*Kanzleiter, Rainer*, Der Umfang der Beurkundungsbedürftigkeit bei verbundenen Rechtsgeschäften, DNotZ 1994, 275–284.

*Kanzleiter, Rainer*, Der Zweck der Beurkundungspflicht für Veräußerungsverträge über GmbH-Geschäftsanteile, ZIP 2001, 2105–2113.

*Karollus, Martin*, Gedanken zum Kapitalschutz bei der GmbH & Co. KG, in: Aktien- und Bilanzrecht. Festschrift für Bruno Kropff, herausgegeben von Karl-Heinz Forster, Barbara Grunewald, Marcus Lutter, Johannes Semler, Düsseldorf 1997, S. 669–680 (zit. Karollus, FS Kropff).

*Kittlitz, Martin*, Der vertragliche Schuldbeitritt, Versuch der Deutung eines Strukturbegriffs durch Unterscheidung von drei Fallgruppen, Berlin 1994 (zit. Kittlitz, Schuldbeitritt).

*Klann, Heinz Eduard*, Interzession, insbesondere Schuldbeitritt und Bürgschaft, eine systematische Darstellung auf Grundlage der Lehre von Schuld und Haftung, Bonn 1913 (zit. Klann, Interzession).

*Klingberg, Dietgard*, Mitarbeitende Kommanditisten im Gesellschaftsrecht, Berlin 1989 (zit. Klingberg, Mitarbeitende Kommanditisten).

*Koban, Anton*, Die gesetzliche Bürgschaft des Bürgerlichen Gesetzbuches für das Deutsche Reich, Innsbruck 1905 (zit. Koban, Gesetzliche Bürgschaft).

*Kohte, Wolfhard*, Die Stellung des Schuldbeitritts zwischen Bürgschaft und Schuldübernahme, JZ 1990, 997–1005.

*Kuhn, Georg*, Haftungsprobleme bei der GmbH & Co., in: Ehrengabe für Bruno Heusinger, herausgegeben von Roderich Glanzmann, München 1968, S. 203–216 (zit. Kuhn, FS Heusinger).

*Lehmann, Heinrich*, Gesellschaftsrecht, Berlin, Frankfurt 1959 (zit. Lehmann, Gesellschaftsrecht).

*Lergon, Michael*, Die persönliche Haftung des Gesellschafters einer GmbH, RNotZ 2003, 214–248.

*Lieder, Jan/Villegas, Diego*, Treuhandverträge über GmbH-Geschäftsanteile - eine Frage der Form?, GmbHR 2018, 169–177.

*Limbach, Jutta*, Theorie und Wirklichkeit in der GmbH, Die empirische Normaltypen der GmbH und ihr Verhältnis zum Postulat von Herrschaft und Haftung, Berlin 1966 (zit. Limbach, Theorie und Wirklichkeit).

*Loritz, Karl-Georg*, Rechtsfragen der notariellen Beurkundung bei Verkauf und Abtretung von GmbH-Geschäftsanteilen, DNotZ 2000, 90–109.

*Lüdicke, Jochen/Schneeweiß, Wolfram*, Haftung des Kommanditisten in der Publikums-GmbH & Co. KG, WiB 1996, 969–975.

*Lutter, Marcus*, Das (feste Grund-)Kapital der Aktiengesellschaft in Europa, Zusammenfassung der Überlegungen des Arbeitskreises "Kapital in Europa", ZGR Sonderheft 17 (2006), 1–14.

*Lutter, Marcus/Banerjea, Nirmal Robert*, Die Haftung wegen Existenzvernichtung, ZGR 2003, 402–440.

*Lutter, Marcus/Bayer, Walter/Schmidt, Jessica*, Europäisches Unternehmens- und Kapitalmarktrecht, Grundlagen, Stand und Entwicklung nebst Texten und Materialien, 6. Auflage, Berlin 2018 (zit. Lutter/Bayer/J. Schmidt, Europäisches Unternehmens- und Kapitalmarktrecht).

*Lutter, Marcus/Hommelhoff, Peter*, GmbH-Gesetz, Kommentar, bearbeitet von Walter Bayer, Peter Hommelhoff und Detlef Kleindiek, 20. Auflage, Köln 2020 (zit. Lutter/Hommelhoff/*Bearbeiter*).

*Lutter, Marcus/Hommelhoff, Peter*, Nachrangiges Haftkapital und Unterkapitalisierung in der GmbH, ZGR 1979, 31–66.

*Madaus, Stephan*, Der Schuldbeitritt als Personalsicherheit, Die Zulässigkeit von Analogien zum Recht der Schuldübernahme und der Bürgschaft, Berlin 2001 (zit. Madaus, Schuldbeitritt).

*Martinius, Gustav Emil*, Die Form der kumulativen Schuldübernahme, Gruchot 49 (1905), 181–218.

*Meier, Sonja*, Gesamtschulden, Entstehung und Regress in historischer und vergleichender Perspektive, Tübingen 2010 (zit. Meier, Gesamtschulden).

*Meyer, André*, Aufwendungsersatz im Privatrecht, AcP 216 (2016), 952–986.

*Ders.*, Der Grundsatz der unbeschränkten Verbandsmitgliederhaftung, Köln 2006 (zit. A. Meyer, Verbandsmitgliederhaftung).

*Ders.*, Die Abhängigkeit der Haftung des Handelnden von der Vertretungsmacht für die Vor-GmbH, Zugleich eine Darstellung der Rechtsverhältnisse im Gründungsstadium, GmbHR 2002, 1176–1186.

*Meyer, Justus*, Haftungsbeschränkung im Recht der Handelsgesellschaften, Berlin 2000 (zit. J. Meyer, Haftungsbeschränkung).

*Michalski, Lutz,* Kommentar zum Gesetz betreffend die Gesellschaften mit beschränkter Haftung (GmbH-Gesetz), herausgegeben von Andreas Heidinger, Stefan Leible und Jessica Schmidt, Auflage, München 2017 (zit. MHLS/ *Bearbeiter*).

*Mossmann, Axel,* Die Haftung des Kommanditisten in der unterkapitalisierten KG, Heidelberg 1978 (zit. Mossmann, Haftung des Kommanditisten).

Motive zu dem Entwurfe eines Bürgerlichen Gesetzbuches für das Deutsche Reich

Band II: Recht der Schuldverhältnisse, Berlin 1888

Band IV: Familienrecht, Berlin 1888

(zit. Motive)

*Mugdan, Benno,* Die gesammten Materialien zum Bürgerlichen Gesetzbuch für das deutsche Reich,

Band I: Einführungsgesetz und Allgemeiner Teil, Aalen 1979

Band IV: Familienrecht, Aalen 1979

(zit. Mugdan, Materialien)

*Müller-Erzbach, Rudolf,* Deutsches Handelsrecht, 2. Auflage, Tübingen 1928 (zit. Müller-Erzbach, Deutsches Handelsrecht).

Münchener Anwaltshandbuch Aktienrecht, herausgegeben von Matthias Schüppen und Bernhard Schaub, 3. Auflage, München 2018 (zit. MAH Aktienrecht/ *Bearbeiter*)

Münchener Kommentar zum Aktiengesetz, herausgegeben von Wulf Goette und Matthias Habersack,

Band 1. §§ 1-75 AktG, 5. Auflage, München 2019

Band 3. §§ 118-178 AktG, 4. Auflage, München 2018

(zit. MüKo AktG/*Bearbeiter*)

Münchener Kommentar zum Bürgerlichen Gesetzbuch, herausgegeben von Franz Jürgen Säcker, Roland Rixecker, Hartmut Oetker und Bettina Limperg,

Band 1. Allgemeiner Teil, §§ 1-240. AllgPersönlR. ProstG. AGG, 8. Auflage, München 2018

Band 2. Schuldrecht Allgemeiner Teil, 7. Auflage, München 2016

Band 3. Schuldrecht Allgemeiner Teil II, 8. Auflage, München 2019

Band 5. Schuldrecht Besonderer Teil II. §§ 535-630h BetrKV. HeizkostenV. WärmeLV. EFZG. TzBfG. KSchG. MiLoG, 8. Auflage, München 2020

Band 6. Schuldrecht Besonderer Teil III. §§ 631-704, 8. Auflage, München 2020

Band 7. Schuldrecht Besonderer Teil IV. §§ 705-853. Partnerschaftsgesellschaftsgesetz. Produkthaftungsgesetz, 8. Auflage, München 2020

Band 10. Familienrecht II. §§ 1589-1921 SGB VIII, 8. Auflage, München 2020

Band 11. Erbrecht. §§ 1922-2385. §§ 27-35 BeurkG, 8. Auflage 2020

(zit. Müko BGB/*Bearbeiter*)

Münchener Kommentar zum Gesetz betreffend die Gesellschaften mit beschränkter Haftung, herausgegeben von Holger Fleischer und Wulf Goette,

Band 1. §§ 1-34 GmbHG, 3. Auflage, München 2018

Band 2. §§ 35-52 GmbHG, 3. Auflage, München 2019

Band 3. §§ 53-88 GmbHG, 3. Auflage, München 2019

(zit. MüKo GmbHG/*Bearbeiter*)

Münchener Kommentar zum Handelsgesetzbuch, herausgegeben von Karsten Schmidt und Werner Ebke,

Band 2. Zweites Buch. Handelsgesellschaften und stille Gesellschaft. Erster Abschnitt. Offene Handelsgesellschaft. §§ 105-160, 4. Auflage, München 2016

Band 3. Zweites Buch. Handelsgesellschaften und stille Gesellschaft. Zweiter Abschnitt. Kommanditgesellschaft. Dritter Abschnitt. Stille Gesellschaft. § 161-237. Konzernrecht der Personengesellschaften, 4. Auflage, München 2019

Band 4. Drittes Buch. Handelsbücher §§ 238-342e HGB, 4. Auflage, München 2020

(zit. MüKo HGB/*Bearbeiter*)

*Nitschke, Manfred*, Die körperschaftlich strukturierte Personengesellschaft, Bielefeld 1970 (zit. Nitschke, Personengesellschaft).

*Oetker, Hartmut*, Handelsgesetzbuch, Kommentar, 6. Auflage, München 2019 (zit. Oetker/*Bearbeiter*).

*Oldenburg, Werner*, Fremdgeschäftsführung und -vertretung in den Personengesellschaften, Göppingen 1973 (zit. Oldenburg, Fremdgeschäftsführung).

*Pöschke, Moritz/Steenbreker, Thomas*, Kapitalerhaltung in der GmbH & Co. KG, NZG 2015, 614–619.

*Potsch, Nicolas*, Grundfragen der Kommanditistenhaftung, Baden-Baden 2012 (zit. Potsch, Kommanditistenhaftung).

*Priester, Hans-Joachim*, Eine Lanze für die Kernbereichslehre, NZG 2015, 529–531.

*Ders.*, Geltung einer allgemeinen Mehrheitsklausel in einem Personengesellschaftsvertrag auch für Grundlagen- und ungewöhnliche Geschäfte, EWiR 2015, 71–72.

*Puntschart, Paul*, Schuldvertrag und Treugelöbnis, des sächsischen Rechts im Mittelalter, Leipzig 1896 (zit. Puntschart, Schuldvertrag und Treugelöbnis).

*Reemann, Jörg*, Zur Ausfallhaftung des Gesellschafters für verbotene Auszahlungen der GmbH an andere Gesellschafter, ZIP 1990, 1309–1316.

*Reichel, Hans*, Die Schuldmitübernahme, (kumulative Schuldübernahme), München 1909 (zit. Reichel, Schuldmitübernahme).

*Reichert, Jochem*, GmbH & Co. KG, 7. Auflage, München 2015 (zit. Reichert/*Bearbeiter*).

*Reuter, Dieter*, Der Beirat der Personengesellschaft, in: Festschrift für Ernst Steindorff zum 70. Geburtstag am 13. März 1990, herausgegeben von Jürgen F. Baur, Klaus J. Hopt, Mailänder, Peter, K., Berlin 1990, S. 229–247 (zit. Reuter, FS Steindorff).

*Ders.*, Stimmrechtsvereinbarungen bei treuhänderischer Abtretung eines GmbH-Anteils, Besprechung der Entscheidung vom 11.10.1976 - II ZR 119/75, ZGR 1978, 633–642.

*Röder, Erik*, Die Personengesellschaft mit beschränkter Haftung: Eine Lücke im deutschen Gesellschaftsrecht, ZHR 184 (2020), 457–506.

*Röhricht, Volker/Westphalen, Friedrich Graf v./Haas, Ulrich*, Handelsgesetzbuch Kommentar, 5. Auflage, Köln 2019 (zit. Röhricht/Graf von Westphalen/Haas/*Bearbeiter*).

*Rowedder, Heinz/Schmidt-Leithoff, Christian*, Gesetz betreffend die Gesellschaften mit beschränkter Haftung: GmbHG, Kommentar, 6. Auflage, München 2017 (zit. Rowedder/Schmidt-Leithoff/*Bearbeiter*).

*Rüßmann, Helmut*, Formzwang und Übereilungsschutz in Interzessionsverhältnissen, in: Recht im Spannungsfeld von Theorie und Praxis. Festschrift für Helmut Heinrichs zum 70. Geburtstag, herausgegeben von Andreas Heldrich, Peter Schlechtriem, Eike Schmidt, München 1998, S. 451–485 (zit. Rüßmann, FS Heinrichs).

*Saenger, Ingo/Inhester/Michael*, GmbHG, Handkommentar, 3. Auflage, Baden-Baden 2016 (zit. Saenger/Inhester/*Bearbeiter*).

*Schäfer, Carsten*, Der Bestimmtheitsgrundsatz ist (wirklich) Rechtsgeschichte, NZG 2014, 1401–1404.

*Ders.*, Vom Einstimmigkeitsprinzip zum treupflichtgetragenen Mehrheitsentscheid im Personengesellschaftsrecht, ZGR 2013, 237–272.

*Schläfke, Henner*, Vermögensbindung in der Kapitalgesellschaft & Co. KG als haftungsbeschränkter Personengesellschaft, Baden-Baden 2013 (zit. Schläfke, Vermögensbindung).

*Schmidt, Karsten*, Die begrenzte Ausfallhaftung nach §§ 24, 31 Abs. 3 GmbHG im System des GmbH-Haftungsrechts, Neuerliches Plädoyer für ein systemstimmiges Haftungsmodell, in: Festschrift für Thomas Raiser zum 70.

Geburtstag, herausgegeben von Reinhard Damm, Peter W. Heermann, Rüdiger Veil, Berlin 2005, S. 312–339 (zit. K. Schmidt, FS Raiser).

*Ders.*, Gesellschaftsrecht, 4. Auflage, Köln 2002 (zit. K. Schmidt, GesR).

*Ders.*, Mehrheitsregelungen in GmbH & Co.-Verträgen, ZHR 158 (1994), 205–228.

*Ders.*, Kapitalersetzende Kommanditistendarlehen, GmbHR 1986, 337–342.

*Ders.*, Summenmäßige Grenzen der Haftung von Mitgesellschaftern aus rückständigen Einlagen (§ 24 GmbHG) und verbotenen Ausschüttungen (§ 31 Abs. 3 GmbHG), BB 1985, 154–158.

*Ders.*, Kapitalaufbringung, Kapitalerhaltung und Unterkapitalisierung bei der GmbH & Co. KG, DB 1973, 2227–2231.

*Ders.*, Zur Stellung der oHG im System der Handelsgesellschaften, Eine Untersuchung des gesellschaftsrechtlichen Grundsatzes der unbeschränkten Haftung, Bonn 1972 (zit. K. Schmidt, Stellung der oHG).

*Schmidt, Karsten/Lutter, Marcus*, Aktiengesetz, Kommentar, 4. Auflage, Köln 2020 (zit. K. Schmidt/Lutter/*Bearbeiter*).

*Schmidt-Futterer, Wolfgang*, Mietrecht, Kommentar, 14. Auflage, München 2019 (zit. Schmidt-Futterer/*Bearbeiter*).

*Schnelle, Ulrich*, Haftung des Nur-Kommanditisten nach §§ 30, 31 GmbHG, GmbHR 1995, 853–857.

*Scholz, Franz*, Kommentar zum GmbH-Gesetz,

Band I: §§ 1-34, 12. Auflage, Köln 2018,

Band II: §§ 35-52, 12. Auflage, Köln 2021

(zit. Scholz/*Bearbeiter*)

*Schramm, Stefan*, Die Haftung des Kommanditisten einer GmbH & Co. KG bei der Ausschüttung von Scheingewinnen im Vergleich zur Haftung bei der stillen Gesellschaft sowie der Treuhand, der Unterbeteiligung und dem Nießbrauch an Unternehmensanteilen, Hamburg 2013 (zit. Schramm, Haftung des Kommanditisten).

*Schütz, Carsten*, Ausfallhaftung des ausgeschiedenen Gesellschafters, DStR 2015, 2556–2558.

*Selb, Walter*, Mehrheiten von Gläubigern und Schuldnern, Handbuch des Schuldrechts, Tübingen 1984 (zit. Selb, Mehrheiten von Gläubigern und Schuldnern).

*Siebert, Wolfgang*, Zur Gestaltung der Testamentsvollstreckung bei der Vererbung der Stellung eines persönlich haftenden Gesellschafters, in: Beiträge zum Arbeits-, Handels- und Wirtschaftsrecht. Festschrift für Alfred Hueck zum 70. Geburtstag, herausgegeben von Rolf Dietz, Hans Carl Nipperdey, Eugen Ulmer, München und Berlin 1959, S. 321–337 (zit. Siebert, FS Hueck).

*Soergel, Hans Theodor*, Bürgerliches Gesetzbuch mit Einführungsgesetzen und Nebengesetzen, Kommentar,

Band 11/1: Schuldrecht 9/1 (§§ 705-758 BGB), 13. Auflage, Stuttgart 2011

Band 11/2: Schuldrecht 9/2: §§ 759-779, 13. Auflage, Stuttgart 2016

(zit. Soergel/*Bearbeiter*)

*Spielbauer, Thomas/Schneider, Joachim*, Mietrecht, Kommentar, 2. Auflage, Berlin 2018 (zit. Spielbauer/Schneider/*Bearbeiter*).

*Staub, Hermann (Begr.)*, Handelsgesetzbuch, Großkommentar, herausgegeben von Claus-Wilhelm Canaris, Mathias Habersack und Carsten Schäfer, Dritter Band. §§ 105-160, 5. Auflage, Berlin 2009 (zit. Staub/*Bearbeiter*).

*Staudinger, Julius v.*, Kommentar zum Bürgerlichen Gesetzbuch mit Einführungsgesetzen und Nebengesetzen,

Buch 2. Recht der Schuldverhältnisse, §§ 255-304 (Leistungsstörungsrecht 1), Berlin 2019

Buch 2. Recht der Schuldverhältnisse, §§ 397-432 (Erlass, Abtretung, Schuldübernahme, Mehrheit von Schuldnern und Gläubigern), Berlin 2017

Buch 2. Recht der Schuldverhältnisse, §§ 557-580a, Anhang: AGG (Mietrecht 2 - Miethöhe und Beendigung des Mietverhältnisses), Berlin 2018

Buch 2. Recht der Schuldverhältnisse, §§ 705-740 (Gesellschaftsrecht), Berlin 2003

Buch 2. Recht der Schuldverhältnisse, §§ 765 - 778 (Bürgschaft), Berlin 2012

Buch 2. Recht der Schuldverhältnisse, §§ 826-829; §§ 1-19 ProdHaftG (Unerlaubte Handlungen 2, Produkthaftung), Berlin 2020

Buch 4. Familienrecht, §§ 1773-1895 (Vormundschaftsrecht), Berlin 2014

(zit. Staudinger/*Bearbeiter*)

*Teichmann, Arndt*, Gestaltungsfreiheit in Gesellschaftsverträgen, München 1970 (zit. Teichmann, Gestaltungsfreiheit).

*Thiessen, Jan*, Zur Neuregelung der Verjährung im Handels- und Gesellschaftsrecht, ZHR 168 (2004), 503–541.

*Thole, Christoph*, Gläubigerschutz durch Insolvenzrecht, Anfechtung und verwandte Regelungsinstrumente in der Unternehmensinsolvenz, Tübingen 2010 (zit. Thole, Gläubigerschutz).

*Ulmer, Peter*, Mehrheitsbeschlüsse in Personengesellschaften: definitiver Abschied vom Bestimmtheitsgrundsatz, Randbemerkungen zu BGH v. 21.10.2014 - II ZR 84/13, ZIP 2014, 2231 (Anteilsabtretung), ZIP 2015, 657–662.

*Ders.*, Gesellschafterhaftung gegenüber der GmbH bei Vorteilsgewährung unter Verstoß gegen § 30 Abs. 1 GmbHG, in: Festschrift 100 Jahre GmbH-Gesetz, herausgegeben von Marcus Lutter, Peter Ulmer, Wolfgang Zöllner, Köln 1992, S. 363–389 (zit. Ulmer, FS 100 Jahre GmbHG).

*Ders.*, Testamentsvollstreckung am Kommanditanteil – Voraussetzungen und Rechtsfolgen, NJW 1990, 73–83.

*Ders.*, Abschied vom Vorbelastungsverbot im Gründungsstadium der GmbH – Gelöste und ungelöste Fragen zum Recht der Vor-GmbH und der Vor-GmbH & Co. KG, ZGR 1981, 593–621.

*Vogel, Wolfgang*, Gesellschafterbeschlüsse und Gesellschafterversammlung, Köln 1986 (zit. Vogel, Gesellschafterbeschlüsse und Gesellschafterversammlung).

*Walz, Robert/Fembacher, Tobias*, Zweck und Umfang der Beurkundung nach § 15 GmbHG, NZG 2003, 1134–1143.

*Weber, Christoph*, Privatautonomie und Außeneinfluss im Gesellschaftsrecht, München 2000 (zit. Weber, Privatautonomie).

*Werner, Rüdiger*, Anmerkung zu BGH, Urt. vom 10.03.2008 - II ZR 312/06, GmbHR 2008, 589–592.

*Wertenbruch, Johannes*, Abschied von Bestimmtheitsgrundsatz und Kernbereichslehre im Beschlussanfechtungssystem der Personengesellschaft, NZG 2014, 2875–2880.

*Ders.*, Begründung von Nachschusspflichten in der Personengesellschaft, DStR 2007, 1680–1684.

*Westermann, Harm Peter*, Zur Theorie der Grundtypenvermischung – am Beispiel der GmbH & Co. KG, in: Festschrift für Karsten Schmidt zum 70. Geburtstag, herausgegeben von Georg Bitter, Marcus Lutter, Hans-Joachim Priester, Wolfgang Schön, Peter Ulmer, Köln 2009, S. 1709–1729 (zit. Westermann, FS K. Schmidt).

*Ders.*, Die Gestaltungsfreiheit des Personengesellschaftsrechts in den Händen des Bundesgerichtshofs, in: 50 Jahre Bundesgerichtshof herausgegeben von Claus-Wilhelm Canaris, Andreas Heldrich, Klaus J. Hopt, Claus Roxin, Karsten Schmidt, Gunter Widmaier, Festgabe aus der Wissenschaft, München 2000, 245-272 (zit. Westermann, FS 50 Jahre BGH).

*Ders.*, Kapitalersetzende Darlehen bei Publikums-Personengesellschaften – Skizze eines Sonderrechts im Sonderrecht, in: Festschrift für Hans-Joachim Fleck, herausgegeben von Reinhard Goerdeler, Peter Hommelhoff, Marcus Lutter, Herbert Wiedemann, Berlin 1988, S. 423–446 (zit. Westermann, FS Fleck).

*Ders.*, Entscheidungsbesprechung zu BGH, Urt. v. 25.4.1983 - II ZR 170/82, ZIP 1983, 1066–1072.

*Ders.*, Vertragsfreiheit und Typengesetzlichkeit im Recht der Personengesellschaften, Berlin 1970 (zit. Westermann, Vertragsfreiheit).

*Wicke, Hartmut*, Gesetz betreffend die Gesellschaften mit beschränkter Haftung (GmbHG), Kommentar, 3. Auflage, München 2016 (zit. Wicke, GmbHG).

*Ders.*, Die Bedeutung der öffentlichen Beurkundung im GmbH-Recht, ZIP 2006, 977–982.

*Wiedemann, Herbert*, Gesellschaftsrecht, Ein Lehrbuch des Unternehmens- und Verbandsrechts Band 1, München 1980 (zit. Wiedemann, Gesellschaftsrecht I).

*Ders.*, Haftungsbeschränkung und Kapitaleinsatz in der GmbH, Unter Berücksichtigung des amerikanischen, deutschen und französischen Gesellschaftsrechts, in: Die Haftung des Gesellschafters in der GmbH. Verhandlungen der Fachgruppe für vergleichendes Handels- und Wirtschaftsrecht anläßlich der Tagung für Rechtsvergleichung in Berlin vom 27. bis 30. September 1967 Bd. 36, herausgegeben von Herbert Wiedemann, Rolf Bär, Leon Dabin, Frankfurt am Main 1968, S. 5–61 (zit. Wiedemann, Die Haftung des Gesellschafters in der GmbH).

*Ders.*, Die Übertragung und Vererbung von Mitgliedschaftsrechten bei Handelsgesellschaften, München und Berlin 1965 (zit. Wiedemann, Mitgliedschaftsrechte).

*Wiedenmann, Kai-Udo*, Zur Haftungsverfassung der Vor-AG: Der Gleichlauf von Gründerhaftung und Handelnden-Regress, Zugleich eine Besprechung des Urteils des Landgerichts Heidelberg vom 11. Juni 1997, ZIP 1997, 2045, ZIP 1997, 2029–2037.

*Wieland, Karl*, Handelsrecht, Die Kapitalgesellschaften Zweiter Band, München und Leipzig 1931 (zit. Wieland, Handelsrecht II).

*Wilhelm, Jan*, Die Vermögensbindung bei der Aktiengesellschaft und der GmbH und das Problem der Unterkapitalisierung, in: Festschrift für Werner Flume zum 70. Geburtstag, herausgegeben von Horst Heinrich Jakobs, Brigitte Knobbe-Keuk, Eduard Picker, Jan Wilhelm, Köln 1978, S. 337–397 (zit. Wilhelm, FS Flume).

*Würdinger, Markus*, Ausnahmevorschriften sind analogiefähig!, JuS 2008, 949–951.

*Zabel, Matthias*, Die historische Interessenbewertung in Bezug auf § 15 Abs. 3 und Abs. 4 GmbHG, Bonn 2016 (zit. Zabel, Interessenbewertung).

*Zacher, Thomas*, Kapitalsicherung und Haftung in der GmbH & Co. KG, Köln 1992 (zit. Zacher, Kapitalsicherung und Haftung).

*Zöllner, Wolfgang*, Die sogenannte Gründerhaftung, in: Festschrift für Herbert Wiedemann zum 70. Geburtstag, herausgegeben von Rolf Wank, Heribert Hirte, Kaspar Frey, Holger Fleischer, Gregor Thüsing, München 2002, S. 1383–1425 (zit. Zöllner, FS Wiedemann).

www.ingramcontent.com/pod-product-compliance
Ingram Content Group UK Ltd.
Pitfield, Milton Keynes, MK11 3LW, UK
UKHW021852290926
8980IPUK00005B/795